HEYNE<

Über die Autorinnen:
Die Schauspielerin, Filmemacherin und Autorin Maria Blumencron macht seit 2000 mit ihren preisgekrönten Arbeiten auf das Schicksal Tibets aufmerksam. Ihr Verein Shelter108 e.V. unterstützt weltweit Hilfsbedürftige. Chime Yangzom flüchtete als Neunjährige aus Tibet ins indische Exil. Heute studiert Chime in Delhi englische Literatur und will Schauspielerin und Filmemacherin werden.

Maria Blumencron / Chime Yangzom

KEIN PFAD FÜHRT ZURÜCK

Chime – ein Mädchen aus Tibet erzählt

WILHELM HEYNE VERLAG
MÜNCHEN

Verlagsgruppe Random House FSC-DEU-0100
Das für dieses Buch verwendete FSC®-zertifizierte Papier
München Super liefert Arctic Paper Mochenwangen GmbH.

Taschenbuchausgabe 05/2013

Copyright © 2011 by Südwest Verlag, einem Unternehmen
der Verlagsgruppe Random House GmbH
Der Wilhelm Heyne Verlag, München,
ist ein Verlag der Verlagsgruppe Random House GmbH
Umschlaggestaltung: Hauptmann & Kompanie, Zürich,
unter Verwendung eines Fotos von H&K (oben)
und eines Fotos von Charudut Chitrak (unten)
Druck und Bindung: GGP Media GmbH, Pößneck
ISBN: 978-3-453-60279-3
www.heyne.de

*Über einen hohen Pass kommt nur ein guter Freund
oder ein schlimmer Feind.*
Altes buddhistisches Sprichwort

Kleiner Wegweiser für den Leser

1.
Wir haben dieses Buch gemeinsam geschrieben. Aber was ist nun von wem, werden Sie sich vielleicht fragen. Ganz einfach...

Als nachtaktives Wesen kritzelt Chime ihre Notizblöcke meist zwischen Mitternacht und vier Uhr morgens voll. Über ihren Kapiteln wacht deshalb der Mond.

Maria hockt als Frühaufsteherin ab sechs Uhr morgens an ihrem Laptop. Über ihren Kapiteln geht deshalb die Sonne auf.

2.
Für Leser, die Hintergrundinformationen lieben, gibt es einige »Wissens-Kästen«, die der Tibetspezialist Klemens Ludwig verfasst hat. Wer seinen Kopf lieber nicht mit interessanten Fakten belasten will, kann einfach darüber hinweglesen.

3.
In Tibet finden täglich Menschenrechtsverletzungen statt, die in den aktuellen Nachrichten westlicher Medien selten thematisiert werden. Deshalb haben wir unsere Geschichte immer wieder mit aktuellen Newstickern unter-

brochen, um zu zeigen, was in der kurzen Phase der Arbeit am Buch zwischen dem 10. März und dem 15. August 2011 in Tibet so passierte.

4.
Natürlich ist es eine traurige Geschichte, von seinen Eltern über das höchste Gebirge der Welt in das einsame Exil geschickt zu werden. Und selbstverständlich ist das, was in Tibet seit nunmehr 60 Jahren geschieht, eine große Tragödie. Dennoch war es uns wichtig, auch einen gewissen Humor beim Erzählen unserer Geschichte zu entwickeln. Nach Immanuel Kant gibt es drei Dinge, die uns helfen die Mühseligkeiten des Lebens zu tragen oder dem Jammertal zu entrinnen: die Hoffnung, den Schlaf und das Lachen.

Auch der Dalai Lama muss schon mal von Kant gehört haben…

Viel Spaß also beim Lesen!

Chime & Maria

☾
Für meine Mutter in Tibet.

☀
Für meinen Sohn Simon in Köln.

Die sechs toten Kinder im Fluss ☀
Ein Vorwort von Maria

Die Idee, gemeinsam mit meiner Patentochter Chime ein Buch zu schreiben, entstand im Sommer 2007. Ich war zu Besuch bei meinen sechs tibetischen Patenkindern.

Chime war damals auf einer tibetischen Eliteeinrichtung, in der die begabtesten Schüler und Schülerinnen aller tibetischen Kinderdörfer eine ganz besondere Ausbildung bekamen, um sich auf eine akademische Karriere vorzubereiten. Und Chime war dort eine der Besten!

»Sie ist perfekt«, sagte Mrs. Mingmar Bhuti, die freundliche Patenschaftssekretärin.

»Sie ist nicht nur hervorragend im Unterricht, sie verfügt auch über ein bemerkenswertes schauspielerisches Talent«, erzählte mir der Direktor Mr. Duke Tsering.

Chime war damals gerade zur »Queen Of Stage« gewählt worden, zur »Königin der Bühne«, und sprudelte geradezu über vor Energie. Alles an ihr war lebendig, jede Zelle vibrierte. Sie war ganz oben. Viele Jungs waren hinter ihr her, doch sie zerriss die glühenden Briefe. Warum sollte sie sich mit albernen Liebesgeschichten aufhalten?

Ihr kühnes Ziel war es, den besten Schulabschluss zu erreichen, den je ein tibetisches Exilkind geschafft hatte, um danach Schauspielerin zu werden. Oder Filmemacherin. Oder Gynäkologin. Und seit sie gehört hatte, dass theoretisch auch

Männer Babys austragen können, hatte sie ihren ursprünglichen Plan aufgegeben, Astronomie zu studieren, und spielte jetzt mit dem Gedanken, doch lieber in die Embryonen-Forschung zu gehen.

Den ganzen Tag hatte mir Chime von ihren Ideen und Plänen erzählt. Und so saßen wir abends noch immer plaudernd auf den Stufen des Gästehauses, in dem ich übernachtete, inmitten des bewaldeten Schulgeländes. Als mit der einbrechenden Dunkelheit das Leben im Dschungel erwachte, wurde Chime allmählich etwas ruhiger.

Die Grillen begannen zu zirpen, und im Unterholz raschelten gesichtslose Tiere.

»Ich hatte einen Traum letzte Nacht«, sagte Chime plötzlich sehr ernst. »Es ist ein immer wiederkehrender Traum, der mich nun schon seit zwei Jahren verfolgt.«

Ich wusste um Chimes Hinwendung zu Träumen und hatte sie immer sehr motiviert, auf die Inhalte zu achten. Träume sind Wegweiser zu tieferen Wahrheiten und helfen bei der Verarbeitung alter Traumata.

»Willst du ihn mir erzählen?«

»Ich war noch klein und ging an der Hand meiner Mutter über die Brücke des Kyi Chu-Flusses in Lhasa. Plötzlich sah ich sechs Kinder im Wasser des Flusses treiben, mit Stricken aneinandergebunden. Das Älteste war vielleicht sieben Jahre alt. Es trug Schuhe und war gekleidet, als solle es zu einem Fest gehen. Das jüngste Kind war noch ein Baby. Ich lehnte mich über das Brückengeländer. Die toten Kinder trieben unter uns davon. Meine Mutter sagte zu mir:»Siehst du, so geht es Kindern, die nicht zur Schule gehen können. Wer nichts lernt, wird zum Treibgut des Lebens.«

Lautlos schwebte eine Schar Glühwürmchen durch den blühenden Oleander, der die Wege zu den Schulräumen säumte. Zwei Fledermäuse flogen über unsere Köpfe hinweg, und Chime beendete ihre Erzählung:

»Das Schlimme an diesem Traum ist, dass ich nicht weiß, ob er wahr ist oder nur Einbildung.«

»Vielleicht ist der Fluss mit den sechs toten Kindern ein Bild für deine verlorene Kindheit«, erwiderte ich.

»Ich möchte, dass diese Kinder mich nie wieder in meinen Nächten besuchen!«

»Dann mach sie lebendig.«

»Wie?«

»Schreib deine Geschichte auf.«

»Ich kann nicht schreiben wie du.«

»Schreib über deine Kindheit, Chime. Mach die sechs toten Kinder im Fluss wieder lebendig.«

The Six ☾
Ein Vorwort von Chime

Als unsere Mutter meine Schwester Dolkar und mich im Frühjahr 2000 von Tibet über den Himalaya ins Exil schickte, lernten wir unterwegs noch vier weitere Kinder kennen.

Wir teilten unsere Kleider, unseren Proviant und unsere Tränen. Wir wurden auf unserer beschwerlichen Reise zu Brüdern und Schwestern. Im Exil nannte man uns *The Six*. Gemeinsam waren wir wer. Allein waren wir niemand. So ist das bis heute. Gehen wir zusammen durch die Straßen von McLeod Ganj, rufen die Leute: »Seht mal! Da kommen *The Six*!« Allein jedoch fühle ich mich unsichtbar und bedeutungslos in unserer tibetischen Exilgemeinde. Meine Geschichte wäre ohne die anderen fünf langweilig und leer wie eine vertrocknete Wüstenlandschaft. Deshalb wollte ich dieses Buch zunächst gar nicht schreiben. Doch die Vorstellung, mit meinen Erinnerungen nicht nur meine Kindheit, sondern auch ihre wieder zum Leben zu erwecken, gab mir schließlich den Mut, zu Feder und Notizblock zu greifen.

Darf ich vorstellen? Das sind *The Six*...

Chime, die Unsterbliche

Ich war neun Jahre alt bei meiner Flucht. Heute bin ich 20.

Über mich möchte ich an dieser Stelle nicht viel sagen. Außer, dass ich nach meiner Geburt von unserem Lama den Namen Tsering Phentok bekam. In Tibet wählen nicht die Eltern den Namen für ihr neugeborenes Kind, sondern ein Lama ihres Vertrauens. Tsering bedeutet »langes Leben«. Und Phentok steht für »hilfreich«. Mein Leben sollte lang und hilfreich gegenüber anderen sein. Doch offenbar gefiel meinem Omen dieses Namensgefäß nicht. Ich wurde als Baby häufig sehr krank. Schwächelt die Gesundheit eines Kindes, ändert man dessen Namen. In der Hoffnung, der neue Name würde mehr Segen bringen.

Mein Vater suchte also einen sehr hohen Lama auf und bat ihn um einen neuen Namen für mich. Und so heiße ich heute Chime Yangzom: *Die Unsterbliche.*

In diesem Namen fühlt meine Seele sich wohl. Ich habe nämlich einen ganz großen Drang in meinem Leben: Ich möchte strahlen! Ich möchte glänzen! Ich möchte jemand sein, den man nicht schnell wieder vergisst.

Dolkar, meine kleine Schwester

Dolkar war bei ihrer Flucht sechs, heute ist sie 18 Jahre alt.

Äußerlich würde uns wohl kaum jemand als leibliche Schwestern erkennen! Dolkar ist sehr schön. Sie kann singen und tanzen. Sie ist beweglich wie ein schillernder Fisch. Ich hingegen sah immer schon aus wie ein Junge. Und wenn ich anfange zu singen, rennen alle davon. Schon als kleines Kind besaß Dolkar die Gabe, sich aus einer Kiste mit westlichen Hilfslieferungen das beste Outfit des ganzen Kinderdorfes zusammenzustellen. Heute ist sie das »Fashion Girl« unter uns Mädchen. Bei mir leiht man sich Bücher, bei Dolkar Klamotten.

Dolkar und ich haben eine sehr tiefe Beziehung zueinander. Weinte ich auf unserer Flucht, schossen auch ihr sofort Tränen in die Augen. So ist es bis heute. Unsere Gefühle laufen synchron, unsere Seelen gehören zusammen. Dolkar ist sehr zielstrebig. Seit ihrer Kindheit spricht sie davon, Ärztin zu werden. Nicht wegen des Prestiges, sondern weil sie ein zutiefst mitfühlender Mensch ist. Dolkar bedeutet *Weiße Tara*. Das ist die Göttin, die im tibetischen Buddhismus für die vollkommene Reinheit steht.

Pema, das Khampa-Mädchen

Pema war bei ihrer Flucht sechs, heute ist sie 18 Jahre alt.

Pemas Kindheit in Tibet war düster. Ihr Vater war Trinker. War er betrunken, schlug er Mutter und Kind. Kurz vor Pemas Flucht verprügelte er sie so heftig, dass ihr linkes Bein brach. Pema kann sich nicht genau an dieses Ereignis erinnern. Sie hat über die Jahre hinweg immer wieder neue Erinnerungsbilder zu diesem furchtbaren Erlebnis gehabt: Einmal meinte sie, ihr Vater sei mit seinem ganzen Gewicht auf sie gesprungen. Ein andermal, dass er ihr Bein mit einem Stein zertrümmert habe. Heute sagt Pema, er habe sie vom Dach ihres Hauses geschmissen. Auf jeden Fall ist die Bruchstelle nie wirklich gut verheilt.

Auf unserem Marsch über die Grenze war Pema die Schwächste der Gruppe. Auch später im Exil hatte sie die größten Schwierigkeiten von uns allen. Wir versuchten, sie vor allem Bösen zu schützen. Ihre Seele erinnerte an einen Vogel, der zu früh aus dem Nest gefallen war. Doch eines Tages erhob Pema ihre Flügel. Sie öffnete sich wie eine Blume im Sommer. Fasziniert und glücklich sahen wir zu, wie sie immer schöner und schöner wurde.

Pema bedeutet *Lotusblume*. Ihr Name wurde zu ihrer Bestimmung.

Dhondup, der Khampa-Junge

Dhondup war bei seiner Flucht acht, heute ist er 19 Jahre alt.

The Six, das sind in Wahrheit: vier Mädchen, ein Junge und eine Nachtigall. Dhondup ist eine außergewöhnliche Persönlichkeit mit einer Stimme, die an die Weite unserer Heimat erinnert. Als wir auf unserer Flucht an einem Fluss Rast machten, begann Dhondup zu singen. Und alles um ihn herum wurde still. Sogar das Rauschen des Wassers schien zu verstummen. Wir Kinder begannen zu weinen, und auch die Männer in unserer Gruppe.

Heute ist Dhondup Sänger und Bandleader unserer Schulband im tibetischen Kinderdorf. Sobald er die Bühne betritt, beginnen die Mädchen zu kreischen.

Er war schon immer etwas Besonderes. Seine Mutter hatte Dhondup mit der Vision auf den Weg geschickt, er möge Minister der tibetischen Exilregierung werden. Ein Lama hatte es ihr prophezeit. Von uns sechs Kindern hat Dhondup am meisten Charisma, die tiefste Weisheit und den abwegigsten Humor. Er ist so was wie ein spiritueller Berater in unserer Familie. Und er ist mir von all meinen Exilgeschwistern am nächsten.

Sein Name bedeutet *Vollends am Ziel*.

Tamding, der Amdo-Junge

Tamding war zehn bei seiner Flucht, heute ist er 21 Jahre alt.

Bedauerlicherweise muss ich über Tamdings Namen sagen, dass ich seine Bedeutung nicht kenne. Ich hoffe, Tamding nimmt es mir jetzt nicht übel. Er und ich befinden uns in einem über die Jahre anhaltenden Wettstreit. Und es ist schwer für mich, es einzugestehen, aber Tamding ist der Boss in unserer Gruppe.

Bei seinem ersten Versuch, aus Tibet zu flüchten, war Tamding verhaftet worden und erfuhr schon früh die Schrecken eines chinesischen Gefängnisses. Danach lebte er ohne Familie in Lhasa. Diese Zeit hat ihn wohl geprägt. Tamding hat früh gelernt zu überleben. In jeder Lage verstand er es, Essen und Süßigkeiten für uns zu beschaffen.

Tamding ist zwar überaus schlau, doch ein besonders guter Schüler war er nie. Es entspricht nicht seiner Art, stundenlang die Schulbank zu drücken. Sein Talent liegt in der Kommunikation. Er hat viele Freunde, ist gut vernetzt und immer bestens informiert. Zurzeit studiert Tamding Geografie in Delhi und ist Mitglied der Bewegung *Students for a Free Tibet*.

Ich würde sagen, der Name Tamding bedeutet *Immer eine Nasenlänge voraus*.

Lakhpa, das Drogpa-Mädchen

Lakhpa war zehn bei ihrer Flucht, heute ist sie 21 Jahre alt.

Lakhpa ist meist etwas abseits der anderen zu finden. Vielleicht, weil sie vor elf Jahren erst beim Abstieg vom Grenzpass zu unserer Flüchtlingsgruppe stieß.

Sie stammt aus einer großen Nomadenfamilie in Ü-Tsang. Ihre Mutter starb früh. Die Bedeutung ihres Namens ist schlicht: *Jene, die am Mittwoch geboren wurde.*

Drei ihrer Geschwister waren bereits ins Exil ausgewandert. Und so wurde auch Lakhpa eines Tages von ihrem älteren Bruder über den Grenzpass gebracht. Dort übergab er seine Schwester unserem Fluchthelfer, mit der Bitte, sie zum Dalai Lama zu bringen. So waren wir schließlich sechs Kinder in unserer Gruppe.

Dass wir sechs Kinder einander getroffen haben,
liegt bestimmt an unserem Karma. Vielleicht waren wir
in unserem letzten Leben miteinander verwandt? Wir stammen
aus den drei großen Provinzen Tibets: Kham, Amdo und
Ü-Tsang. Unser Zusammenschluss bedeutet für mich auch
den Zusammenschluss der drei Provinzen Tibets.
(Lakhpa, im März 2011)

Phuntsok, der brennende Mönch ☾
Kinderdorf Gopalpur, 19. März 2011

Im Kinderdorf ist es heute ganz still. Es ist der einzige freie Samstag des Monats – an diesem Tag dürfen wir das umzäunte Schulareal verlassen. So schwärmen die älteren Schüler in großen Cliquen aus, um die Internetcafés des Dorfes unsicher zu machen. Die meisten chatten über Facebook mit Freunden. Und alle, die kein Handy besitzen, nutzen die Gelegenheit, ihre Familien in Tibet anzurufen. Denn über das Internet sind Anrufe zu Hause endlich erschwinglich geworden. Wahrscheinlich wartet auch meine Mutter auf einen Anruf. Einmal im Monat melde ich mich bei ihr. Doch heute habe ich keine Lust dazu.

Ich habe mir eigens ein Mobiltelefon angeschafft, um immer erreichbar zu sein. Dabei sind Handys strengstens verboten im Kinderdorf. Ihr Besitz wird mit Geldbußen bestraft. Diese Art von Bevormundung ist momentan ein großes Thema unter den älteren Schülern.

Früher war ich beim Kampf gegen Ungerechtigkeiten im Kinderdorf immer an vorderster Front. Aber jetzt habe ich mich zurückgezogen. Ich genieße an diesem freien Tag die Ruhe in meinem Zimmer, das ich sonst mit drei weiteren Mädchen teile. Ich bin gerade mitten im Abitur. In sechs Tagen habe ich meine Prüfung in Politikwissenschaften. Tenpa wird mir aus dem Dorf Wai-Wai-Nudeln mitbringen, chinesische Nudeln mit Chili. Und Kerzen, damit ich auch nachts lernen kann.

Tenpa ist mein Freund. Maria weiß es noch nicht. Wir Tibeter sprechen ungern über unsere Gefühle. Wenn Maria und ich unser Buch schreiben, werde ich ihr alles erzählen. Auch das, was 2009 geschah. Maria hat nie erfahren, warum ich die Eliteschule in Dheradun aufgegeben habe. Niemand konnte verstehen, wieso ich mich dazu entschied, die Selakui-School zu verlassen und wieder auf ein normales Gymnasium zu gehen. Weil niemand die wahren Gründe kannte. Nur Dolkar und Pema wussten Bescheid.

Mein neues Kinderdorf liegt im Norden Indiens, eine Stunde Fahrzeit von Dharamsala entfernt, umgeben von Pinien und Teeplantagen. Hier fand mein verwirrtes Herz Ruhe. Hier habe ich Tenpa kennen gelernt. Wir gehen sogar in dieselbe Klasse. Vom ersten Tag an war er an meiner Seite. Ich kann mit ihm über alles reden.

Auch Tenpa ist aus Tibet geflüchtet. Zusammen mit seinem kleinen Bruder. So wie ich zwei Jahre später mit meiner kleinen Schwester. Wir sind sogar über dieselbe Fluchtroute gekommen, den *Nangpa La*. Das war bis zu den Aufständen im Jahr 2008 die wichtigste Fluchtroute der Tibeter. Doch nun ist auch dieser Weg verschlossen. Jetzt gelangen nur noch vereinzelt Flüchtlinge ins Exil. Doch Tenpas Mutter hat es jedes Jahr geschafft, illegal über die Grenze nach Indien zu kommen, um ihre beiden Söhne hier zu besuchen. Unsere Mutter kam nie. Dabei hat sie beim Abschied vor elf Jahren versprochen, uns bald zu besuchen.

Ich habe aufgehört zu warten. Vielleicht hat es politische Gründe, dass sie nicht kommt?

Manche Tibeter haben sich mit der chinesischen Regierung arrangiert. Sie profitieren von der Modernisierung des Landes. Sie reiben sich nicht an den Dogmen der Kommunistischen Partei. Andere leiden unter den Repressalien unserer Besatzer.

Seit den Aufständen im März 2008 schätzt man die Zahl politischer Häftlinge in Tibet auf knapp zweitausend. Viele ließen damals ihr Leben.

Am 10. März 2011 kündigte der Dalai Lama seinen Rücktritt als politisches Oberhaupt der tibetischen Exilregierung an. Am 16. März 2011 setzte sich in der Provinz Amdo, im Nordosten meiner Heimat, ein junger Mönch in Brand: »Möge Seine Heiligkeit der Dalai Lama 10 000 Jahre leben!«, rief er, während die Flammen seine dunkelrote Robe verschlangen: »Lang lebe der Dalai Lama!«

Dieser junge Mönch ist der dritte Tibeter, der als lebende Fackel darauf hinweisen wollte, dass für viele Menschen in Tibet etwas nicht stimmt. Er starb vor drei Tagen. Sein Name war Phuntsok.

Phuntsok stammte aus dem Kloster Kirti, dessen Mönche bekannt sind für ihre aufmüpfige Haltung gegenüber der chinesischen Regierung. Er hatte niemanden in seinen Plan eingeweiht. Vermutlich aus Angst, man würde ihn von seinem Vorhaben abhalten. Was für eine einsame, mutige Entscheidung! Am dritten Jahrestag der großen Aufstände in Tibet übergoss er sich in einer belebten Straße von Ngaba mit einem Kanister Benzin.

Bei der Niederschlagung dieser Aufstände vor drei Jahren waren in der Region zahlreiche Tibeter getötet und Hunderte von Mönchen verhaftet worden, darunter auch Kinder. Im Gedenken an sie setzte sich Phuntsok selbst in Flammen.

Er gab sein Leben, wählte einen grausamen Tod, um wieder etwas Aufmerksamkeit auf Tibet zu lenken. Denn seit den Aufständen im Jahr 2008 hat uns scheinbar die ganze Welt völlig vergessen.

Wäre ich je in der Lage gewesen, einen so extremen und mutigen Weg zu beschreiten? Ich zucke schon vor Schmerzen zusammen, wenn mir ein bisschen Wachs auf meine Finger tropft.

Phuntsok war genauso alt wie ich jetzt. Er lebte in Tibet. Ich im Exil. Sein Leben ist nun zu Ende. Meines liegt noch vor mir.

Angesichts seines Freitods fühle ich mich nutzlos und klein. Ich bin ein tibetisches Flüchtlingskind. Ich habe nichts als mein Leben und meine Geschichte. Um mein Leben zu geben wie Phuntsok fehlt mir der Mut. Also bleibt nur noch meine Geschichte.

Die Bodenlosen ☼
Irgendwo zwischen Düsseldorf und Dubai, vermutlich über der syrischen Wüste, 10. April 2011

Es gibt Menschen, die spüren intensiver als andere den seidenen Faden, an dem ihr kostbares Leben hängt. Und die Abgründe, an denen wir uns täglich bewegen. Für andere Menschen ist das Leben eine sichere Bank. Leider zähle ich zu den Erstgenannten. Ich bezeichne sie gern als »die Bodenlosen«.

Während wohl 98 Prozent aller Menschen die Kabine eines Flugzeuges als sicheren Komfortraum erleben, spüre ich beim Fliegen nur den erschreckenden Raum zwischen diesem Flugkörper und der Erde. Verständnisvolle Stewardessen zählen für mich nebst meiner Familie natürlich zu den wichtigsten Menschen in meinem Leben. Nette Sitznachbarn in Flugzeugen sind darin auch immer herzlich willkommen.

Den einzigen Heiratsantrag meines Lebens bekam ich nach einem Flug von Delhi nach Paris, der in ernsthafte Turbulenzen geriet. Mein indischer Sitznachbar, dem ich über mehrere Stunden auf dem Schoß saß, hatte meine flehenden Gebete mit einer äußerst konkreten Anmache verwechselt. Und das konnte man ihm wirklich nicht übel nehmen...

Am angenehmsten fliegt es sich neben Wienern und Kölnern. Wiener entwickeln bei unerwarteten Luftlöchern den schwärzesten Humor, Kölner den angemessenen Fatalismus.

»Machst du Urlaub in Dubai?«, fragt mich mein heutiger Nachbar. Sein Name ist Jens.

Ich tippe auf Rheinland und hoffe auf Köln.

»Nein. Ich fliege weiter nach Delhi.«

»Beruflich?«

»Ich hole meine tibetische Patentochter ab. Wir schreiben zusammen ein Buch.«

»Worüber?«

»Über ihre Kindheit. Und über meine.«

»Wow! Ihr müsst richtig bekannt sein! Bist du Schriftstellerin?«

»Ich würde mich eher als Autorin und Filmemacherin bezeichnen.«

»Kann ich ein Autogramm von dir haben?«

Da ich zum ersten Mal einen Verlag habe, der schneller arbeitet als ich, gibt es tatsächlich bereits Postkarten zu unserem noch ungeschriebenen Buch.

Jens reicht mir einen offenen Füller und ich male meine Signatur auf die Karte – genau in den weißen Stupa von Bodnath in Nepal, auf dessen Stufen mein kleiner Sohn Simon, seine sechs tibetischen Patengeschwister und ich zum »Familienfoto« versammelt sind.

Vielleicht sollte ich aus Gründen der Fairness auf meiner Autogrammkarte noch vermerken, dass ich nur ein kleines Sternchen am deutschen Autorenhimmel bin. Und dass ich, obwohl ich bereits alle zwei Wochen meinen ergrauten Haaransatz nachfärbe, es weder zu Grundbesitz noch Flachbildschirm oder auch nur einem geregelten Einkommen gebracht habe. Und dass aktuell die Höhe meiner Altersvorsorge für die lange Zeit am Krückstock immer noch bei einem beschämenden Anspruch von 342 Euro monatlich liegt, während ich insgesamt sieben Kinder versorge.

Außerdem beschäftigt mich gerade, dass meine Chancen, ein Visum für die Einreise meiner Patentochter Chime nach Deutschland zu bekommen, gegen null tendieren. Weil auch Chime weder über ein geregeltes Einkommen noch einen festen Wohnsitz verfügt. Vielleicht wird dieses Buch also nie geschrieben, sondern nur beworben. Für diesen Fall werde ich eine neue Visitenkarte in Auftrag geben: Maria Blumencron – Autorin, Filmemacherin, Telefonsex. Letzteres lässt sich gut von überall erledigen, wie Robert Altmans wunderbarer Film »Shortcuts« beweist. Sogar beim Bügeln. Vielleicht sollte ich für die neue Karte das »von« meiner Ahnen wieder in die Mitte meines Namens integrieren. Klingt irgendwie verkaufsfördernd, gerade in Verbindung mit Telefonsex. Meist verzichte ich ja auf die drei kleinen Buchstaben, weil ich vermeiden will, dass man beim Lesen meiner Bücher an eine Charity-Lady mit kariertem Stecktuch und Twinset in Kaschmir denkt. Zwar habe ich auch schon Kinderhäuser gebaut, aber dummerweise nie an eine eigene Hütte gedacht. Das ist im tiefsten Sinne sogar buddhistisch – widerspricht aber der klaren Anweisung der Stewardessen, die Sauerstoffmasken zunächst sich selbst überzuziehen und dann erst seine Sitznachbarn zu retten. »Liebe deinen Nächsten wie dich selbst«, lehrte uns Jesus. »Liebe dich selbst, bevor du anfangen kannst andere zu lieben«, lautet die Devise unserer Zeit. Wo also beginnt Liebe, wenn die Sauerstoffmasken herunterpurzeln?

Aus dem Cockpit meldet der Pilot bevorstehende Turbulenzen. Er ahnt wohl, dass ich an Bord bin. Die netten Stewardessen stellen den Service ein, ich das Atmen. Da liegt schon die rheinländische Hand auf meinem Arm: »Keine Sorje, Mädche, et hätt noch immer jot jejange.«

Die letzte Herausforderung meiner Anreise nach Delhi ist der Teppich des neuen International Airport. Der Weg zur Passkontrolle ist ein Langstreckenlauf und der Teppich ist auf unfassbar schreckliche Art mit psychedelischen Farben gemustert. Nach zehn Minuten ist nicht nur mir schwindelig. In der Empfangshalle erwartet mich der harte Kern unserer deutsch-tibetischen Großfamilie: Lakhpa, Tamding und Jan.

Jan war gerade mal sechzehn, als wir einander vor zehn Jahren kennen lernten. Seitdem ist er aus meinem Leben und meiner Arbeit nicht mehr wegzudenken. Er hat als Assistent nahezu alle meine Filmdokumentationen begleitet. Er ist der jüngste Vorstand des von mir gegründeten Vereins *Shelter108*. Und er ist mein engster Vertrauter bei der Betreuung der sechs Kinder.

Zurzeit studiert Jan Städteplanung in Delhi und hat zusammen mit Lakhpa und Tamding im Stadtteil Shadipur eine Wohngemeinschaft gegründet. Seine Bude ist Zentrum unseres turbulenten deutsch-tibetischen Familienlebens, worum er nicht immer zu beneiden ist.

Verwundert schaue ich mich vor dem Flughafeneingang um: »Und wo ist Chime?«

»Sie hat es nicht gewagt, dich abholen zu kommen«, meint Jan etwas angesäuert.

»Wieso traut sie sich nicht auf den Flughafen? Hat sie Angst vor dem gemusterten Teppich?«

»Sie ist vorgestern aus Gopalpur gekommen.«

»Ja, und?«

»... allerdings nicht allein.«

»Was heißt das?«

»Sie nennt es *Schulfreund*.«

»Auch das noch!«

Tamding nickt zustimmend: »Er heißt Tenpa und wohnt jetzt bei uns.«

»Penpa?«

»Nein, Tenpa. ›T‹ – wie Tibet.«

Das macht es auch nicht viel besser. Der Junge passt nicht in mein Konzept. Ich bin nun seit fünfzehn Stunden unterwegs, habe Rückenschmerzen und spüre im Hals eine beginnende Grippe. Das sind keine günstigen Voraussetzungen, um potenzielle Schwiegersöhne auf ihre Tauglichkeit zu prüfen. Zumindest aus Sicht der jungen Anwärter. Die Wahrscheinlichkeit, dass ein junger tibetischer Flüchtling flüssig ist, eine Familie im Rücken hat, sowie Papiere, Konto und Grundbesitz, stehen eins zu hunderttausend. Im Übrigen hatte ich in Köln bereits ein paar nette Jungs im Visier ... falls Chime überhaupt ein Visum für Deutschland bekommt.

»Ich musste den beiden sogar mein Zimmer überlassen«, untermauert Tamding maulend meinen wachsenden Unmut: »Und ICH schlafe jetzt MIT JAN in einem Bett! Dabei habe ich nächste Woche Klausur.«

Der Junge muss weg, beschließe ich schon mal und steige zu meinen braven Kindern ins Taxi. Tamding und Lakhpa würden nie solche Probleme machen wie Chime!

Aus krachenden Lautsprechern ergießt sich vom Dach des Gurdwaras das Morgengebet des Vorbeters über das Viertel. Der Gurdwara, das Tor zum Guru, ist der Tempel der Sikhs.

Jans Wohnung befindet sich im Stadtteil Shadipur, einer Hochburg der Sikhs, im obersten Stockwerk eines engen, verwinkelten Mietshauses. Mein Koffer wiegt dreißig Kilo.

»Oh Gott, was ist denn da drin?«, stöhnt Jan.

»Acht kaputte Klangschalen, die Einladungspapiere und eine weiße Seidenbluse für Chime.«

»Und was um Himmels Willen hast du mit den Klangschalen vor?«

»Sie schwingen nicht richtig. Ich muss sie zu unserem Händler nach Dharamsala zurückbringen.«

»Und die soll ich anziehen?«, fragt Chime entsetzt, als ich die weiße Seidenbluse aus meinem Koffer packe: »Sie wird in zwei Stunden schwarz sein!«

Kämpferisch steht sie im Türstock zu Tamdings Zimmer. Mit hochrotem Kopf sitzt ihr »Schulfreund« auf dem Bett meines ältesten Patensohnes, das Chime beschlagnahmt hat. Ich beschließe, Tenpa erst einmal mit kompletter Missachtung zu strafen, wofür auch immer. In einer Stunde hat Chime ihre Anhörung in der Visumstelle der Deutschen Botschaft: »Es ist wichtig, dass du schön aussiehst, Chime. Europa ist eine Festung. Sie lassen kaum noch jemanden rein.«

»Kann er denn mitkommen?«

»Wer?«
Sie deutet vorsichtig ins Zimmer: »Tenpa.«
»Nach Deutschland!?«, rufe ich entsetzt.
»Nein. Zur Botschaft.«
»Auch das Botschaftsgelände ist Deutsches Hoheitsgebiet. Im Übrigen: Warum hast du so schwarze Ringe unter den Augen? Hast du nicht geschlafen heute Nacht?«
»Dieser Gebets-Lautsprecher auf dem Dach schmeißt einen schon um fünf Uhr früh aus dem Bett.«
»Auf jeden Fall siehst du schrecklich aus.«
»Ich habe vor zwei Tagen mein Abitur gemacht. Es war ziemlich anstrengend.«
»Oh mein Gott, das habe ich total vergessen!«
»Wie kannst du nur so was vergessen!?!«
Mist. Schuldgefühl »light« im Anmarsch. Sie hat Recht. Wie konnte ich bloß ihr Abitur vergessen? Ich bin eine echte Raben-Patenmutter. Zu meiner wackeligen Verteidigung möchte ich hier nur erwähnen, dass Chime immer eine Musterschülerin war. Man konnte also davon ausgehen, dass sie ihr Abitur mit links schafft. Ich hatte das Ganze deshalb nicht sonderlich ernst genommen.

In der Rikscha frage ich Chime noch einmal die wichtigsten Daten für ihre Anhörung bei der Deutschen Botschaft ab:
»Name unseres Verlages?«
»Random House.«
»Agentur?«
»Daydream.«
»Grund deines Deutschlandbesuches?«
»Wir schreiben zusammen ein Buch, und ich muss im Herbst zur ... Wohin muss ich nochmal?«
»Zur Fraaankfurter Buuuchmesse.«
»Fraaankfurter Buuuchmesse ... Was ist das? Ich habe kein Bild. Erzähl mir davon, sonst werde ich mir dieses Wort nie merken!«
Und während sich unser schnauzbärtiger, von Verkehrs-

schlachten ausgemergelter Rikscha-Fahrer hupend und wild gestikulierend seinen Weg durch den dichten Verkehr Delhis erkämpft, erzähle ich Chime von einem riesigen Saal, der voll ist mit den neuesten Büchern: Romane, Gedichtbände, Kinderbücher. Sie würde Schriftsteller kennen lernen, Dichter, Verleger und Buchhändler.

»Wie viele Bücher gibt es da?«

»So ungefähr eine halbe Million... Was hast du, Chime? Hab ich etwas Falsches gesagt?«

»Eine halbe Million Bücher«, ihre Stimme zittert: »Das ist der Himmel.«

Erfolgreich hat sich unser kriegerischer Fahrer aus dem Gewusel der armen Stadtteile herausgearbeitet und hält nun in einem ruhigen Villenviertel vor einer schlichten Drehtür.

Hinter einer hohen Mauer flattert die schwarz-rot-goldene Fahne.

»Ihr Name?«
»Chime Yangzom.«
»Beruf?«
»Ich werde im Juli zu studieren beginnen.«
»Wo?«
»In Delhi.«
»Und was?«

Die indische Mitarbeiterin der Deutschen Botschaft sitzt hinter einer dicken Panzerglasscheibe. Chimes naive Zukunftsträume könnten daran wie verirrte Paradiesvögel zerschellen.

»Politikwissenschaften«, antwortet sie prompt.

Ich grinse: Es steht eigentlich auf Dhondups Agenda, Politik zu studieren. Als Kinder tauschten *Die Sechs* ständig ihre Klamotten. Nun jongliert Chime auch noch geschickt mit den Plänen der anderen.

»Ihre Papiere, bitte!«

Sie legt den Stapel Einladungspapiere in eine Schublade, die sich in der Theke unter ihren zitternden Händen öffnet. Ich habe jedes Dokument fünfmal kopiert, damit es gewich-

tiger aussieht. Doch mit geübtem Blick und zwei flinken Handgriffen fischt die Inderin alle Duplikate heraus, und Chimes legale Existenz schrumpft auf drei dünne Blätter zusammen.
»Wo leben Ihre Eltern?«
»In Tibet.«
»Und Sie?«
»In Indien.«
»Wer unterstützt Sie? Wer finanziert Ihre Ausbildung?«
Chime deutet zu mir.
Die Inderin legt Stift und Papier in die Lade: »Ihre Begleitperson soll bitte auf einer A4-Seite notieren, in welcher Beziehung Sie zueinander stehen.«
So nehme ich den Stift und beginne zu schreiben ...

»Sehr geehrte MitarbeiterInnen der Deutschen Botschaft,
vor elf Jahren begegnete ich an der Grenze zu Tibet dem Mädchen Chime Yangzom und fünf weiteren tibetischen Flüchtlingskindern, die von ihren Eltern über den Himalaya ins Exil geschickt worden waren. Ich habe die Flucht dieser Kinder damals für das ZDF dokumentiert und sie bis nach Dharamsala...«

Der Moment, als die Kinder plötzlich vor mir aus dem Nebel auftauchten, war einer der ganz besonderen Augenblicke in meinem Leben. Ähnlich mystisch wie die Geburt meines Sohnes, genau ein Jahr später.
Viele Monate hatte ich bereits darauf hingearbeitet, für meine Dokumentation tibetische Flüchtlingskinder zu finden. Der erste Versuch, eine Gruppe von Lhasa aus über den Himalaya zu begleiten, scheiterte am 25. Dezember 1999 mit meiner Verhaftung in Tibet. Seitdem konnte ich mich der tibetischen Grenze nur noch von nepalesischer Seite aus gefahrlos nähern. Im Frühjahr 2000 erhielt ich in Kathmandu von einem Mittelsmann die Information, dass eine Flüchtlingsgruppe mit mehreren Kindern von Lhasa zum 5716 Meter hohen Nangpa-Grenzpass unterwegs sei. Sofort machte ich mich mit meinem Kameramann Richy und meinem damaligen Freund Jörg

auf den Weg, um ihnen entgegenzugehen. Doch der Aufstieg von der nepalesischen Seite zur Grenze ist wesentlich länger und mühsamer als von der tibetischen Hochebene aus. Und so hatten die Flüchtlinge den Grenzpass bereits überschritten, als wir sie trafen. Die Kinder waren zu dem Zeitpunkt bereits seit zehn Tagen unterwegs und völlig aufgerieben von den Strapazen der Flucht. Am liebsten hätte ich meine Arme weit ausgebreitet und diese kleinen, zerschundenen Wesen an mich gedrückt. Doch wir waren ja im Auftrag der deutschen Gebührenzahler unterwegs. Und so mussten wir erst mal die Kamera auf diese halb verhungerten Kinder halten, um gutes Material in den Kasten zu bekommen. In dieser beklemmenden Situation habe ich etwas Wesentliches für immer verloren: meine journalistische Distanz. Ich habe mich Hals über Kopf in diese Kleinen verliebt. Daraus wurde im Laufe der Jahre noch mehr. Mit unserer Begegnung am 15. April 2000 begann ein wichtiges Stück gemeinsamen Lebens. Seit elf Jahren unterstützen Jörg und ich nun »unsere« sechs tibetischen Kinder, so gut wir können ...

11. April 2011: Chinesische Truppen riegeln das Kloster Kirti ab. 2500 Mönche werden ausgehungert.
++
Seit sich der Mönch Phuntsok am 16. März 2011 aus Protest gegen die nicht nachlassende Repression in Tibet selbst verbrannte, verschlimmert sich die Lage im Kloster Kirti zusehends. Chinesische Sicherheitskräfte haben das Kloster abgeriegelt. Ein zusätzliches Kontingent von schätzungsweise 800 Soldaten ist seit dem 9. April zur Verstärkung im Einsatz. Niemand darf das Kloster verlassen oder betreten.[1]

Zwei Tage nach unserer Anhörung bei der Deutschen Botschaft sitzen Chime und ich im Flieger. Allerdings nicht in einer Boeing 770 der Emirates nach München, sondern zwischen den laut brummenden Propellern einer indischen Maschine auf dem Weg nach Dharamsala. Unser Antrag war abgelehnt worden. Wir benötigen für Chimes Visum noch weitere Papiere: Eine Meldebestätigung, den Nachweis des tibetischen Kinderdorfes über meine finanzielle Unterstützung, ein polizeiliches Führungszeugnis, um sicherzugehen, dass sie keine Terroristin ist, ein Rückreisevisum nach Indien und einen so genannten Exit-Permit für ihre Ausreise.

Ein Hürdenlauf durch indische Instanzen liegt vor uns. Wir werden kostbare Lebenszeit auf Ämtern verlieren. Ich muss dringend unsere Flüge nach Deutschland umbuchen, weiß aber nicht, auf welches Datum.

»Bist du zu Ostern wieder zu Hause?«, fragte mich gestern Abend mein neunjähriger Sohn Simon beim Skypen. In seiner Stimme schwang dieser schrecklich tiefgehende Hauch von Trauer und Resignation.

»Ich werde es versuchen, mein Schatz.«
»Bringst du Chime mit?«
»Ich hoffe.«
»Bringst du mir dann auch indisches Lego?«
»Ich glaube nicht, dass es im Himalaya Lego gibt.«
»Bestimmt gibt es dort Lego! Du musst es nur finden.«

Wie aus einem verschmutzten Aquarium taucht unser Flieger aus dem dichten Smog Delhis auf in den blauen Himmel.

»Ich werde nicht zur Frankfurter Buchmesse kommen.« Chimes Stimme klingt plötzlich sehr niedergeschlagen: »Wir werden nie all diese Papiere bekommen.«

»Die äußeren Hindernisse sind nichts anderes als Spiegelbilder unserer inneren Hürden. Wenn wir endlich zu schreiben beginnen, kommen auch die Papiere.«

Oh Gott, fällt mir heute nichts Originelleres ein als esoterische Phrasen? Vielleicht hat mein flott expandierender Grippevirus nicht nur meine Bronchien, sondern auch die Großhirnrinde befallen! Besser, ich schlafe erst mal 'ne Runde.

Eine Stunde später stupst mich mein Mädchen an: »Schau mal! Die Dhauladhar-Berge!«

Tatsächlich. In der Ferne tauchen schon die ersten Ausläufer der Himalayakette auf. Dahinter liegt Tibet. Dahinter liegt alles, was Chime als Kind zurücklassen musste.

»Wenn du an deine Mutter denkst, Chime. Was siehst du dann?«

Sie schließt die Augen und taucht in den dunklen See vergangener Bilder, die immer klarer werden, je tiefer man sinkt:

»Da ist der Marktstand meiner Mutter. Und dahinter sitzt sie ... Amala. Um ihre Hüften eine bunte, gewebte Wolldecke gebunden... Sie ruft mich zu sich... Sie putzt mir die Nase... Dann laufe ich wieder zu den anderen Kindern zurück...«

Der Marktstand meiner Mutter ☾
Tibet, 1993 bis 1997

Der Markt, auf dem meine Mutter ihre Ware anbot, war mein erster großer Spielplatz. Denn auch andere Frauen, die hier ihre Stände hatten, brachten ihre Kinder zur Arbeit mit hierher.

Mein bester Freund hieß Choedak. Er war der jüngste Sohn von Mamas Standnachbarin und drei Jahre älter als ich. Er war unglaublich ungezogen. Wir hatten also viel Spaß miteinander! Wir spielten Fangen, Verstecken und Abto, das Spiel mit den Steinen: Du legst vier Steine auf den Boden. Ein Stein wird in die Luft geworfen, und während er fliegt, musst du die anderen drei Steine schnell aufheben. Wer am Schluss die meisten Runden geschafft hat, ist Sieger. Immer wieder stellte ich mir beim Spielen vor, ein Junge zu sein. Vielleicht habe ich deshalb heute eine so tiefe Stimme.

War ich hungrig, lief ich zu meiner Mutter, zu Amala, wie wir in Tibet sagen. Wie ein ruhender Fels saß sie hinter dem Stand. Sie füllte Tsampa, geröstetes Gerstenmehl, in ein Schälchen, goss Buttertee aus ihrer Thermoskanne dazu und knetete die Zutaten zu einem Bällchen. Mit meinem Tsampabällchen rannte ich wieder davon, um mich in mein nächstes Abenteuer zu stürzen.

Meine Mutter verkaufte Gebrauchsgegenstände des täglichen Lebens wie Schürzen, Taschen, Mörser zum Zerstampfen tibetischer Medizin, Gebetsfahnen, aber auch antike Ware und Kathags, weiße Glücksschleifen für den Besuch eines Klosters. Den Großteil ihres Lebens verbrachte meine Mutter auf diesem Markt, und so kannte sie alle anderen Händler. Man war befreundet, aber es gab auch Konkurrenz. Meine Mutter hatte den Vorteil, etwas Englisch zu sprechen. Es waren nur wenige Worte, aber sie reichten, um die Aufmerksamkeit der Injis, der Menschen aus dem Westen, auf ihre Ware zu lenken:

»Hallo, Mister!«, rief sie, egal, ob sie eine Frau oder einen Mann zu ihrem Stand locken wollte.

»Come! Come!« Dann deutete sie auf ihre Ware: »Good! Good!«

Trat ein männlicher Kunde mit seiner Frau an den Stand, deutete meine Mutter erst auf die Ketten, die sie im Angebot hatte, dann auf ihren Hals: »Beautiful! Beautiful!«

Gern zog sie auch antike Messer aus dem Futteral, schnitt pantomimisch Fleisch von einer Yak-Keule und rief: »Good, very good!«

All das tat sie mit großer Geste. Ich glaube, ich habe mein Schauspieltalent von ihr. Staunend blickte ich damals auf diese großen, langnasigen Injis in ihren schweren Bergschuhen und den bunten Goretex-Jacken, das Haar oft struppig, die helle Haut meist sonnenverbrannt. Manchmal wusste ich nicht, ob vor mir eine Frau oder ein Mann stand. Waren diese seltsamen Wesen mit dem Flugzeug nach Lhasa gekommen? Hatten sie die Erde von oben gesehen, wie Götter? Auch ich würde einmal die Welt von oben betrachten und einen weißen Kondensstreifen hinter mir herziehen, da war ich sicher.

Oft gab es Tage, an denen meine Mutter gar nichts verkauft hatte.

»Siehst du, wie hart mein Leben ist?«, sagte sie dann: »Im Sommer brenne ich unter der Sonne. Im Winter friere ich im eiskalten Wind. Oft komme ich mit leeren Händen nach Hause.«

Trotz ihrer Geldnot bemühte sich meine Mutter, mir immer wieder eine kleine Freude zu machen. Jeden Abend erwartete ich ihre Rückkehr mit Spannung. Hatte sie unerwartet Profit gemacht, gab es Süßigkeiten, manchmal sogar neue Kleider. Kam sie müde und deprimiert nach Hause, brachte ich ihr die Hausschuhe und den Tee.

Vor dem Schlafengehen fragte mich meine Mutter immer noch chinesische Vokabeln ab.

Zeitig in der Früh schickte sie mich vor die Türe, um laut tibetische Grammatik zu rezitieren. In Tibet glaubt man, dass man laut rezitiertes Wissen nie mehr wieder vergisst. Tatsächlich trage ich die Dinge, die ich vor der Haustür meiner Mutter tausendmal wiederholen musste, bis heute in meiner Erinnerung. Im Übrigen war ich nicht das einzige Kind, das in der Früh vor der Haustüre stand. Alle verantwortungsbewussten tibetischen Eltern schickten ihre Kinder um sechs Uhr zum Lernen vors Haus. Manchmal war ich so müde, das ich im Stehen fast einschlief. Meine Stimme wurde leiser und leiser. Dann rief meine Mama von drinnen: »Chime! Chime! Bist du noch da?!«

Schnell riss ich mich wieder zusammen. Dass ich müde war, interessierte meine Mutter nicht: »Du musst dich anstrengen, du musst hart arbeiten und lernen, damit du einmal ein besseres Leben hast als ich.«

Mit ihrem Marktstand versorgte meine Mutter die gesamte Familie. Hinzu kamen die Schulden unseres Vaters, die sie zu begleichen hatte. Jeden Morgen schwang sie sich auf ihr Lastenfahrrad und machte sich mit ihren Waren auf den Weg zum Markt.

12. April 2011: Kampfhunde gegen Tibeter im Kloster Kirti
++
Zu einer Eskalation soll es gekommen sein, als Polizeifahrzeuge vor dem Kloster auffuhren, um die Mönche an einen anderen Ort zu bringen. Dort sollten sie einer »Schulung in Recht und Gesetz« und der »patriotischen Umerziehung« unterzogen werden. Anwohner seien zum Kloster geströmt, um den Abtransport zu verhindern. Die Militärpolizisten schlugen daraufhin auf einige der Tibeter ein und ließen Polizeikampfhunde auf die Menge los.[2]

Dharamsala ☼
Dharamkot, 13. April 2011

Aus dem Sanskrit übersetzt bedeutet Dharamsala »Haus des Dharma«, also etwa »Haus der Religion«. Dabei ist Religion in einem umfassenderen Sinne gemeint, der Moral, Gesetz und Recht einschließt.

Dharamsala ist heute tatsächlich so etwas wie das Rom der tibetischen Buddhisten und Refugium des bekanntesten Flüchtlings weltweit: des Dalai Lama. Es ist auch Sitz der tibetischen Exilregierung mit eigenem Regierungsviertel und dessen Parlament, dem Kashag. Es ist Standort einiger bedeutender Exilklöster und mit ungefähr 10 000 tibetischen Einwohnern eine der größten Exilgemeinden in Indien. Keine Frage, der Ort hat sich vor allem durch die Präsenz der Tibeter einen Namen gemacht. Dieser sorgt allerdings meist auch für etwas Verwirrung. Denn Dharamsala ist ein zweigeteilter Ort: Im Jahre 1848 gründeten die Engländer hier am Fuße der Dhaulhadhar-Berge eine Garnison. Auf der Hügelkette darüber bauten sie ihre Sommerresidenz auf und benannten ihre »Hill Station« nach dem damaligen Gouverneur von Punjab. Noch heute sind Relikte der Kolonialzeit hier zu finden, wie die kleine, verwunschene anglikanische Kirche *St. John in the Wilderness*.

So teilte sich Dharamsala in das Lower Dharamsala auf 1350 Metern Höhe und in ein Upper Dharamsala fünfhundert Höhenmeter weiter oben, auch McLeod Ganj genannt. Unten leben die Inder, oben die Tibeter, und manchmal kracht es zwischen den beiden. Des Öfteren wackelt hier auch die Erde unter beiden Volksparteien. Nach einem besonders schweren Erdbeben im Jahre 1905, bei dem 20 000 Menschen ihr Leben verloren, gaben die Einwohner den zerstörten Ort vollkommen auf.

54 Jahre später hinterließ der Dalai Lama am 30. April 1959 seinen letzten Fußabdruck auf tibetischem Boden. Indien gewährte dem hochkarätigen Flüchtling Asyl, wofür zunächst der Bergort Mussoorie vorgesehen war. Doch Mussoorie war zu nah dran an Delhi. Zumindest nach Meinung der chinesischen Regierung, die damals noch ein politischer Partner Indiens war. Sie wollten ihren prominentesten Dissidenten nicht in der Nachbarschaft der indischen Metropole platziert wissen. Und so musste der Dalai Lama umziehen und seinen Wohn- und Verwaltungssitz am 29. April 1960 in Dharamsala aufschlagen. Der Ort war damals ziemlich heruntergekommen und die Infrastruktur deutlich schlechter als heute. Dreizehn Stunden dauerte die Fahrt von hier bis nach Delhi. Einen Flughafen gab es noch nicht.

Doch mit den Tibetern erwachte Dharamsala wieder zu neuem Leben. Durch die Präsenz des Dalai Lama bekam der Platz sogar internationale Bedeutung. Der wackelige Luftkurort einer britischen Garnison wird heute deswegen auch »Little Lhasa« genannt.

Ich habe selten einen Ort erlebt, der so stark von den persönlichen Projektionen und der großen Sehnsucht seiner Besucher nach Spiritualität lebt. Es ist der Glanz, den der Dalai Lama hier verbreitet. Egal ob er zu Hause ist oder auf einer seiner zahlreichen Reisen, die jede Regierung dieser Welt in denselben, unangenehmen Konflikt stürzt: Wie empfängt man einen Nobelpreisträger, ohne dadurch die geliebten Marktanteile in China zu verlieren?

In den vier schmuddeligen Straßenzügen von McLeod Ganj werden seit Jahren dieselben verstaubten Hippie-Klamotten, Thangkas – buddhistische Rollbilder – und Schmucksteine verhökert. Neben den ortsansässigen Tibetern und indischen Bettlern tummeln sich hier Buddhismus-Interessierte aus aller Welt, Yoga-, Reiki-, Tibetisch- und Ayurveda-Schüler, bekiffte Israelis, ein paar lärmende Russen, aufgekratzte Koreaner und Langzeittouristen aus Goa, die hier im Höhenklima »übersommern«. Außerdem engagierte Praktikanten aus aller Welt, die Englischkurse für junge Exiltibeter anbieten, sowie Umweltschützer und eine rapide wachsende Zahl indischer Mittelstandstouristen. Und nicht zu vergessen die Tibet-Sponsoren! Ohne sie würde dieser bunte Exilkosmos nicht überleben. Sie teilen sich auf in: Sponsoren tibetischer Flüchtlingskinder, Sponsoren tibetischer Mönche und Nonnen, Sponsoren alter tibetischer Menschen, Sponsoren ehemaliger politischer Häftlinge, Sponsoren tibetischer Familien, Sponsoren der tibetischen Exilregierung, Sponsoren der Klöster und Kultureinrichtungen und die Sponsoren jener, die es längst nicht mehr nötig haben, gesponsert zu werden.

Die Kirche als Institution stillt die religiösen Bedürfnisse in weiten Bereichen unserer Gesellschaft nicht mehr. Und so zieht es viele Menschen aus der westlichen Welt mit ihrer spirituellen Sehnsucht hierher. Die Tibeter leben gut davon.

Auch heute sind alle Betten in McLeod Ganj belegt. Übers Internet finde ich eine Pension in dem noch etwas höher gelegenen Örtchen Dharamkot: »Welcome to House Omtara, proprietors Ria and Hari Dass. Ria is orginally from Germany and has lived in India for more than 20 years...«

Sofort initiiert mein weiblicher »Wen kenn ich, wen kenn ich nicht«-Instinkt einen Suchlauf: Ria? ... Ria ... Ria – da hab ich's: Ich habe Ria 1998 bei einer Busfahrt von McLeod Ganj nach Delhi kennen gelernt. In dieser Nacht erlitt eine Amerikanerin einen schweren Infarkt, und der Bus blieb einfach stehen. Verzweifelt versuchte ich, Autos anzuhalten, um in europäischer Manier medizinische Hilfe zu organisieren. Erfolglos, denn ein Menschenleben zählt nicht viel in einem Land, das sich erfolgreich als größte Legebatterie für Reinkarnationen bewiesen hat. Mehr als eine Milliarde Menschen leben aktuell in Indien, das sind etwa 17,3 Prozent der Weltbevölkerung. Die Chinesen stellen 19,5 Prozent. Das heißt, die Chance, als Inder oder Chinese wiedergeboren zu werden, liegt bei fast 40 Prozent! Ich persönlich finde diese Aussicht ziemlich erschreckend. Vor allem als Österreicherin. Ich weiß gar nicht, wie ich es damals geschafft habe, einen der raren Plätze in unserer schönen Alpenrepublik zu ergattern!

Als in dieser Nacht auf dieser verlassenen indischen Straße das Herz der Amerikanerin zu schlagen aufhörte, beobachteten Ria und ich seltsame Irrlichter am Himmel.

Zum Glück kann sich die Gute an diese seltsame Begegnung vor dreizehn Jahren erinnern, als ich sie am Telefon habe! Zwei Stunden später schleppt ihr Mann Hari meine acht kaputten Klangschalen über einen schmalen Bergpfad zu ihrem wirklich idyllischen Gästehaus hoch. Das Haus »Om Tara« liegt an einem Berghang inmitten eines blühenden Gartens. Zwischen Rhododendron, Magnolien und Pfingstrosen spielen Rias indische Adoptivkinder Fangen. Wir werden mit frisch gebackenem Käsekuchen und Kaffee empfangen.

Glücklich sitzen Chime und ich am Abend auf der Veranda unseres Bungalows. Die Berge verfärben sich rot, als wollten sie uns ermahnen: Zeit, sich auf euer Buch zu besinnen!
»Wie ist die Ehe deiner Eltern zerbrochen?«, frage ich Chime.
»Du sprichst nicht gern von deinem Vater. Warum?«
»Mein Vater war bestimmt kein schlechter Mensch. Ich glaube, er wollte seiner Familie ein gutes Zuhause schaffen. Doch er scheiterte mit seinen Geschäften. Das führte zu einer Leere in seinem Herzen. Er füllte sie mit Pokern. Er war kein Trinker, wie viele andere Väter in Tibet. Mein Vater war Spieler. Jede Woche kamen Fremde ins Haus, die Geld haben wollten von unserer Mutter.«

Meine Mutter, mein Vater und ihre Kinder ☾
Tibet, 1990 bis 1997

Mein Vater war ein hochgewachsener, schlanker Mann. Mit seinen großen Augen sah er fast aus wie ein Inder. Er war zwölf Jahre älter als meine Mutter.

Ich hatte das Glück, als erstes Kind in unsere Familie geboren worden zu sein. Ich bin sicher, dass mein Vater mich liebte. Ich erinnere mich, dass er sogar mit mir spielte. Er war mein Pferd, nur ich durfte auf seinen Schultern reiten! An seiner Hand ging ich so gern spazieren. Er gab mir auch immer Geld, wenn ich darum bat. Er achtete einfach gar nicht auf unsere Finanzen. War er zu Hause, schlief ich am liebsten an seiner Seite.

Als zwei Jahre später mit Dolkar wieder eine Tochter geboren wurde, war mein Vater enttäuscht. Alle Verwandten, Freunde und Nachbarn hatten ihm einen Sohn prophezeit. Kaum konnte Dolkar laufen, wurde sie zu unseren Großeltern nach Kham gebracht, die dort als Bauern und Nomaden lebten. Einmal im Jahr besuchte meine Mutter meine kleine Schwester. Und als sie zum dritten Mal schwanger war, meinte mein Vater: »Bestimmt ist dieses Kind in Kham gezeugt worden!«

»Es wird den Segen unserer Familie zerstören«, dachte sich meine Mutter und beschloss, ihr drittes Kind töten zu lassen. Doch in der Klinik sah sie plötzlich mein Gesicht vor sich, so wie es aussah kurz nach meiner Geburt. Mit meinem Babygesicht vor Augen bekam auch das Kind in ihrem Bauch menschliche Züge. Und so kehrte sie unverrichteter Dinge wieder nach Hause zurück. Dies war der Beginn vom Ende einer Ehe, die von Anfang an unglücklich gewesen war.

Ich kann mich nicht mehr an jede Begebenheit in Lhasa erinnern. Doch so wie der Wind die verlorenen Blätter des Herbstes aufwirbelt, tragen mir nachts meine Träume immer wieder vergessene Seiten zu. Oft sind es nur Fetzen, Szenen des Streites: Mein Vater sitzt auf dem Bauch meiner schwangeren Mutter und schlägt ihr mit der Hand ins Gesicht... Es ist Nacht, und meine Mutter wandert weinend durchs Haus...

Einmal stand sie vor mir in der Küche mit einem großen Messer in ihrer Hand und drohte, es sich in den Bauch zu stoßen. Verzweifelt schrie ich nach meiner Tante, die bei uns wohnte. Sie stürzte zur Tür herein und versuchte meiner Mutter das Messer zu entwinden. Doch Amala hielt sich am Messer fest. Da zog meine Tante das Messer mit aller Kraft aus der geschlossenen Faust meiner Mutter und schmiss es wütend in eine Ecke. Dicke Blutstropfen fielen zu Boden. Mama schrie und weinte. Das Messer hatte eine tiefe Schnittwunde in ihrer Hand hinterlassen. Zitternd saß ich hinter dem großen Gaszylinder unseres Kochers und bangte um den Verstand meiner Mutter.

Das dritte Kind kam zur Welt. Es war endlich der ersehnte Junge. Ich dachte, nun würde zwischen meinen Eltern alles gut werden. Doch als ich wenige Tage später von der Schule nach Hause kam, war niemand da. Die Küche war leer, nichts war gekocht. Auch meine Tante war weg. Und Mamas Sachen waren verschwunden. Sicher würde sie mich bald holen! Stunde um Stunde verging, doch niemand kam. Es wurde dunkel. Weinend verkroch ich mich ins Bett. Am Abend stand plötzlich mein Vater in der Türe. Ich glaube, es war noch jemand bei ihm, eine Frau, genau kann ich es nicht sagen, denn ich sah nur ihre Schatten. Mein Vater wollte das Licht nicht anmachen. Er gab mir zu essen und tröstete mich. Dann ging er wieder und ließ mich allein. Wie ein Baby weinte ich mich in den Schlaf. Am nächsten Morgen war das Haus immer noch leer. Niemand war da, um Frühstück zu machen. Hungrig und verwirrt ging ich zur Schule. An diesem Tag hatte ich große Mühe, mich im Unterricht zu konzentrieren.

In Lhasa war es üblich, dass die Kinder ihr Mittagessen selbst zur Schule mitbrachten. Ich hatte an diesem Tag nichts dabei. Doch dann in der großen Pause kam meine Mutter mit einem Korb.

»Wo warst du?«, fragte ich sie, als sie mich mit Brot und luftgetrocknetem Fleisch fütterte. Doch sie antwortete nicht. Sie schüttelte nur den Kopf und ließ mich mit meinen Fragen allein.

Ängstlich ging ich nach der Schule wieder nach Hause. Diesmal war unser Wohnzimmer voll. Alle unsere Verwandten waren gekommen und diskutierten über die Zukunft meiner Eltern. Man entschied, dass Mama und Papa es noch einmal miteinander versuchen sollten.

Doch auch dieser Versuch misslang. Eines Nachts weckte mich meine Mutter: »Aufstehen, komm, wir müssen gehen!« Sie hatte meinen kleinen Bruder bereits in ein Tragetuch auf ihren Rücken gebunden. An ihrer Hand ging ich durch das nächtliche Lhasa zu einem sehr hohen Haus. Treppe für Treppe stiegen wir bis in das letzte Stockwerk.

Einen verlorenen Mann mit dem Anblick seiner Kinder zurückzuerobern, war ein typischer Akt für eine tibetische Mutter. Wir betraten einen sehr großen Raum, in dessen Mitte ein großer Pokertisch stand. Es war verraucht, die Menschen spielten und tranken. Auch Frauen waren hier. Sie sahen ganz anders aus als unsere Mutter, waren geschminkt und lachten sehr laut. Schnell zog mich meine Mutter aus dieser verruchten Welt wieder heraus, und wir gingen ohne meinen Vater nach Hause.

Meine Mutter wollte sich nun scheiden lassen. Mein Vater versprach, sich zu bemühen. Sie entschloss sich, es noch einmal mit ihm zu versuchen. Sie versöhnten sich und reisten sogar nach Kham, um meine kleine Schwester Dolkar nach Hause zu holen. Vier Jahre hatte sie nun unter Nomaden und Bauern gelebt. Die Großmutter war ihr längst zur Mutter geworden. Dolkar sprach unsere Eltern nur mit dem Vornamen an.

Ich war sehr aufgeregt, als meine kleine Schwester wieder zu uns kam. Und ich freute mich. Mit Dolkar kam ein Hauch Familienglück in unser Haus. Am liebsten spielten wir zu Hause mit unseren Spielsachen, die wir gemeinsam in einer kleinen Truhe verwahrten. Dolkar hatte von einer Tante sogar eine Barbiepuppe geschenkt bekommen. Es war ihr größter Schatz.

Meine Mutter hatte einen goldenen Zahn. Dolkar war sehr fasziniert davon und wollte unbedingt auch so einen goldenen Zahn haben. Sie bettelte jeden Tag darum! Da bastelte meine Mutter aus dem Goldpapier einer Schokolade für Dolkar eine ganze goldene Zahnreihe! Dolkar war glücklich, spazierte stolz mit ihren goldenen Zähnen durchs Haus und strahlte wie ein Fotomodell.

Unser Glück währte nur kurz und war eines Nachts sehr plötzlich beendet. Unsere Mutter hatte in der Gürteltasche meines Vaters das Foto einer anderen Frau gefunden.

Dolkar und ich wachten auf von ihrem Geschrei. Wieder hatte mein Vater das Vertrauen unserer Mutter missbraucht. Wieder gab es Schläge und hässliche Worte. Da schlüpfte mein Vater in seine Kleider und verließ unser Haus. Ich habe ihn nie mehr wiedergesehen.

Ildefonso ☀
Dharamkot, 14. April 2011

Warum werden so viele Kinder in windzerzauste Nester hineingeboren? Ein Kind sollte in Liebe und Fülle aufwachsen. So steht es im Göttlichen Plan. Wenn es denn einen gibt.

Chimes Eltern haben es immer wieder miteinander versucht und waren schließlich in ihrer Ehe gescheitert – ähnlich wie meine. Auf dem Hochzeitsfoto meiner Eltern versteckt meine Mutter ihren Babybauch unter einem Strauß weißer Lilien, der Blume der Jungfräulichkeit. Die Sonne wirft ihren morgendlichen Glanz auf ihr langes, rotblondes Haar. Sie lächelt. Mein Vater steht etwas verunsichert daneben.

Das Bild spricht von Glück, von Hoffnung, vom Verbergen eines Zustandes und dem wackeligen Boden einer unreflektierten, sehr jungen Verbindung. Meine Mutter war achtzehn an diesem sonnigen Tag. Mein Vater nur wenige Jahre älter.

Nachdem sie ihre Schulkarriere mit einem Hungerstreik beendet hatte, war meine Mutter nach Wien gegangen, um Malerin zu werden. Sie blickte nach vorn in eine aufregende, glanzvolle Zukunft! Da fiel ihr, wie ein junger Vogel, meine kleine Seele vor die Füße und hinderte sie an der Verwirklichung ihrer kühnen Pläne. Dumm gelaufen. Wäre ich meiner Mutter als Dachziegel auf den Kopf gefallen, wäre ihr Martyrium, das für sie offenbar mit meiner Geburt begann, deutlich abgekürzt worden.

Die früheste Phase meines Seins fühlt sich in meiner Erinnerung dumpf an. Nebulös. Ein schwarzer, undefinierbarer Raum. Es ist die Phase noch vor Entwicklung der Sprache. Worte, die geholfen hätten, Erfahrungen in begreifbare Erlebnisse zu fassen. Ohne Sprache ist ein Kind reinen Empfindungen ausgeliefert. Der Verstand greift ins Leere.

Versetze ich mich in diesen Ur-Zustand hinein, weicht heute noch das Blut aus meinen Fingern, als wären mir meine Hände gebunden. Ich höre mich schreien. Doch meine wortlose Verzweiflung verliert sich in einem unendlichen Raum. Niemand hört mich. Niemand ist da. Ich bin vollkommen allein.

Ich trage nur wenige Bilder meiner frühen Kindheit in mir. Meine Mutter ist schon früh aus meinem Leben verschwunden, und mein Vater spricht nicht gern über diese Jahre.

Doch kurz bevor meine Großmutter starb, tauchte ihr Geist noch einmal in die Vergangenheit ab. Und Oma brachte mir von ihrer letzten inneren Reise als Geschenk einige Antworten auf offene Fragen mit:

»Du warst noch sehr klein«, erzählte sie mir. »Dein Vater arbeitete viel, und deine Mutter verlor sich in ihren fantastischen Bildern. Saß sie vor ihrer Staffelei, tauchte sie in eine andere Welt ein. Dann spürte sie keinen Hunger. Weder ihren noch deinen. Sie vergaß die Zeit. Und mit der Zeit vergaß sie auch, sich um ihr Baby zu kümmern. Du warst noch sehr klein, als du mit einer Schmutzinfektion ins Krankenhaus musstest. Man band deine kleinen Hände am Gitterbett fest, damit du dir die wunden Stellen überall am Körper nicht aufkratzt. Deine Eltern hatten beschlossen, dich nicht mehr zu besuchen. Weil du bei jedem Abschied geweint hast. Sie dachten, ohne Abschied fallen die Wochen im Krankenhaus leichter. Also bin ich heimlich zu dir gekommen. Jeden Tag eine Stunde. Dann hab ich dir Geschichten erzählt. Die hast du zwar noch nicht verstanden, doch beim Klang meiner Stimme wurdest du ruhig. Zum Abschied hab ich dann ein Ildefonso aus meiner Tasche geholt, in kleine Stückerl gebrochen und dich damit gefüttert. Bei mir hast du nie geweint, wenn ich ging.«

»Was ist ein Ildefonso?«, fragt mich Chime, als ich die überlieferte Geschichte meiner Großmutter zu Ende erzählt habe.
»Eine typisch österreichische Süßigkeit: Würfel aus hellem und dunklem Schichtnougat. Sie sind in silbernes Stanniol verpackt und mit einer rosa-goldenen Banderole umwickelt. Viel später habe ich herausgefunden, dass auf der Innenseite der Banderolen auch Lebensweisheiten eingraviert sind.«
»Und deine Mutter?
»Sie ging irgendwann einmal aus dem Zimmer und kam nie mehr zurück. Damals war ich zweieinhalb Jahre alt. Ich habe sie nie wieder gesehen.«

Verstehen kann man das Leben rückwärts.
Leben muss man es vorwärts.
Eine Ildefonso-Weisheit von Søren Kierkegaard

Das Mädchen aus dem Fluss ☀
Dharamkot, 14. April 2011

»Der Morgen gehört dem Herrgott«, hat mir einmal eine junge katholische Nonne gesagt. Ihr Name war Schwester Marzella Krieg, und sie war tatsächlich äußerst martialisch. Ihre Waffe war die Liebe. Sie kämpfte mit all ihrer Energie für eine Kirche als Raum der inneren Erfahrung. Selten bin ich einem so kraftvollen, fröhlichen Menschen begegnet wie ihr und ihren Mitschwestern. Als ich wegen eines Filmprojektes für kurze Zeit mit jungen Vinzentinerinnen im Kloster Untermarchtal zusammenlebte, habe ich drei Dinge gelernt.

Erstens: Guter Humor ist eine Strickleiter zum Himmel. Selbst wenn du im tiefsten Seelenloch steckst. Der Dalai Lama muss auch schon mal von den Untermarchtaler Vinzentinerinnen gehört haben.

Zweitens: Beten ist die Erinnerung daran, dass in jeder Sekunde die Fülle Gottes auf uns herabfällt. Richtig umgesetzt heißt das: Ich sende keine Wünsche ans Universum, sondern bedanke mich täglich für das, was von da oben so kommt.

Drittens: Regeln sind keine Beschränkung unseres Seins, sondern ein Tor zur inneren Freiheit. Jeden Morgen um fünf klingelte im Kloster mein Wecker. Denn um sechs Uhr begann das Morgengebet. In wunderbaren Gesängen wurde die Schönheit der Schöpfung gepriesen.

Als ich diese heiteren Frauen aus Untermarchtal wieder verließ, habe ich meinen Wecker mitgenommen... und ihn seither nicht mehr verstellt.

Um sechs Uhr morgens treffe ich mich also mit Hari unter dem Baum der Mondgöttin zum Yoga. Bevor er und Ria heirateten, war Hari ein Sadhu Baba, ein hinduistischer Wandermönch ohne Habe, der sein Leben dem Gott Shiva geweiht hatte. Als solcher ist Hari auch ein Meister des Yoga – und zeigt mir nun ein paar Techniken für den Kopfstand. Nach einigen Versuchen steht meine Welt endlich verkehrt herum,

und aus den Taschen meiner Trainingshose fallen Taschentücher, Kleingeld, Glückssteine, Tampons und Kuchenbrösel.
»Des schaut oba deppat aus!«, ruft plötzlich eine Kinderstimme in tiefstem Österreichisch von oben. Wie ein kleiner Affe hockt Roshan, Rias neunjähriger Sohn, über mir in der Weide.
»Konnst glei a Watschn hobm!«, rufe ich im Slang meiner Heimat zurück.
»A verkehrte oder a grode?«, ruft nun seine kleine Schwester Viola und lässt ihre dünnen Beinchen vom Baum herabbaumeln. Mein wackeliger Kopfstand ist nicht länger zu halten. Lachend falle ich um. Verärgert schickt Hari seine Kinder ins Haus. Auf Hindi natürlich.

»Wie kommt es, dass deine Kinder einen österreichischen Dialekt sprechen?«, frage ich Ria beim Frühstück in ihrer gemütlichen Küche. Sie selbst stammt nämlich aus Franken.
»Bevor Hari und ich die beiden adoptiert haben, lebten sie bei einer Österreicherin namens Elsa. Elsa war eine besondere Frau. Sie kümmerte sich in den Slums von Orissa um die Kinder der Ärmsten. Unser Sohn Roshan war als Baby zum Betteln nackt auf die Straße gelegt worden. Viola wurde von Bauern in einem Reisfeld gefunden. Der Fluss hatte sie ans Ufer getragen. Sie brachten das Baby zu Elsa. Es war kaum einen Monat alt.«
»Und wie kam Viola in den Fluss?«, fragt Chime mit großen, ängstlichen Augen.
»Elsa suchte nach den Eltern des Findelkindes und fand tatsächlich den Vater. Seine Frau war kurz nach der Geburt ihres dritten Babys gestorben. Die beiden älteren Mädchen weinten unaufhörlich wegen des Verlustes ihrer Mutter, das Baby schrie unablässig nach Milch. Da dachte der Vater: »Bevor es elend in meiner Hütte verhungert, werfe ich es besser in den Fluss.«
Doch kleine Babys tragen noch die Erinnerung an die Fruchtblase in sich und können oft sehr gut schwimmen. Der

Fluss hat das Kind zu den Feldern getragen. Bauern haben es gefunden und zu Elsa gebracht.«

»Hat der Vater sein Baby wieder zu sich genommen?«, fragt Chime weiter.

»Er hat Elsa gebeten, es zu behalten. Drei Jahre kümmerte sich Elsa um Viola und Roshan. Dann musste sie in ihre Heimat zurück, nach Österreich. Ich habe ihr angeboten, die Kinder zu nehmen. Seit vier Jahren leben sie nun bei Hari und mir.«

»Wer ist nun die Mutter des Mädchens?«, fragt mich Chime, als wir unseren kleinen Bergpfad in Richtung McLeod Ganj hinabsteigen. »Die Frau, die es in einem Slum geboren hat? Jene, die es in Orissa aufgenommen hat? Oder die, die es nun in Dharamkot großzieht? Wem gehört das Kind aus dem Fluss?«

»Beeil dich, Chime! Wir müssen um 10 Uhr im TCV sein!«

TCV – die Tibetischen Kinderdörfer im Exil

Schon bald nachdem der Dalai Lama aus Tibet geflohen war, folgten ihm immer mehr Familien ins Exil. Er beauftragte seine ältere Schwester Tsering Dolma, sich um die Kinder dieser ersten Fluchtgeneration zu kümmern.

Am 17. Mai 1960 wurde der erste tibetische Exilkindergarten eröffnet. Mit insgesamt 51 Kindern. Dies war der Anfang.

Als Tsering Dolma an einem Krebsleiden starb, übernahm ihre jüngere Schwester Jetsun Pema die Verantwortung für die kleinsten und schutzbedürftigsten Flüchtlinge der besetzten Heimat. Der Kindergarten war mittlerweile hoffnungslos überfüllt. Immer mehr Kinder kamen über die verschneiten Himalaya-Pässe. Das Gelände musste dringend erweitert werden, man brauchte Geldgeber und professionelle Partner. In enger Kooperation mit dem Österreicher Hermann Gmeiner wurde das erste Tibetan Children's Village in der weltweit bewährten Struktur eines SOS-Kinderdorfes errichtet.

Heute leben rund 17 000 Kinder in elf tibetischen Kinderdörfern, die über ganz Indien verteilt sind: vom nördlichsten Zipfel Ladakhs, direkt an der tibetischen Grenze, bis nach Bylakuppe im südindischen Bundesstaat Karnataka. Es sind Kinder, die auf eigenen Füßen aus Tibet geflohen sind, aber auch Kinder, die bereits im Exil geboren wurden. Die Nachkommen der früheren Fluchtgenerationen.

Nach 42 Jahren Totaleinsatz als »Mutter Tibets« legte Jetsun Pema im Jahre 2006 die Präsidentschaft über die Tibetischen Kinderdörfer nieder, um sich dem Aufbau des ersten tibetischen Studienkollegs im Süden Indiens zu widmen. Neuer Präsident der Kinderdörfer wurde Mr. Tsewang Yeshi. Er übernahm diese große Aufgabe in einer schwierigen Zeit des Wandels. Die tibetische Exilgesellschaft steht vor einem Prozess der Modernisierung und Demokratisierung. Eine Entwicklung, die auch im Erziehungsstil der Exilkinder in naher Zukunft vollzogen werden wird.

Fette Fische und kotzende Kinder ☀
Kinderdorf Upper TCV, 14. April 2011

Das Tibetische Kinderdorf von Dharamsala, auch *Upper TCV* genannt, thront auf einem bewaldeten Hügel hoch über McLeod Ganj. Vom kleinen Hauptplatz des Tibeter-Viertels aus – in blühender Fantasielosigkeit einfach nur *Bus-Stand* genannt – müsste man noch eine dreiviertel Stunde zu Fuß gehen. In zehn Minuten erwartet uns kein Geringerer als Mr. Tsewang Yeshi, der Präsident der Tibetischen Kinderdörfer. Was tun? Es ist zwar höchst rücksichtslos gegenüber Chime, ein Taxi zu nehmen, aber leider haben wir jetzt keine andere Wahl.

Ich sollte an dieser Stelle eine Warnung an alle Paten tibetischer Kinder aussprechen: Es ist prinzipiell keine gute Idee, sie in ein fahrbares Gerät zu setzen. Ihr Großhirn ist maximal auf die Geschwindigkeit eines galoppierenden Pferdes eingestellt. Und auf schnurgerade Straßen, die durch weite Hochebenen mit endlos weitem Horizont führen. Indische Kurven, kombiniert mit bekifften Buslenkern oder lebensmüden Macho-Taxifahrern, bringen das vegetative Nervensystem eines tibetischen Kindes total durcheinander. Heute weiß ich, dass ich mehrere Tüten mitnehmen muss, sobald ich mit meinen Patenkindern ein Fahrzeug besteige. Vor elf Jahren, als ich *The Six* nach ihrer Flucht zum ersten Mal in das tibetische Kinderdorf brachte, war mir das leider noch nicht so klar. Am Ende der Fahrt berechnete mir der Fahrer einen horrenden Aufpreis wegen der Spuren, die sie in seinem Wagen hinterlassen hatten. Und auch *Die Sechs* befanden sich in einem erbärmlichen Zustand. Zum Glück liegt vor dem Eingang zum Kinderdorf, idyllisch eingerahmt von Schatten spendenden Bäumen, der heilige Dal-See. Dem hinduistischen Gott Shiva geweiht, soll ein kurzes Eintauchen in dieses heilige Gewässer dem Gläubigem Glück bringen und ihn von all seinem Leid befreien.

Ich putze mit der braunen Brühe des Sees die bekleckerten Pullover und Hosen der sechs Kinder, denn ich wollte sie halbwegs sauber bei Jetsun Pema, der Schwester des Dalai Lama, abgeben. Trotz hartnäckiger Überredungsversuche waren sie nicht bereit, ganz in den See hineinzusteigen, was die Reinigungsarbeiten entscheidend erleichtert hätte.

Die Kinder fürchteten sich vor den fetten Fischen im See. Von den indischen Pilgern gefüttert und von Fischern verschont, werden diese Viecher von Jahr zu Jahr fauler. Mir scheint, dass diese Fische inzwischen gar nicht mehr schwimmen, sondern nur noch phlegmatisch im Wasser rumdümpeln. Klarer Fall: Sie sind längst übersponsert. Was man von den tibetischen Exilkindern nicht sagen kann: Im Kinderdorf wird seit einem halben Jahrhundert für wenig Geld sehr gute Arbeit geleistet. Hätte man großzügigere Mittel zur Verfügung, ginge es noch besser. Deshalb sage ich immer gern und zu jeder Gelegenheit: Ein tibetisches Patenkind macht den Saldo des Paten ein bisschen kleiner, sein Herz jedoch um ein Vielfaches reicher. Auch wenn sie einem manchmal die frisch gebügelte Bundfaltenhose vollkotzen.

Wie kleine Wespennester kleben die Kinderhäuser und Unterrichtsräume an zwei bewaldeten Hängen. Sie sind durch eine Vielzahl kleiner Pfade, Treppen, Gänge und Geheimwege miteinander verbunden. Durch einen schlichten metallenen Torbogen, der zu den Jahrestagen des Kinderdorfes mit buntem Stoff geschmückt wird, betreten wir eine eigene Welt: die Heimat von 2500 tibetischen Kindern!

Ein steiler Weg führt zum großen Spielplatz hinauf. Normalerweise ist dieser Ort das pulsierende Herz des Kinderdorfes, doch an diesem Morgen ist es ganz still hier. Aus den geöffneten Fenstern sind die unterschiedlichen Stimmen der Lehrer zu hören. Hier und da bellt ein Hund. Auf dem Dach des Kinderdorf-Tempels bläst ein Mönch sein Muschelhorn zum Gebet. Die Gebetsfahnen flattern im Wind. Der grüne Hügel, der sich dahinter erhebt, ist Zufluchtsort der Einsiedlermönche. Würde man an ihren Klausen vorbeiwandern, die

Waldgrenze hinter sich lassen, die eisigen Berghöhen erklimmen und über die verschneiten Pässe hinweg immer weiter marschieren, würde man irgendwann Tibet erreichen.

Dieses Kinderdorf – das Upper TCV von Dharamsala – war das erste Exilzuhause »meiner« sechs Kinder. Heute lebt von den Sechsen nur noch Dhondup hier. Er hat sich für den Wirtschaftszweig des dortigen Gymnasiums entschieden. Little Pema trat in die Fußstapfen von Chime und wechselte nach Gopalpur auf ein Gymnasium mit humanistischem Zweig. Dolkar setzte auf Naturwissenschaften und lebt nun am weitesten von allen entfernt in Bylakuppe im Süden Indiens.

Mr. Yeshi empfängt Chime und mich in seinem Büro: »Chime-la!«, ruft er erfreut. »Ich gratuliere dir zu deinem Abitur!«

Zumindest hat er es also nicht vergessen: Chimes Abitur. Lächelnd schenkt uns der Präsident der Kinderdörfer süßen Milchtee ein und schiebt uns auffordernd einen Teller mit Keksen über den Tisch. Dankend lehnen wir ab. Ich aus Angst um meine Figur, Chime vermutlich aus Scham. Mr. Yeshi ist für fast 17000 Kinder verantwortlich. Und die Hürde, einen Keks von seinem Teller zu nehmen, ist für Chime einfach zu hoch. Nicht, weil der Keks dann den anderen 16999 Kindern fehlte, sondern weil ihr die Vorstellung, durch einen bröselnden Butterkeks besonders hervorgehoben zu werden, riesige Angst macht.

»Come on Chime, take one! Only one cookie, Chime!«

Oh nein, jetzt gibt sie vor, Bauchschmerzen zu haben, und prompt fragt Mr. Yeshi besorgt: »Sollen wir dich auf die Krankenstation bringen lassen?«

Schnell lenke ich seine Aufmerksamkeit auf den eigentlichen Grund unseres Kommens: Über eine Münchner Stiftung hat *Shelter108* Gelder zum Bau eines tibetischen Kinderhauses bekommen. Doch seit den großen Aufständen 2008 kommen immer weniger Flüchtlinge aus Tibet, weil die Grenzübergänge viel schärfer bewacht werden als früher. Waren es 2007 knapp 3000 Flüchtlinge, die Indien erreichten, schafften es im letzten Jahr nur noch 874 über die Grenze. Es scheint zurzeit nicht sinnvoll, neuen Wohnraum für Flüchtlingskinder zu schaffen. Gäbe es denn eine zweckmäßigere Verwendung für die Stiftungsgelder aus München?

»Ja!«, ruft Mr. Yeshi erfreut: »Wir sprachen doch eben noch von der Krankenstation! Sie müsste dringend ausgebaut und renoviert werden. Es fehlen Küche und sanitäre Anlagen ...

Ich habe heute auch noch eine Bitte an Mr. Yeshi: Für Chimes Visum brauchen wir eine amtliche Meldeadresse. Zwar ist sie nicht mehr TCV-Schülerin und wird bald in Delhi studieren, doch mit zehn Millionen Einwohnern platzt die Stadt aus allen Nähten und wartet bestimmt nicht auf ein tibetisches Mädchen, das Angst vor einem Keksteller hat. Mr. Yeshi erkennt sofort das Dilemma, das sich jedoch als nichtig herausstellt: Solange Chime in Indien studiert, steht sie unter der Obhut der Tibetischen Kinderdörfer und bleibt da auch gemeldet. Glücklich verlassen wir das Head Office.

»Was machst du eigentlich mit all deinen Büchern?«, frage ich Chime, als wir wieder am Spielplatz stehen. »Jans Wohnung in Delhi platzt jetzt schon aus allen Nähten!«

»Ich werde meine Bibliothek dem Kinderdorf überlassen. Als Dankeschön für alles, was ich hier bekommen habe.«

Tränen stehen in ihren großen Augen. Doch das Schrillen der Pausenglocke beendet jäh die melancholische Stimmung. Hunderte Schüler und Schülerinnen strömen lachend und plaudernd aus ihren Klassen.

Vergeblich halte ich Ausschau nach Dhondup. Die einheitliche Schuluniform macht es nicht einfach, jemanden in diesem Gewusel zu finden. Jungen wie Mädchen tragen Hosen in Kobaltblau, dazu karierte Hemden und grüne Pullover mit dem goldenen Abzeichen der Schule. Wir werden Dhondup am Wochenende besuchen und hoffen, dass mein terminlich stets ausgelasteter Patensohn dann auch Zeit für uns hat. Und wo ist jetzt Chime? Suchend drehe ich mich nach ihr um. Da steht sie in der Mitte des Spielplatzes, umringt von den spielenden, tobenden Kindern. Mit geschlossenen Augen. Vorsichtig tippe ich mein träumendes Mädchen an.

»Chime?«

»Hörst du die Stimmen der Kinder?«, fragt sie. »Sie kommen aus lachenden Gesichtern und fröhlichen Herzen. In Lhasa war es ganz anders. In meiner chinesischen Schule, da gab es keine Gemeinschaft. Jeder kämpfte für sich. Dort wurden wir gedrillt wie bei der Armee.«

Meine Schulzeit in Lhasa
Tibet, 1997 bis 1999

In Tibet besuchte ich die zweitbeste Schule von Lhasa. Meine Mutter hatte dafür gesorgt, weil sie ein sehr ehrgeiziger Mensch war. Sie wusste, dass der einzige Ausweg aus der Armut eine gute Ausbildung war. 52 chinesische und tibetische Kinder drückten in einer Klasse die Schulbank. Alle waren unterschiedlichen Alters, denn viele der tibetischen Kinder stammten aus der Provinz Kham und waren erst spät eingeschult worden. Ein Großteil des Unterrichts wurde in Mandarin abgehalten, wir hatten aber auch tibetische Lehrer, die uns in der Landessprache unterrichteten. Ich war die Jüngste in unserer Klasse und musste ständig aufpassen, nicht von den älteren Kindern verprügelt zu werden.

Der Unterricht war langweilig – und die Regeln waren sehr streng.

In jeder Klasse gab es einen Aufseher, Monitor genannt, und seine Assistenten, die dem Lehrer bei der Beaufsichtigung und Bestrafung der Schüler halfen. Es waren immer ältere Schüler und oft auch die brutalsten. Sie hatten viel Macht in der Klasse.

Eines Tages musste ich nachsitzen, denn ich hatte meine Hausaufgaben nicht gut genug erledigt. Die anderen Kinder liefen glücklich nach Hause. Ich blieb in der Klasse allein mit den zwei großen Jungen zurück. Der Monitor und sein einarmiger Assistent grinsten gemein. Angestrengt versuchte ich, mich auf meine Hausarbeit zu konzentrieren, doch die Jungen fingen an, mich zu ärgern: »Leck unseren Penis, oder wir lassen dich heute nicht mehr nach Hause.«

Was sollte ich tun? Ich befand mich in einer ziemlich schwierigen Lage. Die beiden waren so groß! Da kam mir die rettende Idee: »Habt ihr Hunger?«, fragte ich sie. »Ich hole euch Momos aus der Kantine! Ich zahle sie sogar von meinem eigenen Geld!«

Zum Glück waren sie so dumm, auf mein Angebot reinzufallen. So schnell ich konnte, rannte ich davon, die Treppen hinunter zu unserer Kantine, direkt in die Arme der Köchin: »Bitte helfen Sie mir! Der Monitor will, dass ich schmutzige Dinge mit ihm mache!«

Ich weinte vor Angst. Die Köchin war eine gute Frau. Sie brachte mich sofort nach Hause zu meiner Mutter.

Am nächsten Morgen wollte ich nicht mehr zur Schule. Bestimmt würden mich der Monitor und sein Gehilfe verprügeln. Da machte sich meine Mutter mit mir auf den Weg und ohrfeigte die beiden dummen Übeltäter vor versammelter Klasse!

Von nun an hatte ich keine Probleme mehr damit, die Kleinste zu sein. Meine Mutter war wirklich die beste Mutter der Welt. Doch sie erwartete viel von mir. Mehr, als ich oft bewältigen konnte.

Vor Losar, dem tibetischen Neujahr, mussten immer die Schulgebühren bezahlt werden. Die chinesische Regierung war stolz darauf, die neunjährige Schulpflicht in Tibet eingeführt zu haben. Doch im alltäglichen Leben ist diese lange Schulzeit für eine tibetische Familie oft kaum zu meistern: Viele scheitern an den Gebühren.

Das offizielle Schulgeld in meiner Schule war niedrig. Zu meiner Zeit lag es bei 250 Yuan für ein Jahr. Doch dann kamen so viele inoffizielle Kosten dazu! Die Schuluniform, die Hefte und Bücher, anstehende Schulreparaturen und Renovierungsarbeiten. Und Spenden für Zuwanderer aus der Provinz Kham, deren Kinder auch zur Schule gehen sollten. Sie berechneten sogar das Prüfungspapier, und man hatte keine Chance, all diesen Verpflichtungen zu entkommen.

Ich hasste es, meine Mutter jedes Jahr auf die anstehenden Zahlungen anzusprechen. Sie fielen immer mit der Zeugnisausgabe und dem Elternsprechtag zusammen. Dann seufzte sie, und Falten gruben sich in ihre Stirn. Nachts hörte ich sie oft unruhig durchs Haus wandern.

Noch unangenehmer war es für mich, sie immer wieder um Geld für neue Stifte und Hefte zu bitten. Einmal stahl ich meinem Vater deshalb zweieinhalb Yuan aus der Börse. Ich war sicher, er würde es nicht bemerken. Er verlor sowieso ständig Geld und ließ seine Sachen sorglos im Haus herumliegen. Am nächsten Tag nahm ich noch einmal eineinhalb Yuan aus seiner Börse. Die vier gestohlenen Yuan investierte ich in einen Multicolorstift mit vier verschiedenen Farben. Der Stift war so praktisch! Aber ich fühlte mich schlecht. Jedes Mal wenn ich mit dem Stift schrieb, spürte ich den Betrug in meinen Fingern. Um mein Gewissen zu erleichtern, vertraute ich mich meiner Tante an. Ich dachte, so könnte ich meine Schuld wieder loswerden. Doch sie berichtete meiner Mutter von dem Diebstahl. Amala schlug mich daraufhin windelweich.

Ich war in eine ausweglose Situation geraten: Was war schlimmer: meinem Vater Geld zu stehlen oder meine Mutter wegen ein paar Stiften in die Schlaflosigkeit zu stürzen?

Von nun an bat ich meine Mutter nur noch um Geld, wenn sie singend durchs Haus lief.

15. April 2011: Appell des Dalai Lama an die ganze Welt
++
Der Dalai Lama appelliert an seine Landsleute in Tibet, nichts zu unternehmen, was den lokalen Behörden als Vorwand dienen könnte, hart gegen die Bevölkerung durchzugreifen. Er fordert die internationale Gemeinschaft und die Regierungen der Welt auf, die chinesische Führung davon zu überzeugen, in der Handhabung der Situation im Kloster Kirti Zurückhaltung zu üben. Er appelliert an die chinesische Führung, dem Kummer des tibetischen Volkes mit Mut und Weisheit zu begegnen und auf Gewaltanwendung in dieser angespannten Situation zu verzichten.[3]

Riesenmuscheln im Mediapark-Weiher ☀
McLeod Ganj, 14. April 2011

Zurück in McLeod Ganj suchen wir einen Internetladen auf. Ich genieße die dreieinhalb Stunden Zeitvorsprung, die ich in Indien gegenüber meinen Gesprächspartnern in Deutschland habe. Zur Winterzeit habe ich sogar viereinhalb Stunden Vorsprung zum Leben in der deutschen Heimat. Wenigstens mal ein Entspannungsfaktor für mich bei diesem Indienaufenthalt.

Nachdem wir uns die neuesten Informationen zur Lage im Kloster Kirti heruntergeladen haben, skype ich noch eine Runde mit meinem Sohn Simon. Um viertel vor acht muss mein Kleiner in Köln zur Schule.

»Mama, ich habe gestern Abend riesige Muscheln gefunden! So groß wie meine Hand!«

Aufgeregt hält er seine unglaublich schmutzigen Finger vor die Webcam.

»Wo?«, frage ich erstaunt.

»Im Mediapark-Weiher! Mama, wie kommen die Muscheln da rein!?«

»Vielleicht hat ein Restaurantbesitzer zu viele Muscheln

für zu wenige Gäste gekauft und sie nachts in den Weiher geschmissen. Danach haben sich die Muscheln munter vermehrt. Apropos, wo sind jetzt die Muscheln?«

»Im Aquarium.«

»In unserem Aquarium?!?«

»Mama, kann man sie eigentlich essen?«

»Solange sie nicht vermodert sind, vielleicht schon.«

»Super! Wir haben nämlich kein Jeld mehr.«

Und schon sehe ich am Bildschirm meinen Kleinen mit seinem Schulranzen davonrennen. Mit lautem Knall lässt er die Wohnungstür hinter sich zufallen.

»Jörg?!« Durch den Monitor meines Laptops rufe ich nun vom Himalaya direkt in unsere Kölner Wohnung hinein: »Jöööööörg!«

Doch der Vater meines Sohnes steht heute offenbar etwas länger unter der Dusche. Hungrig streift unsere Katze Ananas um die Ecke und wetzt sich am Türstock den Rücken. Hoffentlich hockt Rex in seinem Terrarium! Wenn unsere australische Riesenechse jetzt auch noch durch die Diele flitzt, wird sie innerhalb weniger Sekunden dem verbliebenen Raubtierinstinkt unserer Katze zum Opfer fallen!

»Jöööörg!!!«

Ich bin zutiefst beunruhigt. Weniger wegen des hungrigen Zoos in unserer Wohnung als wegen des fehlenden »Jeldes« schlechthin.

Irgendwann gebe ich meine Rufe nach einem Gesprächspartner auf – denn auch hier im Himalaya muss ich tapfer weiterkämpfen.

Eine Stunde später beantragen wir im Tibetan Welfare Office unter Vorlage von Mr. Yeshis Bescheinigung die amtliche Meldebestätigung für Chime.

»Das FRO wird einen indischen Polizisten zur Überprüfung der Daten Ihrer Patentochter schicken.«

»Das FRO?«, frage ich vorsichtig nach.

»Das Foreigners Registration Office«, erklärt die Beamtin.

»Die Polizei wird in unser Hotel kommen?«, fragt Chime entsetzt.

»Ja. Ich brauche eure Adresse.«

Beim Abendessen erzählen wir unseren Gastgebern Ria und Hari von dem drohenden Polizeibesuch. Auch sie sind höchst alarmiert: »Was, hier bei uns!? Tibeter dürfen gar nicht in Dharamkot wohnen!«

Der Besuch eines indischen Polizisten in ihrem kleinen Garten Eden kann sowohl für Chime als auch für die Zukunft ihres Gästehauses äußerst unangenehme Folgen haben. Spätestens beim Nachtisch ist deshalb klar: Wir müssen so schnell wie möglich aus Dharamkot verschwinden und im Welfare Office eine für Tibeter legale Adresse angeben. Schade. Wir hatten gerade begonnen uns heimisch zu fühlen – nun müssen wir schon wieder weiter.

Draußen stürmt es. Von der Kangra-Ebene her ziehen schwere Regenwolken auf. In weiter Ferne beginnt es zu grollen. Blitze erhellen den Himmel. Bevor uns die ersten schweren Regentropfen treffen, laufen Chime und ich mit eingezogenen Köpfen in unser Häuschen.

Ich kann nicht einschlafen in dieser Nacht. Unaufhörlich trommelt der Regen auf unser Dach. Der Wind zerrt an den Ästen der Bäume. Auch in meinen Gedanken herrscht Unruhe. Nie bin ich irgendwo angekommen in meinem Leben. Nie war ich irgendwo wirklich zu Hause. Es gibt politisches Exil und es gibt ein Exil der Seele. Zumindest dieses kennen viele Menschen in der westlichen Welt: Sie haben das Gefühl, in die falsche Familie hineingeboren worden zu sein, und suchen auf den unterschiedlichsten Pfaden des Lebens nach ihren wahren Verwandten.

»Wie findest du eigentlich Tenpa?«, fragt Chime vorsichtig in die Nacht. Respekt. Sie hat wirklich lange mit dieser brennenden Frage gewartet.

»Ich mag ihn.«

»Wirklich?!« Kerzengerade sitzt sie plötzlich in unserem Bett: »Du hast also nichts gegen ihn?«

»Ein alter Geldsack wäre mir lieber gewesen. Aber egal. Ihr werdet ja nicht gleich heiraten, oder?«

Stille in der anderen Betthälfte.

»Oder?!?!«

Keine Antwort. Dafür die jahrelang zurückgehaltene Gegenfrage an mich: »Warum hast du nie geheiratet?«

»Schlaf jetzt, Chime.«

»Ich kann aber nicht so früh einschlafen wie du.«

»Dann schreib weiter am Buch.«

Der Fremde in unserem Haus
Tibet, 2000

Es war die Zeit vor Losar, dem tibetischen Neujahrstag: Bald würden wieder die Schulgebühren anstehen, und die Laune meiner Mutter verdüsterte sich.

Da kam ein Fremder in unser Haus. Mit leisen Worten führte er mit meiner Mutter ein sehr ernstes Gespräch. Ich konnte nicht verstehen, wovon sie sprachen. Ich sah nur, wie sich die Augen meiner Mutter mit Tränen füllten, und dachte: »Bestimmt wieder jemand, der bei unserer Amala Schulden eintreiben will.«

Doch diesen Fremden hatte ein ganz anderer Grund in unser Haus geführt. Noch am selben Abend sollte ich ihn erfahren.

Meine Mutter rief mich zu sich. Als ich vor ihr stand, fasste sie mich an den Armen und blickte mich sehr ernst an: »Chime, du musst jetzt eine gute Tochter sein«, eröffnete sie das Gespräch. »Ich habe nur dich und deine Geschwister. Nur wegen euch bin ich noch am Leben.«

Ich war verwirrt. Ich befürchtete, sie wäre vielleicht doch noch wahnsinnig geworden. Sie aber fuhr fort zu reden:

»Schon länger spiele ich mit dem Gedanken, Dolkar nach Indien zu schicken. Nach Losar beginnt auch für sie die Schule, und ich bin einfach nicht in der Lage, die Gebühren für zwei Kinder zu zahlen. Doch Dolkar ist noch zu klein. Ich kann sie nicht allein fortschicken. Verstehst du, Chime? Du wirst deine Schwester nach Indien begleiten.«

Ich erschrak zutiefst bei diesen Worten und begann vor Angst zu weinen. Doch meine Mutter ermahnte mich mit aller Schärfe: »Du darfst dich jetzt nicht wie ein kleines Mädchen benehmen. Deine Aufgabe ist es, dich um Dolkar zu kümmern. Bis sie groß ist. Verstehst du?«

Sie versuchte, fest und stark zu sprechen. Doch plötzlich brach ihre Stimme, und unzählige Tränen liefen ihr übers Gesicht. Ich konnte ihre Worte nicht mehr verstehen. Schließlich sagte sie: »Ich liebe euch so. Ich liebe euch so sehr. Aber ich kann euch nicht länger behalten. Ich kann euch nicht so großziehen, wie ich es möchte. Und ihr seid das Beste, was ich habe. Erinnert euch immer daran, dass ich euch liebe, egal was passiert.«

Am nächsten Tag kam der Fremde wieder in unser Haus. Diesmal hörte ich dem Gespräch der Erwachsenen sehr genau zu: »Normalerweise kostet ein Kind 1000 Yuan«, sagte er: »Aber von dir nehme ich nur 1500 für beide.«

Meine Mutter holte die gewünschte Summe aus ihrer schwarzen Ledergeldbörse: »Gott möge mit euch sein, wo immer ihr seid«, sagte sie anschließend zu dem Fremden. Und wieder füllten sich ihre Augen mit Tränen.

Das vierte Schuljahr hatte begonnen, aber meine Mutter schickte mich fortan nicht mehr zum Unterricht. Wozu auch? Seit unsere Flucht beschlossene Sache war, versuchte sie so viel Zeit wie möglich mit Dolkar und mir zu verbringen. Sie schimpfte auch nicht mehr mit uns, wenn wir unartig waren. Wir bekamen auch keine Schläge mehr. Was mich beunruhigte, war das ungewisse Ziel unserer Reise.

Eines Abends, als Amala uns zu Bett brachte, nahm ich all meinen Mut zusammen: »Amala, wo werden Dolkar und ich hingehen?«

»Nach Indien.«

»Indien?«

»In Indien ist es sehr schön«, antwortete sie, und ihre Stimme wurde ganz weich: »Dort leben viele Kinder aus Tibet. Mit ihnen werdet ihr spielen und neue Freundschaften schließen. In Indien gibt es Affen, Elefanten und so viel Schokolade, wie ihr nur essen könnt! In Indien werdet ihr eine Schule besuchen, die eure Mutter nichts kostet.«

Zufrieden schloss ich die Augen und konnte es kaum erwarten, an diesen mystischen Ort namens »Indien« zu gehen.

Das OM ☀
McLeod Ganj, 15. April 2011

Um sechs Uhr früh schleppt der bedauernswerte Hari meinen Koffer mit den acht kaputten Klangschalen den schmalen Bergpfad wieder hinunter. Die Steine glänzen noch vom nächtlichen Regen. Es ist unfreundlich und kalt. Über Nacht habe ich wieder Fieber bekommen. Meine Lymphdrüsen sind so geschwollen, dass ich mich nicht mal umdrehen kann, um zu schauen, wo Chime schon wieder bleibt. Warum sie nur wieder so trödelt! Ich möchte unbedingt noch vor dem Morgenbus, der neue Touristen aus Delhi hochbringt, in McLeod Ganj eintreffen.

»Hast du einen Plan?«, ruft Chime von hinten.

»Wir gehen ins OM-Hotel. Irgendjemand wird dort heute abreisen.«

»Und woher willst du das wissen?«

Stur den Blick nach vorn gerichtet, gehe ich weiter. Kurze Zeit später sind Chime und ich im Ort. Wir sind tatsächlich die ersten Gäste, die sich zeigen. Doch statt dafür einen Orden zu bekommen, stehen wir allseits vor verschlossenen Türen. Die Rezeption des OM-Hotels ist auch nicht besetzt. Auf der Terrasse fegt eine Putzfrau die Spuren des nächtlichen Unwetters weg. Ich drücke ihr 500 Rupien in die Hand: »Das nächste Zimmer, das frei wird, ist unseres. Versprochen?«

Sie wischt sofort zwei Plastikstühle trocken, auf denen wir Platz nehmen sollen. Die ersten Sonnenstrahlen bohren hartnäckig Löcher in die dicke Wolkendecke, als wollten sie unsere durchfrorenen Knochen aufwärmen. Auf dem Rand der Regenwassertonne hocken zwei Babyaffen und bespritzen sich wie kleine Kinder mit Wasser.

»Es braucht viel Mut, seine Töchter über den Himalaya nach Indien zu schicken«, sage ich zu Chime. »Deine Mutter muss große Angst gehabt haben vor diesem Schritt.«

»Sie hat es uns nicht gezeigt«, meint Chime nachdenklich. »Aber sie hat auf ihre Weise begonnen, Faden für Faden ein Sicherheitsnetz für Dolkar und mich zu spinnen.«

Jobo Shakyamuni ☾
Tibet, 2000

Bevor ein Tibeter eine lange Reise antritt, richtet er all seine Sinne auf das gefährliche Vorhaben und bittet die Götter um ihren Segen. So brachte meine Mutter Dolkar und mich zu den heiligsten Orten in Lhasa.

Im Jokhang-Tempel, dem Herz des buddhistischen Lebens, stiegen wir mit unseren weißen Kathags die Treppen hinauf zu Jobo Shakyamuni, einer goldenen Buddhastatue. Dort legten wir die Kathags ab und berührten mit unserer Stirn die Füße der Statue. Im Jahre 641 war Jobo Shakyamuni mit der schönen Prinzessin Weng Cheng aus China nach Tibet gekommen, als Mitgift zu ihrer Vermählung mit dem tibetischen König Songtsen Gampo. Viele

Legenden ranken sich seither um Jobo Shakyamuni. Manche sagen sogar, dass diese Statue lebt.

Einst war ein Pilger zu Fuß von Kham nach Lhasa gekommen. Als dummer Landtölpel wusste er nicht, wo er zur Umrundung des Tempels seine durchgelaufenen Schuhe abstellen sollte. So legte er sie einfach zu Füßen des goldenen Buddha und sagte: »Pass bloß auf meine Schuhe auf. Ich habe keine anderen als diese.«

Dann ging er davon, um seine Runde um den Tempel zu drehen.

Ein Mönch, der den Tempel aufräumen sollte, fand die schmutzigen Schuhe und rief: »Was haben diese stinkenden Schuhe hier vor dem Allerheiligsten zu suchen?!«

Er wollte sie wegräumen, da hört er über sich eine gewaltige Stimme: »Wage es nicht, die Schuhe hier zu entfernen! Wage es nicht, sie auch nur zu berühren!«

Es war die große Jobo Shakyamuni, die so zu dem kleinen Putzmönch sprach: »Ich habe den Auftrag, die Schuhe des Pilgers zu bewachen!«

Der Mönch ließ vor Schreck seinen Putzlappen fallen und rannte davon. So fand der arme Pilger aus Kham seine Schuhe wohlbehalten wieder, die er zu Füßen des goldenen Buddhas zurückgelassen hatte.

Vielleicht ist diese berühmte Statue tatsächlich das Haus einer Gottheit. Immer wieder soll es Menschen gegeben haben, zu denen sie spricht oder die einen Strahlenkranz in ihrer Aura sehen. Zu Dolkar und mir jedoch sprach Jobo Shakyamuni kein Wort.

Gleich in der Nähe des Goldenen Buddhas steht ein großer Stein mit einem Loch. Drückt man sein Ohr daran, hört man das Rauschen von Wellen. In alten Zeiten, so sagt man, soll an der Stelle des Jokhang-Tempels ein riesengroßer See gewesen sein.

Als wir den Potala-Palast besuchten, nahm meine Mutter in einem kleinen Kanister flüssige Yakbutter mit. Unruhig flackert das Licht zu Füßen der uralten Buddhas, die auf die Heimkehr des Dalai Lama, ihres vertriebenen Hausherren, warten. Dolkar und ich durften Amala helfen, unsere Butterspende in die goldenen Schalen zu füllen.

Weniger Freude bereitete uns die Busfahrt nach Ganden. Denn das Kloster befindet sich vierzig Kilometer von Lhasa entfernt auf einem Berg. Schon als Baby soll ich auf dem Weg dorthin meinen Tsampabrei in den Kurven wieder ausgespuckt haben.

Als wir die riesige Klosteranlage umrundeten, begegneten wir einem sehr alten Mann.

»Habt ihr aber riesige Augen!«, rief er und nahm Dolkar und mich an die Hand: »Kommt, ich werde euch etwas ganz Besonderes zeigen.«

Der Alte führte uns zu einem sehr großen Stein, der eine glatte Oberfläche hatte und schwarz glänzte wie der Bildschirm eines riesen Fernsehers.

»Kneift eure Augen zusammen und schaut so lange auf diesen Stein, bis ihr darin etwas seht.«

Ich kniff und rieb meine Augen, doch der Wunderstein zeigte bei mir keine Wirkung. Auch Dolkar stand ratlos daneben. Ich glaube, der alte Mann war etwas enttäuscht.

Das letzte Kloster, das wir mit meiner Mutter besuchten, war aus der Vision eines Hellsehers geboren. Im vierzehnten Jahrhundert schrieb der berühmte Lama Tsongkhapa in seiner Einsiedelei ein Buch. Da trug der Wind eine Seite davon. Tsongkhapa folgte dem Blatt und sah, wie goldene Buchstaben von ihm herabfielen und in der Nähe eines Rosenstrauches auf einem Stein liegen blieben.

»An diesem Ort wird eine große Stätte buddhistischer Gelehrsamkeit entstehen«, prophezeite Tsongkhapa. Nach seinem Tod wurde dort das Kloster Sera errichtet.

5000 Mönche lebten bis zum Einmarsch der Chinesen in Sera! Und es gab vier verschiedene Fakultäten. Während der Kulturrevolution wurde Sera als ein Zentrum der buddhistischen Lehre durch die Chinesen zerstört. Nach Maos Tod baute man die Anlage wieder auf. Heute leben 750 Mönche in Sera.

Der Tempel, den wir an der Hand meiner Mutter betraten, war nur vom flackernden Licht der Butterlampen erhellt. Ein alter Lama griff mit einer hölzernen Zange nach den verrußten Messingschalen, in denen das Feuer die flüssige Butter verzehrt hatte. Klirrend landeten sie in einem Eimer.

Wie selbstverständlich trat meine Mutter an ihn heran. Sie schienen einander schon länger zu kennen. Mit leiser Stimme erzählte sie ihm, dass Dolkar und ich nach Indien gehen würden. Da beugte sich der Mönch lächelnd zu uns herab. Die Nachricht schien ihn sehr froh zu stimmen. Er nahm unsere Hände und legte sie an seine Stirn. Er wünschte Dolkar und mir Glück. Dann holte er ein uraltes Stück Papier aus den Falten seines Mönchsgewandes hervor. Ein Mantra stand darauf geschrieben. Er faltete es zu einem briefmarkengroßen Päckchen zusammen und umwickelte es mit bunten Bändern. Dann reichte er es meiner Mutter: »Dieses Papier ist sehr alt. Es ist noch nie jemandem als Amulett mitgegeben worden. Es wird deine Kinder auf ihrer Reise beschützen.«

Seine Stimme zitterte, als er so sprach. In diesem Augenblick spürte ich zum ersten Mal, dass etwas nicht stimmte mit unserer Reise. Hier waren entschieden zu viele Gefühle im Raum. Das alles hatte zu viel Bedeutung für einen einfachen Wechsel an eine andere Schule.

Klöster in Tibet

Vom 12. Jahrhundert bis zur Besetzung Tibets durch China war der Klerus in Tibet die wichtigste Macht, auch politisch. Die Äbte der großen Klöster waren meist noch einflussreicher als die hohen Adeligen. Etwa 20 Prozent der Bevölkerung (1,2 unter sechs Mio.) waren Mönche oder Nonnen. Dennoch handelte es sich nicht um eine homogene, unerschütterliche Macht im Sinne des europäischen Feudalismus – und der Klerus hier in Tibet lebte auch nicht auf Kosten der Bevölkerung.

Es gibt im tibetischen Buddhismus vier wichtige Schulen, die mehr miteinander konkurrierten als kooperierten. Die jüngste ist die bekannteste, die Reformschule der Gelugpa, der Tugendhaften, deren Oberhaupt der Dalai Lama ist. Zu ihr gehören die großen Klöster im Raum Lhasa, die aus dem späten 14. und frühen 15. Jahrhundert stammen.

Die meisten Mönche in Tibet waren jedoch nicht mit Meditation und Kontemplation beschäftigt, sondern arbeiteten auf den Ländereien oder in eigenen handwerklichen Betrieben, um die Selbstversorgung der Klöster zu gewährleisten. Die Spenden der Gläubigen waren eher eine Zugabe und dienten nicht zuletzt dem prunkvollen Ausbau der Klöster. Zudem war es für die gläubigen Familien eine Ehre, einen Sohn oder eine Tochter ins Kloster zu schicken. Auch die Tradition der Reinkarnation – wonach hohe Geistliche als Neugeborene aufgefunden und in ihr Amt eingeführt werden – verhinderte eine starre soziale Hierarchie. Viele Inkarnationen stammen aus sehr einfachen Verhältnissen; das gilt auch für den Dalai Lama: Nur zwei seiner bisherigen 14 Inkarnationen wurden in adeligen Familien gefunden.

Bevor Chinas Volksbefreiungsarmee nach dem Volksaufstand vom 10. März 1959 das alte Tibet für immer zerstörte, gab es 6000 Tempel und Klöster, die das Land wie ein spirituelles Netz überzogen. Davon blieben ganze dreizehn erhalten. Zehn Jahre nach der Flucht des Dalai Lama gab es keine praktizierende Nonne und keinen praktizierenden Mönch mehr in Tibet. Wem es nicht gelungen war, dem Dalai Lama ins Exil zu folgen, der war hingerichtet, verhaftet oder seiner Ämter enthoben worden.

Mit Maos Tod 1976 endete das Wüten der Kulturrevolution. Vom Zusammenbruch der Wirtschaft bedroht, schlug China einen Kurs der politischen Öffnung ein. Und die chinesische Regierung entdeckte auch bald den Tourismusfaktor der tibetischen Klöster: Seit 1980 ist es den Tibetern erlaubt, ihre Klöster wieder aufzubauen.

Doch die vermeintliche Religionsfreiheit, die laut der chinesischen Verfassung garantiert sein soll, ist nur sehr oberflächlich. Da die Mönche und Nonnen als Keimzellen des tibetischen Widerstandes angesehen werden, werden sie systematisch bespitzelt und sehen sich verstärkt »Besuchen« von Vertretern der Kommunistischen Partei ausgesetzt. In so genannten Umerziehungsmaßnahmen werden sie gezwungen, den Dalai Lama zu diskreditieren und der tibetischen Freiheitsbewegung abzuschwören. Aus Verzweiflung über diese Maßnahmen kommt es immer wieder zu Selbstmorden, was in der tibetisch-buddhistischen Tradition eigentlich ein Tabu ist. Aber selbst wenn Mönche und Nonnen nicht in den Selbstmord getrieben oder verhaftet werden, kann von einem monastischem Alltag und Studium der Schriften in Tibet keine Rede sein.

16. April 2011: Mönche werden unter Druck gesetzt
++

Im Kloster Kirti werden zurzeit 2500 Mönche von 800 chinesischen Regierungsbeamten ins Kreuzverhör genommen. Der Chef der Einheitsfrontabteilung (UWFD) äußerte sich unzufrieden über die Antworten und drohte den Mönchen: »Ob das Kloster gänzlich geschlossen und zerstört wird, liegt in euren Händen.«[4]

Der Gott mit dem Stempel ☸
McLeod Ganj, 16. April 2011

Ein Franzose reist wegen plötzlicher Zahnschmerzen vorzeitig aus McLeod Ganj ab: Bingo! Sein Zimmer ist unser. Nun haben wir eine für Tibeter legale Adresse: Wir wohnen im »OM«.

Sofort laufen Chime und ich zum Tibetan Welfare Office, um die Adressänderung bekanntzugeben.

»Das hätte ich euch gleich sagen können, dass Dharamkot nicht funktioniert«, sagt die Tibeterin, die hinter dem gesponserten Computer einer Kanadischen Support-Gruppe sitzt.

»Und warum haben Sie es dann nicht getan?«

Nichts als peinlich berührtes Schweigen ist ihre Antwort.

»Gibt es sonst noch etwas, das wir vielleicht wissen sollten?«

»Besser, ihr beantragt Chime Rückreisevisum noch heute. Am Montag hat das FRO geschlossen.«

Wenn man ein Buch schreibt, sollte man sich möglichst an inspirierenden Orten aufhalten. Das Foreigners Registration Office in Lower Dharamsala ist ganz sicher kein Quellplatz der Kreativität. Wer hier auf den Kuss einer Muse wartet, versauert vor verstaubten Regalen.

Seit zwei Stunden warten Chime und ich vor einer verschmierten Glasscheibe, an der offensichtlich schon viele Tibeter ihre Nasen platt gedrückt haben. Der Inder dahinter feiert ausführlich die Macht, die ihm sein lächerlicher Beamtenstatus verleiht. Und straft uns mit hartnäckiger Missachtung. Inmitten vergilbter Aktenordner und Tonnen von verstaubtem Papier thront er, umgeben von einer Schar buckelnder Mitarbeiter, auf seinem Drehstuhl. Er ist der Gott des Stempels. Er verleiht mittels dieses einfachen Gerätes den finalen Segen für die heiß ersehnten Ausreise-Visa und Exit-Permits der Exiltibeter. Er entscheidet, wer Indien verlassen darf und wer nicht. Er lässt junge wie alte Tibeter warten, zappeln, hoffen und verzweifeln. Wie es ihm gerade beliebt.

Der Alltag in diesem wunderbaren und zugleich grausamen Land wird immer noch von korrupten Beamten beherrscht. Nahezu jede öffentliche Dienstleistung kostet inoffizielle Handschmeichler. Die indische Gesellschaft hat längst die Nase voll von dieser Unsitte. Vor zehn Tagen gingen die Menschen in Delhi für ein strengeres »Anti-Korruptionsgesetz« auf die Straße. Ein frischer Wind soll nun durch die Behörden der Großstädte wehen. Hier in der Provinz ist davon jedoch noch nicht das geringste Lüftchen zu spüren.

Seine Eminenz hinter der Glasscheibe weidet sich an unserer Hilflosigkeit und fischt mit einem Zahnstocher den Schmalz aus seinen Ohren. Trotz dieser Reinigungsmaßnahme scheint er mich nicht zu verstehen.

»Wann werden wir den Stempel für das Rückreisevisum bekommen?«, frage ich, als er endlich bereit ist, Chimes Papiere entgegenzunehmen. Chime wiederholt meine Frage auf Hindi.

»In drei bis vier Tagen«, antwortet er schließlich.

»Und wann wird die Polizei zu Besuch kommen?«, frage ich weiter.

»In fünf bis sechs Tagen.«

»Das verstehe ich nicht. Die polizeiliche Befragung muss doch vor dem Stempel stattfinden.« Auf diese unverschämt logische Schlussfolgerung hin werden wir wortlos des Büros verwiesen. Warum kann ich nicht einfach den Mund halten, wenn Männer Unsinn reden. Ich wäre schon so viel weiter im Leben.

»Und jetzt?«, fragt Chime.

»Lass uns direkt zur Polizeistation fahren. Die Jungs dort sind sicher nur halb so übel wie der hier.«

Wer in Köln lebt, entwickelt ein tiefes Urvertrauen in die Spezies »mein Freund und Helfer«. Das muss ich an dieser Stelle wirklich mal sagen – in Köln sieht das nämlich offensichtlich anders aus als in München oder anderswo in Deutschland. Einmal wurde ich in Köln mit Handy am Ohr, ohne den störenden Sicherheitsgurt beim blinkerlosen Abbiegen erwischt. Im Kindersitz rockte mein damals dreijähriger Simon kreischend zu »In The Shadows« von The Rasmus ab: »Uuu Uuu Uuu Uuu!!!« Erst versuchten sie es mit wedelnden Kellen. Nach einigen vergeblichen Versuchen brachten sie mich per Megaphon und Leuchttafel zum Anhalten. Danach haben wir uns nett über diese dumme Angelegenheit unterhalten, und jut war's. In diesem Punkt hat diese Stadt wirklich Stil. Und das wird belohnt. Zählen Sie bei den Karnevalsumzügen die Anzahl der drei- bis sechsjährigen Jungs in Polizeiuniform! Polizisten liegen dabei seit Jahren im Trend und lassen Jedi-Ritter und Harry Potters zahlenmäßig weit hinter sich: Kinder wissen, wer ihre wahren Freunde sind.

Neugierig werden wir auf der Polizeistation von Dharamsala von zwei schnauzbärtigen Beamten in khakibraunen Uniformen empfangen. Wir laden sie offiziell zu Chimes Befragung ein und stellen sogar Kaffee und Kuchen in Aussicht. Mit Erfolg: Sie werden zu uns ins OM kommen, sobald die Akte vom FRO bei ihnen eingegangen ist. Zum Abschied tauschen wir freundschaftlich unsere Handynummern aus.

Nach diesem netten Besuch brauche ich heißes Wasser für meine geschwollenen Lymphdrüsen. In einer kleinen, aus Holzbrettern gezimmerten Momo-Küche kocht ein freundlicher Amdo-Tibeter Ingwertee mit Zitrone. Während er die Teeblätter in seinen schwarz verrußten Topf bröselt, murmelt er ein Gebet.

»Er sieht aus wie Onkel Nyima«, flüstert mir Chime zu. »Wenn der Tee für uns Kinder kochte, hat er den Göttern immer ein paar Teeblätter geopfert.«

Nyima, der Fluchthelfer
Tibet, März 2000

Wenige Tage vor unserer Flucht kam wieder ein Fremder in unser Haus. Es war ein anderer Fremder als der vorher, und er sprach mit einem starken Akzent. Wie die Menschen im Nordosten von Tibet.

»Das ist eurer Shushu Nyima aus Amdo«, sagte unsere Mutter.

Shushu ist das chinesische Wort für Onkel. Auch wir Tibeter verwenden es gern. Heute weiß ich, dass die Sache mit dem »Onkel aus Amdo« eine Notlüge war. In Wahrheit war Nyima der Fluchthelfer. Er war gekommen, um mit unserer Mutter die letzten Details unserer Flucht zu besprechen. Und das war sehr gefährlich.

Dolkar und ich mochten den neuen Onkel aus Amdo auf Anhieb. Dass er Kinder liebte, war offensichtlich: »Ihr zwei könntet meine Töchter sein«, sagte er und zwinkerte uns zu. »Wäre ich euer Vater, würde ich euch schon heute mitnehmen.«

»Gehen wir denn mit dir nach Indien?«, fragte ich vorsichtig.

»Nyima wird euch bald auf eine Reise mitnehmen«, sagte Amala. »Doch das Wort ›Indien‹ dürft ihr ab heute nicht mehr erwähnen! Habt ihr verstanden? Wenn die Polizei euch aufhält und fragt, wohin eure Reise geht, dann sagt ihr: ›Wir sind Pilger und besuchen mit Shushu Nyima das Kloster Sakya.‹ Habt Ihr verstanden?«

Danach schwor uns Nyima noch einmal darauf ein, mit niemandem von der bevorstehenden Reise zu sprechen. Nicht einmal Verwandte durften von unseren Plänen erfahren.

All diese Anweisungen ängstigten mich. Andererseits machten sie das bevorstehende Abenteuer noch spannender. Onkel Nyima diktierte meiner Mutter eine Einkaufsliste. All das, was wir brauchen würden für unsere »Pilgerreise zum Kloster Sakya«: Handschuhe, dicke Jacken und warme Hosen, Schuhe und Socken zum Wechseln, lange Unterhosen und dicke Pullover, Proviant und Sonnenbrillen.

»Sonnenbrillen?«, fragte ich wie elektrisiert.

»Sonnenbrillen sind wichtig gegen die Blindheit im Schnee«, sagte Nyima.

Zum Abschied schenkte der Onkel aus Amdo Dolkar und mir noch einen Yuan: »Für Süßigkeiten, wenn ihr mit eurer Amala einkaufen geht.«

In den nächsten Tagen war Amala sehr beschäftigt. Sie strickte Pullover für Dolkar und mich. Sie waren sehr warm, hatten einen fürchterlich engen Rollkragen und kratzten. Aus Baumwolle nähte sie einen großen Beutel und füllte zehn Packungen Wai-Wai-Nudeln hinein. Dazu brach sie die langen Nudeln in kleine Stücke und mischte Salz und Masala dazu. So würden die Nudeln auf unserer Flucht bereits kochfertig sein. Doch meine Mutter seufzte beim Anblick des vollen Beutels. Weder Dolkar noch ich wären in der Lage, ihn über die hohen Berge zu tragen. Fieberhaft begann sie, nach weiterem Begleitschutz für uns Ausschau zu halten. Wir würden bestimmt nicht die einzigen Kinder sein, die Nyima über die Grenze brachte. Irgendjemand musste den Nudelbeutel ja tragen.

Da traf es sich gut, dass ihre beste Freundin vom Markt gerade Probleme mit dem missratenen Sohn hatte. Mein alter Kinderfreund Choedak hatte sich mit seinen zwölf Jahren zu einem jähzornigen Jungen entwickelt, der so gut wie gar nicht mehr auf seine hilflose Mutter hörte. Ihm fehlte die strenge Hand eines Vaters. Seiner war noch übler als meiner: ein Trinker. Meist lungerte er besoffen auf der Straße herum. Zwei Kinder hatte Choedaks Mutter bereits nach Indien geschickt. Amalas Freundin war also schnell überredet, ihren jüngsten Sohn auch loszuwerden.

»Ihr drei seid ab jetzt Geschwister«, freuten sich unsere Mütter. Und Dolkar und ich waren glücklich, einen großen Bruder zu haben. Nur Choedak zeigte sich wenig begeistert. Erst als wir gemeinsam einkaufen gingen, wurde er wieder etwas netter. Fast so wie früher. Wir teilten sogar unsere zwei Yuan von Onkel Nyima mit ihm.

Der tollste Posten auf der Liste meiner Mutter waren die Sonnenbrillen. Was für eine Eroberung! Ich bekam eine Brille mit rosa Rahmen und schwarzem Glas. Dolkar natürlich die gleiche. Wir hätten uns sonst die Köpfe wegen der Brillen eingeschlagen!

Am Tag vor unserer Abreise bekamen wir Besuch von unseren Verwandten. Allerdings war nur die Familie meiner Mutter geladen. Mein Vater wusste nichts von unserer bevorstehenden Flucht. So gern hätte ich die jüngere Schwester meines Vaters angerufen! Doch Amala verbot es mir. Nur die Mitglieder ihrer Familie wussten Bescheid.

Die Tanten und Onkel schenkten uns Glücksschleifen und Geld. Sie gaben uns Ratschläge: »Studiert gut in Indien! Macht das Beste daraus! Dies ist eine ganz große Chance!«

Als sie weg waren, wurde es plötzlich still in unserem Haus. Zum letzten Mal wusch uns unsere Mutter in der Küche in dem großen, roten Wasserbottich. Zum Schlafengehen sollten wir unsere neue Unterwäsche anziehen. Als ich in meine Strumpfhosen schlüpfte, kratzte etwas am Schenkel. »Was ist das?«, fragte ich meine Mutter.

Doch Amala sagte nur: »Du darfst es erst bei eurer Ankunft herausholen.«

»Alley!«, rief ich und wusste plötzlich Bescheid: »Du hast Geld in meine Strumpfhose genäht!«

»Schlaft jetzt«, sagte unsere Mutter und löschte das Licht. An diesem Abend blieb sie an unserem Bettrand sitzen. Ich glaube, sogar bis zum Morgengrauen.

Fluchtmotive der Tibeter von 1959 bis heute

Die erste große Welle tibetischer Flüchtlinge entfloh in den Jahren 1959 und 1960 dem blanken Terror, den die chinesische Volksbefreiungsarmee nach dem Volksaufstand vom März 1959 über das Land brachte. Die willkürlichen Verhaftungen, Folterungen und Morde trafen zunächst vor allem Mönche, Nonnen und Angehörige der Oberschicht, die so genannten »Klassenfeinde« für die Chinesen.

Während der Kulturrevolution (1966 bis 1976) richtete sich der Terror gegen alles Tibetische, unabhängig vom sozialen Rang. Dazu kam eine weit verbreitete Hungersnot, die aufgrund der verordneten Umstrukturierung der Landwirtschaft entstanden war: Die tibetischen Bauern und Nomaden waren in Genossenschaften gezwungen worden und mussten statt der anspruchslosen Wintergerste Weizen anbauen. Schon nach wenigen Ernten waren die Böden ausgelaugt und brachten keine Erträge mehr ein. Viele Menschen verhungerten in dieser Zeit.

Von Mitte der 1960er-Jahre an wurden illegale Grenzübertritte schwierig. Volksbefreiungsarmee und Rote Garden hatten das Land in ein Gefängnis verwandelt, aus dem es fast kein Entkommen mehr gab. Die Berge waren zu Gefängnismauern geworden.

Mit dem Tod Mao Tsetungs und dem Ende der Kulturrevolution erfasste China ein Wind des Wandels und der zarten Freiheit, der mit drei Jahren Verspätung auch Tibet erreichte. Doch in der Zwischenzeit hatten die Tibeter im Exil mit den Tibetischen Kinderdörfern ein vorbildliches Schulsystem aufgebaut, das Tradition und Moderne verband und für tibetische Eltern interessant war: Wer es sich damals leisten konnte, schickte seine Kinder legal zur Ausbildung nach Indien, darunter auch zahlreiche tibetische Kader der Kommunistischen Partei. Die meisten Schüler dieser Zeit kehrten nach Ende der Ausbildung in ihre Heimat zurück.

Die Partei duldete das mehrere Jahre stillschweigend. Als die Tibeter jedoch mehr forderten als nur ein paar Reformen – nämlich Selbstbestimmung und die Rückkehr des Dalai Lama – war es vorbei mit den kleinen Freiheiten.

Nach Massenprotesten im März 1989 verhängte die KP-Führung für vierzehn Monate das Kriegsrecht in Tibet.

Danach begann die Parteiführung, Kontakte zum Exil zu unterbinden. Als Erstes wurden KP-Kader und Beamte gezwungen, ihre Kinder aus Indien zurückzuholen. Schließlich traf das Verbot alle Schichten. Wer also eine Ausbildung in tibetischer Tradition für sein Kind wünschte, schickte es von nun an illegal über die Grenze. Meist über verschneite, unwegsame Himalaya-Pässe. Oft wussten Eltern nicht, ob es ein Abschied für immer war.

Neben Kindern und Jugendlichen versuchten vor allem auch ehemalige politische Gefangene Tibet zu verlassen. Wer seine Haft abgesessen hatte und von den Folterungen seelisch und körperlich noch nicht völlig zerstört war, lebte keinesfalls in Freiheit, sondern unter ständiger Beobachtung der Sicherheitskräfte. Das veranlasste viele, sich auf den gefährlichen Weg ins Exil zu machen.

Und schließlich gab es zu jeder Zeit die Pilger. Illegal suchen sie ihren Weg über die Grenze, um einmal in ihrem Leben den Dalai Lama zu sehen und an seinen Unterweisungen teilzunehmen.

Die Menschen, die heute noch fliehen, tun es überwiegend aus wirtschaftlichen Gründen. Da chinesische Migranten die tibetische Wirtschaft dominieren, sind die Perspektiven für die Tibeter schlecht. Viele flüchten sich angesichts ihrer Arbeitslosigkeit in Alkohol. Die Folge sind zerrüttete Familien. Einen Ausweg sehen viele nur in der Flucht.

Anti-Aging-Programm fürs Helfersyndrom ☸
McLeod Ganj, 16. April 2011

Zum Abendessen haben wir eine Verabredung in *Jimmys Italian Kitchen* mit Michael Landwehr und einer *Shelter108*-Patengruppe aus Deutschland. Michael hat zweieinhalb Jahre Chemie und Physik im Tibetischen Kinderdorf von Dharamsala unterrichtet und organisiert nun von Köln aus die Patenschaften für unseren Verein. Er hat selbst vier tibetische Patenkinder. Die beiden älteren Mädchen sind gerade voll in der Pubertät und halten den Armen ganz schön auf Trab. Kurz gesagt, er punktet karmisch gerade gewaltig.

Da wir aus eigener Erfahrung wissen, wie bereichernd der persönliche Kontakt zwischen den *Shelter108*-Kindern und ihren Paten sein kann, organisiert Michael regelmäßig Patenschaftsreisen nach Dharamsala, Ladakh und Kathmandu. Gestern früh ist er mit zehn neuen Paten in McLeod Ganj angekommen. Ich freue mich schon, sie kennen zu lernen.

Vereinsarbeit ist auf Dauer ermüdend. Man gibt viel und erntet oft Ärger. Man braucht viel Enthusiasmus, um sich langfristig zu engagieren. Und ein möglichst krankhaft ausgeprägtes Helfersyndrom. Das effektivste Anti-Aging-Programm für mein angeschlagenes Helfersyndrom ist immer wieder ein solches Treffen mit begeisterten Paten.

Anke aus München hat ihren 10-jährigen Sohn nach Dharamsala mitgenommen. Andrea aus Lüdenscheid ihre 14-jährige Tochter. Aufgeregt erzählen die Kinder von ihren ersten Erlebnissen im TCV. Samuel hat auf dem Spielplatz schon seine ersten tibetischen Fußballfreunde gefunden. Und Mara überlegt sogar, für ein ganzes Schuljahr im Kinderdorf von Dharamsala zu bleiben.

»Hast du nicht Angst, Heimweh zu bekommen?«, frage ich sie.

»Dann telefoniere ich halt mit Mama.«

»Im Kinderdorf sind Mobiltelefone verboten!«, wirft Chime prompt ein.

»Naja. Man kann im Notfall ja skypen.«
»Laptops sind aber auch nicht erlaubt.«
Ich versetze Chime unter dem Tisch einen Fußtritt. Doch Maras Augen beginnen zu leuchten: »Wow! Kein Laptop, kein Telefon! Krass! Ich möchte unbedingt im Kinderdorf leben!«

Auf dem Heimweg ins OM ist Chime ganz durcheinander. So viele Exilkinder würden viel lieber bei ihren Eltern leben als hier! Und dieses Mädchen will freiwillig in ein tibetisches Kinderdorf übersiedeln? So viele junge Tibeter träumen von einem Leben mit Flachbildschirm im goldenen Westen. Und sie will freiwillig darauf verzichten?

»Sie nimmt die Welt mit anderen Augen wahr als du, Chime. Du bist von deiner Mutter hierher geschickt worden. Mara will aus eigenen Stücken nach Indien gehen. Für sie ist das ein Abenteuer. Für dich war es ein Trauma.«

Der Abschied ☾
Tibet, 2000

Am frühen Morgen kamen wieder zwei »neue Onkel« zu uns. Sie sprachen den Dialekt der Menschen aus Kham. Zwar trugen sie Zivilkleidung und Rucksäcke, doch ihr kurz geschorenes Haar verriet: Dies waren Mönche! Einer von ihnen stammte sogar aus dem Heimatdorf meiner Mutter.

»Eure beiden Onkel werden auch mit euch auf die Reise gehen«, erklärte Amala und bewirtete die willkommenen Gäste mit Tee.

Heute noch bewundere ich meine Mutter. Sie war keine gebildete Frau. Doch durch ihre Arbeit auf dem Markt hatte sie gelernt, kommunikativ zu sein. Sie verstand es, Verbindungen zu schaffen. Mit diesem Talent spann sie ihr Sicherheitsnetz um Dolkar und mich. Faden für Faden. Sie nahm den beiden Mönchen aus Kham das Versprechen ab, gut auf ihre Töchter zu achten. Vor allem im Schnee. Dann brachen wir auf.

Meine Mutter hatte mir zu Losar ein Paar gelbe Ballerina-Schuhe geschenkt. Mit schwarzen Punkten. Sie waren mein Ein und Alles. Die ganzen letzten Tage über war ich mit ihnen durch das Haus gelaufen. Nun sollten die Ballerinas in Lhasa zurückbleiben. Ich konnte sie unmöglich auf der Flucht tragen. Ich weinte so bitterlich, dass ich die schönen Schuhe wenigstens noch auf der Busfahrt in die Berge anlassen durfte.

Und dann ging es los: Mit einem öffentlichen Bus fuhren wir morgens Richtung Westen. Alle Sitze waren belegt. Man konnte nicht erkennen, wer ein Flüchtling war und wer ein normaler Fahrgast. Menschen stiegen aus und andere ein. Onkel Nyima saß neben dem Fahrer. Der wusste also Bescheid.

Die Nacht war kurz gewesen. Ich war müde und versuchte zu schlafen. Hinter uns saß eine ältere Frau. Nach ihrer abgewetzten Kleidung zu schließen, war sie auf Pilgertour. Sie war sehr geschwätzig und verwickelte meine Mutter in ein Gespräch. Lange redeten sie miteinander, und ihre Worte zogen an mir vorbei wie draußen vor dem Fenster die Landschaft. Die kahlen Berge im Sonnenschein, die ärmlichen Dörfer, die Bauern, die am Straßenrand ihre Schaffelle verkauften.

Irgendwann hörte ich, wie meine Mutter der alten Pilgerin erzählte, dass Dolkar und ich nach Indien gehen würden. Da pfiff die Frau besorgt durch die Lücken zwischen ihren faulen Zähnen: »Vor vielen Jahren hat meine Schwester ihre kleine Tochter nach Indien geschickt. Wir haben nie mehr was von ihr gehört! Vermutlich ist das Kind gestorben auf seinem Weg.«

Sofort begann meine Mutter bitterlich zu weinen: »Meine Kinder werden zurückkommen. Bestimmt werden sie irgendwann wieder nach Tibet zurückkommen.«

Sie versuchte, ihr Schluchzen zu unterdrücken, um Dolkar und mich nicht zu wecken. Aber ich gab nur vor, zu schlafen – ich war hellwach! Innerhalb weniger Sekunden waren meine Gefühle völlig durcheinandergeraten. Ich wollte dieser alten Pilgerin einfach nicht glauben. Meine Mutter hatte doch nur Schönes über Indien berichtet! Allerdings hatten wir uns nie über den Weg dahin unterhalten. Warum eigentlich? Und warum weinte sie jetzt so?

In Shigatse hielt unser Bus. Die Alte verließ uns. Ziel ihrer Reise war Tashilumpo, das Kloster des Panchen Lama. Der Panchen Lama ist nach dem Dalai Lama die zweithöchste Reinkarnation in Tibet. Vor wenigen Jahren hatte der Dalai Lama in dem damals sechsjährigen Gendün Chökyi Nyima die Reinkarnation des 11. Panchen Lama erkannt. Einige Tage später waren das Kind und seine Eltern verschwunden. Entführt von den Chinesen. Niemand hat sie seither wieder gesehen.

All diese Geschichten kannte ich damals nicht. Erst im Exil habe ich überhaupt von den Menschenrechtsverletzungen der chinesischen Regierung erfahren.

In einem kleinen Straßenlokal aßen der Busfahrer und die Fahrgäste zu Mittag. Meine Mutter verteilte zur Suppe selbst gebackenes Brot. Ich hätte wohl besser auf meine Nudelsuppe verzichtet. Denn als wir weiterfuhren, wurde mir übel und die Nudeln suchten sich ihren Weg zurück ins Freie. Zum Glück saß ich direkt am Fenster. Am schlimmsten war es, als der Bus durch eine verkehrsreiche Straße fuhr und immer wieder anhalten musste. An einer belebten Kreuzung boten Straßenverkäufer den Reisenden Proviant an. Ein alter, zahnloser Mann hielt uns eine Tüte mit Chora entgegen, getrocknetem Käse. Ich erbrach dem Armen direkt vor die Füße.

Neben meiner Mutter saß nun ein großer, kräftiger Mann. Er hatte einen seltsamen Haarschnitt. Wie ein Pilz! Eine tiefe Narbe zog sich über seine linke Braue quer über die

Stirn. »Deine Tochter hat wohl die Reisekrankheit«, stellte er fest.

»Ja, ja«, seufzte meine Mutter. »Meine Chime verträgt es nicht, mit dem Auto zu fahren.«

»Drück die Stelle zwischen ihrem Daumen und Zeigefinger zusammen. Dann wird die Übelkeit verschwinden.« Er zeigte meiner Mutter, auf welche Punkte sie fest mit ihren Fingern drücken sollte. »Akupressur«, meinte er. »Das einzig Gute, was ich von den Chinesen gelernt habe.«

Meine Mutter folgte dem Rat dieses unheimlichen Mannes. Sie nahm meine Hände in ihre und drückte mit aller Kraft auf die Punkte. Es tat höllisch weh.

»Hör auf!«, rief ich und versuchte ihr meine Hände zu entziehen. Doch sie hielt mich fest:

»Das musst du jetzt aushalten! Die Fahrt dauert noch lange. Oder willst du dich die ganze Zeit über erbrechen?«

»Ja!«, rief ich und stieß ihr mit meinem Ellbogen so fest ich konnte in die Seite. Da holte der Fremde eine Tablette aus seinem Rucksack und verabreichte sie mir mit einem Schluck Wasser. Er hatte eine Armeeflasche und einen ähnlichen Akzent wie Onkel Nyima.

Es dauerte nicht lange, bis meine Mutter herausgefunden hatte, dass auch er zu unserer Flüchtlingsgruppe gehörte. Sie bat nun auch den Fremden, sich um Dolkar und mich zu kümmern.

»Keine Sorge«, sagte der düstere Pilzkopf: »Ich bringe deine Kinder da rüber.«

Nun hatten Dolkar und ich zwei Onkels aus Amdo, zwei Mönche aus Kham und einen missratenen Jungen aus Lhasa als Begleitschutz an unserer Seite. Ich lehnte meinen Kopf gegen die Scheibe und schloss meine Augen. Allmählich wurde mir besser. Die Medizin des neuen Shushus, des neuen Onkels, begann zu wirken...

Ich weiß nicht mehr, wie lange wir unterwegs waren. Als meine Mutter mich weckte, war es bereits Nacht.

Das Fahrzeug verlangsamte sein Tempo und hielt am Rand eines gefrorenen Ackers. Jetzt waren nur noch Flüchtlinge in diesem Bus. Der Fahrer schaltete das Licht aus. Onkel Nyima hielt uns an, ganz leise zu sein. An der Hand unserer Mutter stiegen wir aus.

Der Himmel war klar. Über uns funkelten so viele Sterne!

Meine Mutter küsste uns zum Abschied. Sie sagte zu mir: »Pass gut auf deine kleine Schwester auf. Bald werde ich kommen, um euch zu besuchen.«

»Wann?«, fragte Dolkar.

»Zu Losar«, antwortete meine Mutter: »Zu Losar werde ich euch besuchen.«

Ich spürte eine große Traurigkeit in diesem Moment. Doch die Aufregung um mich herum lenkte mich ab. In Windeseile wurde das Gepäck aufgeteilt. Die Erwachsenen flüsterten. Niemand sprach ein lautes Wort. Choedak sollte unseren schweren Nudelsack tragen. Die beiden Mönche aus Kham nahmen unser Gepäck. Dann ging plötzlich alles ganz schnell. Man wusste nicht, wer geht jetzt, wer bleibt? Die ersten Flüchtlinge waren bereits im Dunkeln verschwunden. Shushu Pilzkopf nahm Dolkar und mich an die Hand und zog uns einfach über den Acker davon. Wo war Amala? War sie hinter uns auf der Straße geblieben? Es war so schwer, den großen Schritten des fremden Mannes zu folgen! Die Furchen des Ackers waren sehr tief und die Gefahr zu stolpern groß. Meine gelben Ballerinas leuchteten in der Dunkelheit. Ich hatte in der ganzen Aufregung und Eile vergessen, meine Schuhe zu wechseln.

»Wo ist Amala?«, fragte Dolkar.

Ich wollte mich umdrehen, doch der Shushu Pilzkopf ließ es nicht zu: »Weiter«, sagte er. Seine Schritte wurden noch schneller. Dolkar und mir blieb keine Zeit zu verstehen, was geschah. Dies war der letzte Moment mit unserer Mutter. Dies war der chaotische Abschied von unserem alten Leben.

Die Sinnlosigkeit der Warum-Frage ☼
McLeod Ganj, 17. April 2011

Abschied. Auch zwischen meiner Mutter und mir hat es kein wirkliches Lebewohl gegeben. Nachdem sie mich verlassen hatte, lebte ich bis zu meinem vierten Lebensjahr im verzauberten Reich meiner Großmutter in Puchberg am Schneeberg. Von ihr habe ich alles bekommen, was ich damals brauchte: den Sinn für die Natur, Poesie, Märchen und Liebe. Doch als mein Vater ein zweites Mal heiratete, wurde ich von einem Tag auf den anderen unter dem weiten, großbürgerlich geschnittenen Schutzmantel meiner Großmutter weggerissen und landete in der Enge einer kleinen, künstlich angelegten Patchworkfamilie.

Zum Abschied schenkte mir meine Großmutter ein Kreuz aus Perlmutt mit einem Jesus aus echtem Silber und sagte: »Du bist nicht allein. Du kannst immer mit ihm reden. Jesus hört dich, wo auch immer du bist.«

Es war eines der wichtigsten Geschenke meines Lebens. Mit Hilfe des Kreuzes über meinem Bett trat ich als Kind in einen Dialog mit dem Unsichtbaren. Es war meine Himmelsleiter, über die ich jeden Abend leichtfüßig ins Universum hinaufkletterte, um mit den »Christkindhelfer-Engeln« zu spielen. Die Gegenwart des Kreuzes schuf in mir einen Raum, in dem mein inneres Kind die Kälte des Exils überlebte.

Mit acht Jahren entdeckte ich dann unsere Pfarrkirche als Himmelsleiter für meine inneren Ausflüge. Dort funktionierte das alles noch besser! Allerdings musste die Kirche leer sein. Oder zumindest Stille herrschen. Während einer Predigt war es schwer möglich, mit Jesus zu sprechen. Die Stimme des Priesters war einfach zu laut. Doch in den wenigen Minuten der Stille nach dem Kommunionsgang entfaltete sich in meinem Herzen das Paradies. Und so bin ich schon als Kind jeden Sonntag allein zur Kirche getrottet. Heute noch treibt es mich am »Tag des Herrn« hinaus an Orte, die es vermögen, Sprachrohr zwischen Himmel und Erde zu sein.

Da Chime noch schläft, mache mich allein auf den Weg zur kleinen anglikanischen Kirche *St. John in the Wilderness*. Wie ein verborgener Schatz liegt sie in einer schattigen Senke etwas außerhalb von McLeod Ganj. Umrahmt von alten Himalaya-Zedern fügt sich der beschauliche neogotische Bau mit stiller Demut in die Natur. Als eine der wenigen Bauten überlebte das Kirchlein das große Erdbeben von 1905. Nur die Glocke fiel mit einem lauten Schlag zu Boden und verstummte für immer.

Das eigentliche Heiligtum hier ist der Platz selbst. Dünne Nebelschwaden ziehen durch das kleine, verwunschene Reich, als hätten Elfen nach einem nächtlichen Tanz ihre Schleier vergessen. Friedlich grast eine weiße Kuh zwischen moosbewachsenen, verwitterten Grabsteinen. Britische Soldaten ruhen im moorigen Grund. Und sogar ein Vizekönig von Indien. Leider wurde Lord Elgin mit einem fragwürdigen Vergeltungsakt gegen China berühmt: Nachdem ihn ein Kaiser übel hintergangen hatte, ließ Lord Elgin kurzerhand den alten Pekinger Sommerpalast in Schutt und Asche legen. Im fortgeschrittenen Alter verliebte er sich in die Wälder rund um Dharamsala und fand in diesem verzauberten Reich seinen ewigen Frieden.

Abschiede gehören zu den schwierigsten Augenblicken des Lebens. Deshalb wird der Tod in unserer Gesellschaft verdrängt. Drei wichtige Menschen habe ich in meinem bisherigen Leben verloren. Bei zweien hatte ich die Chance, sie tot zu sehen. Nur so konnte ich die Endgültigkeit dieses Augenblickes begreifen: Sie sind gegangen. Ihre Seele kommt nicht mehr in diesen geliebten, vertrauten Körper zurück.

Jeder Abschied, der nicht bewusst vollzogen wird, liegt wie ein Schatten auf unserem Leben.

Chimes letzter Moment mit der Mutter ereignete sich in einem unübersichtlichen, sehr hektischen Rahmen. Statt ihren Töchtern als Übergangsobjekt eine Puppe oder einen Teddybär in die Hand zu drücken, gab Chimes Mutter den Töchtern das Versprechen, sie bald zu besuchen. Bis heute hat sie ihr

Versprechen nicht eingelöst. Seitdem ist das »Warum?« Chimes steter Weggefährte. Warum hat uns unsere Mutter fortgeschickt? Warum kam sie nie zu Besuch? Hat sie uns denn vergessen? Liebt sie uns vielleicht nach all den Jahren nicht mehr?

Unklarheit verunreinigt unseren Geist. Und, was noch schwerer wiegt, unsere Seele. Offene Fragen bringen den Fluss unseres Lebens immer wieder zum Stillstand, wenn wir die Vokabel »warum« an den Anfang stellen. Unentwegt drehen wir uns um diese Fragen und kommen in unserer Entwicklung nicht weiter. Dann denken wir im Kreis. Anstatt »nach«-zudenken, also der Sache auf den Grund zu folgen. Denn da wartet der Schmerz, den wir aufzulösen haben.

Seit meine Mutter einfach grußlos verschwand, schleppe ich meine Warum-Fragen durchs Leben. Warum hat sie mich damals verlassen? Warum hat sie mich danach nie mehr besucht, obwohl wir sogar in derselben Stadt lebten?

Die ganze Kindheit über träumte ich davon, meine Mutter an meinem 18. Geburtstag aufzusuchen. An ihrer Tür zu klingeln. Sie zu bitten, mir eine Erklärung für ihr Handeln zu geben. Ich kam zu spät. Um drei Monate. Sie hatte sich neunzig Tage vor meinem Geburtstag das Leben genommen.

All meine Warum-Fragen blieben unausgesprochen und unbeantwortet. 43 Jahre sind sie nun mein Begleiter. Es wird Zeit, mich final von ihnen zu verabschieden. Ich habe ein sehr großes Geschenk von meiner Mutter bekommen. Das größte, das sie mir machen konnte: mein Leben.

Deshalb werde ich jetzt den schweren Sack mit meinen Warum-Fragen begraben. Gleich hier im Moor des Heiligen Johannes unter einer grasenden Kuh zwischen den längst verwesten Körpern von Soldaten der britischen Kolonialzeit. Auf dem Grabstein die Inschrift:

Hier ruhen Marias Warum-Fragen
1971 in Österreich geboren, 2011 im Exil begraben
27 964-mal vergeblich gestellt

Die erste Nacht unserer Flucht
Tibet, April 2000

Von den Bergen wehte ein eisiger Wind herab. Er schlug mir direkt ins Gesicht. Ich erinnere mich genau. Unsere Anoraks waren viel zu dünn. Der Wind zog durch die grobmaschige Wolle unserer Hosen. Es war sehr beschwerlich, in meinen dünnen Losar-Ballerinas über die tiefen Furchen der Felder zu laufen! Vor Kälte spürte ich meine Zehen nicht mehr. Meine Füße fühlten sich an wie Eisklumpen.

Irgendwann tauchte im Schein des Mondes ein heller, fast weißer Weg auf. Er sah verheißungsvoll aus. So, als könne ich mit meinen Ballerinas leichtfüßig darüber hinwegschweben! Ich riss mich von der Hand des Pilzkopf-Onkels los und rannte los. »Was machst du? Bleib stehen!«, rief er hinter mir her. Auch Onkel Nyimas aufgeregte Stimme und die der beiden Mönche aus Kham hörte ich in meinem Rücken. Doch ich rannte bloß weiter zu meinem glitzernden Pfad. Erst als ich bereits auf meiner Lichtstraße angekommen war, hielt ich erschrocken inne: Bis zu den Knien stand ich in eiskaltem Schmelzwasser.

Da kamen schon Bruder Jampa und Bruder Tsering zu Hilfe gelaufen: »Mädchen, was tust du da?« Sie zogen mich aus dem Bächlein heraus. Zum Glück hatte Onkel Nyima unserer Mutter aufgetragen, Wechselwäsche und Wechselschuhe in unsere Rucksäcke zu packen! Bruder Jampa half mir aus den Schuhen, den Socken und meinen pitschnassen Hosen. Bruder Tsering hielt schon die trockene Wäsche und die neuen Schuhe bereit. Es war so bitterkalt! Meine Beine fühlten sich an, als würde der Wind Nägel hineinschlagen. Ich biss die Zähne zusammen und schlüpfte in meine neuen Hosen. Die beiden Mönche packten meine nassen Kleider zusammen. Dann gingen wir weiter. Meine schönen Losar-Schuhe waren völlig aufgeweicht, sie waren nicht mehr zu gebrauchen. Ganz allein blieben sie am weißen Bächlein zurück.

Als wir das Ende des großen Feldes erreicht hatten, zählte Onkel Nyima die Flüchtlinge ab. Zwei fehlten! Es waren Choedak und Damchoe, ein anderer größerer Junge aus Kham. Shushu Pilzkopf begann zu fluchen: »Bestimmt haben sich die beiden Kerle abgesetzt!«

Während des Aufbruches hatte er ein Gespräch zwischen den beiden Jugendlichen verfolgt: Dhamchoe hatte seinen Rucksack im Bus vergessen. Und Choedak schien keine Lust mehr auf Indien zu haben, weil ihm der Wind so kalt um die Ohren pfiff. Viel kälter als zu Hause in Lhasa.

»Sie sind absichtlich zurückgeblieben«, schloss er daraus.

Onkel Nyima war äußerst besorgt: »Wenn die Polizei die beiden erwischt, sind auch wir dran. Sie sind noch zu jung, um den Mund halten zu können.«

»Ich gehe sie suchen«, beschloss Shushu Pilzkopf. »Ich schnapp mir die Kerle. Verdammt, hätte ich doch besser gleich ein Auge auf sie geworfen!«

Entschlossen machte er sich auf den Weg. Seine mächtige Gestalt verschwand im Dunkeln. Ich hoffte so sehr, er würde Choedak zu uns zurückbringen! Ich konnte mir nicht vorstellen, ohne ihn weiterzugehen.

Etwa eine halbe Stunde später kam Shushu Pilzkopf wieder. Er war verschwitzt und außer Atem. Resigniert schüttelte er seinen Kopf. Keine Spur von den Ausreißern. Sie waren wie vom Erdboden verschluckt.

»Den großen Nudelsack haben sie auch mitgenommen!«, beklagte sich Bruder Jampa. »Was sollen die beiden Mädchen nun essen?«

Mir waren die Nudeln egal. Choedak war mein Freund gewesen. Mein Spielkamerad. Er hatte meiner Mutter versprochen, uns auf der Flucht ein großer Bruder zu sein. Nun hatte er Dolkar und mich verlassen. Mit Absicht. Ohne sich zu verabschieden. Er hatte sich einfach davongeschlichen. Das schmerzte viel mehr als der Verlust unserer Nudeln.

Plötzlich schweifte ein riesiger Lichtkegel über den Acker. Sofort warfen sich alle Flüchtlinge zu Boden. Shushu Pilzkopf zog Dolkar und mich in den Schutz einer tiefen Furche. Der Lichtkegel kam näher. Noch nie in meinem Leben hatte ich so etwas Seltsames gesehen! Woher kam dieses Licht? Vom Himmel? Von einem Wachturm?

»Kunnyaju«, flüsterte Shushu Pilzkopf zu Nyima. Was so viel heißt wie »chinesische Polizei«.

Onkel Nyima nickte: »Die Gegend ist voll von Chinesen.«

Damals verstand ich noch nichts von der Politik und Geschichte unseres Landes. Meine Eltern hatten mir nie von der Okkupation Tibets durch Maos Soldaten erzählt. Ich hatte keine Ahnung, was in chinesischen Gefängnissen mit Tibetern geschah. Nichts wusste ich von der Ansiedelungspolitik Chinas in Tibet und der kulturellen Vernichtung unseres Volkes.

In Lhasa lebten wir Haus an Haus mit vielen chinesischen Familien. Wir kauften unsere Wai-Wai-Nudeln und Tee in ihren Läden. Ich sprach ihre Sprache. Ich liebte chinesische Bonbons, kaute chinesische Kaugummis. Ich hatte meine Schulbank mit chinesischen Kindern geteilt, hatte chinesische Freunde. Chinesen gehörten zu meinem Alltag. Warum mussten wir uns plötzlich vor ihnen verstecken?

Der Lichtkegel kam immer näher, beinahe streifte er uns. Doch kurz bevor er uns erfasste, änderte er seine Richtung und folgte einem anderen Ziel. Wären wir damals von der chinesischen Polizei entdeckt worden, hätten wir große Probleme bekommen. Vor allem Onkel Nyima und Shushu Pilzkopf. Der eine, weil er unser Fluchthelfer war, der andere wegen seiner dunklen Geschichte, die ich erst sehr viel später erfuhr.

Wir warteten noch eine Weile in unserem Versteck. Dann deutete Onkel Nyima in Richtung eines riesigen Hügels: »Besser, wir gehen auf der anderen Seite des Berges weiter.«

Er trieb uns den steilen Hang hinauf. Es war unendlich

ermüdend, über die großen Steine zu klettern! Als wir endlich den Gipfel erreichten, sah ich tief unter mir in der Ebene die Lichter eines Fahrzeuges.

»In diesem Bus sitzt unsere Mutter«, dachte ich plötzlich. »Jetzt fährt sie ohne uns nach Lhasa zurück.«

Ich spürte einen wilden Schmerz in der Brust. Mein Herz zog sich zusammen und wurde hart wie ein Stein. Mir war, als fiele es mir vor Angst in den Bauch. Laut begann ich zu weinen: »Warum ist unsere Mutter dort unten und wir hier oben auf einem so hohen Berg? Warum müssen wir uns vor der chinesischen Polizei verstecken?«

Ich konnte meine Tränen nicht länger zurückhalten. Ich fühlte mich so klein und verstand nichts. Tief aus mir kam ein Schluchzen hervor. Ich konnte gar nichts dagegen tun. Da hörte ich die ängstliche Stimme eines Jungen: »Bhomo chungchung nyokyi«, sagte er: »Da weint ein Mädchen!«

Erst in diesem Moment realisierte ich, dass da ja noch andere Kinder waren! Und noch einmal sagte der Junge: »Bhomo chungchung nyokyi!«

Doch seine Stimme zitterte jetzt, und es klang, als sei seine Nase ziemlich verstopft. Schnell schoben ihn die Erwachsenen weiter. Sie mussten vermeiden, dass auch er zu weinen begann. Bruder Jampa wischte mein Gesicht mit einem Taschentuch trocken: »Weine nicht. Weine nicht, meine Kleine. Alles wird gut.«

Diese erste Nacht war die schwierigste unserer Flucht. Wir waren es nicht gewohnt, so lange zu laufen, und stolperten noch oft. Unsere Augen hatten sich noch nicht an die Dunkelheit gewöhnt.

Nachdem wir die Berghöhe verlassen hatten, gelangten wir in den Schutz eines engen Flusstales. Die Felswände um uns herum waren sehr hoch, und der Mond am Himmel war plötzlich verschwunden. Die Sterne über uns funkelten durch das kleine sichtbare Fenster Himmel, das die

Berge uns ließen. Wir sahen den Weg zu unseren Füßen jetzt nicht mehr.

Hier passierte es, dass meine kleine Schwester Dolkar in einem Moment der Unachtsamkeit stürzte. Schluchzend saß sie am Boden und hielt sich den schmerzenden Knöchel. Vergeblich versuchte ich, sie zu trösten.

»Es hat keinen Sinn, so weiterzugehen«, entschied Onkel Nyima. »Wir bleiben für den Rest dieser Nacht hier.«

Er machte sich auf die Suche nach einem Versteck. Die Felswände bargen unzählige Winkel, Nischen und Vorsprünge. Und da Onkel Nyima ein erfahrener Fluchthelfer war, fand er schließlich eine zum Fluss geöffnete Höhle. Ich war so müde, dass ich sofort auf dem nackten Boden eingeschlafen wäre. Bruder Jampa und Bruder Tsering nahmen Dolkar und mich unter ihre Decke. Erschöpft schloss ich meine Augen und fiel in einen tiefen Schlaf.

Am nächsten Morgen erwachte ich vom beißenden Geruch eines Feuers und einem eigenartigen Geräusch. Es war, als würde jemand in einem gleichmäßigen Rhythmus Luft aus seinen Gedärmen entweichen lassen: Mit einem alten Blasebalg pumpte Onkel Nyima Sauerstoff in die Glut eines Lagerfeuers aus getrocknetem Yakdung. Als die Flammen an der zerbeulten Wand seines Teekessels emporzüngelten, warf er schwarze Teeblätter ins Wasser und murmelte dabei ein Mantra.

Vorsichtig blickte ich mich in unserem Versteck um. Das Licht des Tages offenbarte die dunklen Gestalten der Nacht allesamt als Männer. Wie schön wäre es gewesen, eine Frau in unserer Mitte zu haben! Dann entdeckte ich den kleinen Jungen, dessen Stimme ich heute Nacht gehört hatte. Er war etwas jünger als ich und bohrte voller Hingabe in seiner Nase. Als er meinen Blick spürte, nahm er schnell den Finger heraus. Er hatte mehrere »Duri Metoks« auf den Wangen, große weiße Flecken, die wir Tibeter als Furz-Blumen bezeichnen.

»Du bohrst also nicht nur in der Nase herum, du furzt auch sehr gern«, sagte ich lachend. Da lachte auch er. Wir mochten einander vom ersten Moment.

»Wie heißt du?«, fragte ich.

»Dhondup Tsering«, antwortete er und kratzte sich etwas verschämt am Nacken.

Dies war der Beginn einer innigen Freundschaft. In der schlimmsten Nacht meines Lebens habe ich meinen Freund Choedak verloren und in Dhondup den besten Bruder der Welt gefunden.

Dhondup und meine XXL-Momo-Tüte ☸
McLeod Ganj, 17. April 2011

Seit Tagen versuchen Chime und ich nun schon, Dhondup über sein Mobiltelefon zu erreichen. Vergeblich. Mein schwer beschäftigter Patensohn liest nur alle zwei Jahre seine E-Mails und dann auch gerade mal bis zur Hälfte. Vermutlich weiß er noch gar nicht, dass Chime und ich in McLeod Ganj sind. Er hätte es bei der monatlichen Ausgabe des Taschengeldes im Head Office erfahren können. Doch dort traut sich Dhondup mit seiner neuen Frisur nicht mehr hin. Als Frontsänger der TCV-Schulband trägt er sein Haar seit Neuestem wie einst Justin Bieber: mit Seitenscheitel und langem, schräg über die Stirn gekämmtem Pony. Eine solche Frisur ist zwar nicht explizit verboten, doch das Risiko, vom Schulleiter zur Hausmutter mit ihrer großen Schere geschickt zu werden, ist extrem hoch.

Einer unserer *Shelter108*-Paten hat aus Deutschland ein ganzes Set neuer Fußball-T-Shirts für das Kinderdorf mitgebracht. Von ihm erfahren wir, dass heute Nachmittag ein Match auf dem Fußballfeld stattfindet. Das ist die einmalige Chance, Dhondup ohne großen Aufwand zu finden! Er ist nämlich nicht nur Frontsänger der TCV-Schulband, sondern auch Kapitän der TCV-Fußballmannschaft.

Auf dem Weg zum Kinderdorf erstehe ich noch eine riesige Tüte mit Momos, tibetischen Teigtaschen, die wahlweise mit Fleisch, Gemüse, Käse oder Kartoffeln gefüllt sind. Dhondup wird bestimmt hungrig sein nach seinem Match.

Chime wirft einen kurzen Blick auf meine XXL-Momo-Tüte und lacht hell auf: »Wie soll Dhondup davon satt werden?«

»Warum nicht?«, frage ich höchst verunsichert. »Da sind doch mindestens zwanzig Stück drin!«

»Vergiss es! Im Kinderdorf hast du doch keine Chance, etwas allein zu essen. Dhondup wird die Momos mit der ganzen Mannschaft teilen müssen. Und wenn du Pech hast, sogar auch noch mit den Gegnern.«

Als wir den Fußballplatz erreichen, kneife ich die Augen zusammen. Meine Kurzsichtigkeit hat sich im letzten Jahr um gefühlte drei Dioptrien verschlimmert. Man wird nicht jünger. Und das betrifft nicht nur die Augen. Als ich beispielsweise meinen Sohn Simon zuletzt mit dem Auto von seinen Kölner Großeltern abholen wollte, bin ich versehentlich auf der falschen Rheinseite gelandet. Ich konnte mich nicht mal mehr erinnern, über einen Fluss dieser Größe gefahren zu sein!

Doch Dhondup erkenne ich bereits auf den ersten Blick. Das muss an seiner Präsenz liegen. Es war schon immer etwas Besonderes um ihn herum. Und natürlich ist er der Mittelstürmer der Mannschaft! Typisch Dhondup, immer an der Front! Der Torwart spielt ihm den Ball über das ganze Feld hinweg zu. Geschickt dribbelt mein Dhondup an zwei, drei Spielern vorbei und prügelt den Ball ins Netz.

»Tor!!!!!!!!!!!!!«, rufe ich begeistert und klatsche in die Hände. Chime schaut mich völlig entgeistert an: »Maria, das war die andere Mannschaft!«

Dann deutet sie auf einen der ausgespielten Abwehrspieler: Da steht unverkennbar der richtige Dhondup und kratzt sich verlegen am Nacken. In der Halbzeit steige ich zum Fußballplatz hinab, um ihn zu begrüßen. Chime schickt mir einen flehenden Blick nach, doch sie muss sich nicht sorgen: Ich weiß, dass man einen Justin Bieber nicht öffentlich abknutscht! Und schon gar nicht vor versammelter Mannschaft. Ich bin bei Gott nicht von vorgestern, selbst wenn ich offensichtlich ganz dringend zum Optiker muss.

Dhondup trabt mir entgegen, im Rücken die neugierigen Blicke der anderen Fußballer. Mit weit ausgestreckten Armen halte ich ihm die Momos entgegen: »Für dich und deine Mannschaft, mein Alter!«

Da höre ich Chime hinter mir schreien: »Maria!!!!!«

Aufgeregt deutet sie auf ihr Mobiltelefon. »The police!!! Sie sind schon im OM wegen meiner Befragung!!!«

Der Zauberberg ☾
Tibet, April 2000

Den Tag über blieben wir in unserem Versteck. Wir warteten auf die Dunkelheit, in deren Schutz wir weitermarschieren wollten. Während die Männer Brennholz für unser Feuer suchten, durften wir Kinder vor der Höhle in der Sonne spielen.

Als wir Lhasa verlassen mussten, blieb unser Spielzeug in der Truhe zurück. Dolkar durfte nicht einmal ihre Puppe mitnehmen. Nur meinen Hüpfgummi steckte mir Amala in die Anoraktasche. Sie wusste, wie wichtig er für mich war. Auf dem Schulhof in Lhasa war ich die Allerbeste im Gummihüpfen gewesen. Niemand konnte so gut springen und zugleich fehlerfrei multiplizieren wie ich.

Ich hatte an diesem Morgen noch ein weiteres Kind in unserer Gruppe entdeckt. Einen kleinen Jungen. Sein Name war Pema. Er schien der Kleinste von uns zu sein. Da Dolkar keine Lust auf mein Hüpfspiel hatte, bestimmte ich Dhondup und den kleinen Pema zu meinen beiden Gummihaltern. Meinen Hüpfgummi um ihre Kniekehlen gelegt, mussten sie sich in einem Abstand von zwei Metern hinstellen, sodass ich genug Platz hatte, kunstvoll meine Formationen zu springen und dabei Rechenlieder zu singen: »1 x 1 = 1, 1 x 2 = 2, 1 x 3 = 3 ...!«

Mit der Schwierigkeit der Rechenaufgaben wanderte auch das Gummi Stufe für Stufe höher.

Die Erwachsenen sahen mir mit Wohlgefallen von der Höhle aus zu und klatschten, als ich die erste Runde fehlerfrei hingelegt hatte. Höchst motiviert von ihrer Bewunderung fing ich sofort wieder von vorn an: »1 x 1 = 1, 1 x 2 = 2, 1 x 3 = 3 ...!«

Doch irgendwann hatte Dhondup keine Lust mehr, das Gummi für meine Rechen-Hüpf-Show zu halten: »Mir ist langweilig! Ich möchte auch endlich mal springen!«

»Ich bin aber noch nicht draußen!«, rief ich ihm fröhlich zu. Denn so ist die Regel: Erst wenn der erste Spieler einen Fehler gemacht hat, ist der zweite Kandidat an der Reihe.

»Und wann machst du endlich einen Fehler?«, fragte er.

»Nie«, gähnte Dolkar, die das Ganze aus Lhasa schon kannte. Schnaufend rieb sich Dhondup seine laufende Nase, hielt aber weiter ergeben den Gummi.

»7 x 7 = 49, 7 x 8 = 56, 7 x 9 = 63 ...!«

»Ich muss Pipi!«, krähte kurz darauf Little Pema, der die ganze Zeit strammstehend wie ein kleiner gehorsamer Soldat das Gummi gehalten hatte: »Kommst du mit? Ich krieg meine Hose nicht allein auf!«

Schweren Herzens unterbrach ich das Spiel, um Little Pema beim Pinkeln zu helfen. Zappelnd zog er mich hinter einen großen Felsen. Sein Hosenbund war bloß mit einem Strick zusammengebunden. Ein altes Amulett baumelte daran. Vermutlich hatte es ihm seine Mutter zum Schutz für die Flucht mitgegeben. Kaum hatte ich den Knoten gelöst, zog der Kleine die Hose herunter und ging in die Hocke.

»Du bist ja gar kein Junge!«, rief ich überrascht: »Du bist ja ein Mädchen!«

Pema grinste mich an. Ihr süßes Lachen legte eine riesige Zahnlücke frei.

Als wir vom Pipimachen zurückkamen, war nur noch mein Hüpfgummi da. Dhondup hatte die Gelegenheit genutzt, sich vom Acker zu machen. Aber es war ohnehin höchste Zeit, sich für die kommende Nacht auszuruhen. Onkel Nyima scheuchte uns in die Höhle. Aufgekratzt lag ich neben Dolkar und versuchte zu schlafen. Doch meine Gedanken wanderten immer wieder zu unserer Mutter. Ich fürchtete mich vor der nächsten Nacht. Etwas stimmte nicht mit dieser Reise. Choedak war einfach abgehauen. Was der konnte, würde ich auch fertigbringen.

»Lass uns nach Hause gehen«, flüstere ich Dolkar zu.
»Wie denn?«, fragte sie verschlafen.
»Wir sind noch nicht weit. Ich finde den Weg zurück.«
»Bist du sicher?«
»Willst du zurück zu unserer Amala oder nicht?«
»Ich will zu Amala.«
»Dann komm.«

Leise krochen wir aus unseren Decken. Vor der Höhle sah ich mich um. Ich hatte keine Ahnung mehr, aus welcher Richtung wir gekommen waren, und beschloss, bergab zu laufen – einfach weil man bergab besser davonlaufen kann.

Schon nach wenigen Minuten war unsere Flucht entdeckt und wir hörten die schweren Schritte der Männer hinter uns. Ich nahm Dolkar an die Hand und rannte. Da packte uns Onkel Nyima am Kragen: »Hey, ihr beiden Ausreißer! Wo wollt ihr denn hin?«

»Zu unserer Amala«, sagte ich trotzig und schlug wild um mich.

Onkel Nyima pfiff durch die Zähne: »Seid ihr aber unartige Mädchen! Viel unartiger als die beiden da oben!« Er deutete auf Dhondup und Little Pema, die mit großen Augen vom Eingang der Höhle zu uns herabschauten. Da begann ich zu weinen. Aber nicht weil Onkel Nyima so schimpfte. Es war mir nämlich in diesem Moment völlig egal, schlimmer als andere Kinder zu sein. Ich weinte, weil mir die Aussichtlosigkeit meines Vorhabens klarwurde. Es gab keinen Weg zurück. Es gab keine Chance für uns, zurück zu unserer Mutter zu laufen. Auch Dolkar weinte. Da hockte sich Onkel Nyima hin und setzte Dolkar und mich auf seine Knie: »Weint nicht. Ihr werdet eure Mama bald wiedersehen ... Seht ihr den Berg da vorn?«

Er deutete auf den riesigen Berg, der mächtig vor uns am Horizont stand: »Hinter diesem Berg wartet eure Mama auf euch.«

Mit einem Schlag wurde es wieder hell in meinem Herzen, und ich meinte, das Mysterium dieser seltsamen Reise zu verstehen: »Ach, dann wartet unsere Mutter in Indien auf uns?!«

Augenzwinkernd stand Nyima auf und nahm uns an die Hand. Und während wir zu unserem Versteck zurückgingen, erzählte er uns die wunderbarsten Geschichten von Indien: von schönen Frauen in seidenen Saris und Männern mit langen Bärten und farbigen Turbanen. Von weißen Palästen und von den historischen Plätzen, an denen Buddha gewirkt hat. Er sprach auch vom Dalai Lama. Aber davon verstanden wir nichts. Ich hatte nur noch den Zauberberg im Blick, hinter dem unsere Mutter auf Dolkar und mich wartete.

»Surprise-Check« im Kinderdorf ☀
McLeod Ganj, 18. April 2011

Als ich am nächsten Morgen in unserem kleinen Zimmer im OM aufwache, steht unser Bett am Ufer eines trüben Sees. Heute Nacht gab es wieder ein Unwetter. Ursache für die Überschwemmung in unserem Zimmer ist kein undichtes Dach, sondern der fingerbreite Spalt unter der Eingangstür.

Die ganze Nacht über peitschte der Regen dagegen. Offensichtlich mit durchschlagendem Erfolg.

Immer noch sind die Lymphknoten an meinem Hals geschwollen. Das Fieber ist hoch und die Motivation, den kleinen Zimmersee trockenzulegen, deshalb sehr niedrig. Also bleibe ich liegen und starre auf die beiden vertrockneten Zimtschnecken aus der German Bakery, die unsere beiden netten Polizisten gestern verschmäht haben.

Chimes Befragung dauerte nicht einmal zwei Minuten. Von der Türschwelle aus warfen die beiden Beamten nur einen kurzen Blick in unser häusliches Chaos, nahmen Chimes Daten auf und gingen eiligst wieder davon. Wahrscheinlich wollten sie schnell nach Hause kommen, denn von der Kangra-Ebene rollte unüberhörbar das nächste Unwetter heran.

Die beiden Zimtschnecken haben wir für Dhondup aufgehoben: eine für ihn, die andere für seine Fußballmannschaft. Kurze Zwischenfrage: Was haben eine deutsche Zimtschnecke und eine fossile Meeresschnecke aus dem Mesozoikum miteinander gemein? Antwort: Beide sind in gehäufter Form im Himalaya aufzufinden. Die Ammoniten stammen aus dem Thetysmeer, das gegen Tibet schwappte, als unsere fünf Kontinente noch ein großes Ganzes waren. Wer allerdings später dann die vielen German Bakeries über den Himalaya verstreut hat, konnte ich noch nicht klären. Egal, ob in Nepal, Ladakh oder Himal Pradesh: Wer Lust auf eine Zimtschnecke hat, wird selbst in 3500 Metern Höhe noch fündig. Ich werde der Sache mal gezielt nachgehen. Aber nicht jetzt.

Eine fette Fliege hat sich auf die beiden Zimtschnecken gesetzt. Und der ohnehin schon muffige Spannteppich am Grunde des Sees beginnt allmählich richtig zu stinken. Höchste Zeit, diesen Tag zu beginnen. Also wecke ich Chime.

Nachdem wir unser Zimmer trockengelegt haben, fahren wir samt Zimtschnecken zu Dhondup ins Kinderdorf. Mein Patensohn erwartet uns bereits ungeduldig am Spielplatz. Die hellen Flecken an seinen Wangen sind vor Aufregung fast weiß.

»Lasst uns wohin gehen, wo wir ungestört reden können«, sagt er kurz angebunden und spurtet die steilen Treppen zum Kinderdorf-Tempel hoch.

»Was ist passiert?«, frage ich, als wir uns vor einer Reihe Manisteinen, in die Gebetsformeln eingraviert sind, niedergelassen haben.

»Gestern Abend hatten wir Surprise-Check im Senior-Jungen-Hostel.«

»Eine Razzia? Wonach haben sie gesucht? Nach Mädchen?«

»Doch nicht nach Mädchen!«

»Nach Rauschgift?«

»Nein! Nach Handys!!! Sie haben vierzig Zimmer durchsucht!«

»Haben sie dein Handy gefunden?«, fragt Chime besorgt.

»Nein. Ich habe gerade noch rechtzeitig bemerkt, dass sie kommen.«

»Wer?«

»Die Lehrer der Disziplin-Kommission.«

Und dann erzählt uns Dhondup eine Geschichte, die mir mit einem Schlag klarmacht, warum ich von jedem meiner Patenkinder mindestens fünf Telefonnummern in meinem Adressbuch stehen habe ...

Handys sind im Kinderdorf strengstens verboten. Etwa zweimal im Jahr machen die Lehrer systematisch Jagd auf Mobiltelefone. Unerlaubter Handybesitz wird nicht nur mit dem Entzug des Mobiltelefons bestraft. Die jugendlichen »Straftäter« müssen zudem noch eine Geldstrafe von 1000 Rupien bezahlen und werden am Ende des Schuljahres in ihrer Gesamtbenotung um drei Prozent herabgestuft.

Meist finden die Razzien während des Abendessens statt, wenn sich die fast erwachsenen Senior-Schüler im Speisesaal ihrer jeweiligen Jugend-Hostels befinden. Dhondups riesiges Glück waren die Momos meiner XXL-Tüte. Er teilte sie mit drei Freunden, und alle drei wurden so satt, dass sie auf das eintönige Abendessen verzichten konnten. Stattdessen ging Dhondup unter die Dusche. Diese befindet sich im Garten seines Hostels, von dem aus man einen wunderbaren Blick über das ganze TCV-Gelände hat.

Dhondup seifte sich ein und genoss die letzten Strahlen der Sonne, als er die Disziplin-Kommission entdeckte: neun Lehrer, die eiligen Schrittes zum Senior-Jungs-Hostel hinaufstürmten. Sofort wusste Dhondup Bescheid. Er rannte ins Zimmer, packte sein Handy in eine Plastiktüte, rannte wieder hinaus, versenkte die Tüte im Wassertank, zog den Schlüssel ab und warf ihn zwischen die Blumen in ein Beet.

Da stand auch schon die Suchkommission vor der Tür. Alle Schüler im Speisesaal mussten sich in Reih und Glied aufstellen, um von oben bis unten abgetastet zu werden. Aus einigen Hosentaschen wurden die ersten kostbaren Beutestücke gezogen.

Dann blieben zwei Lehrer zur Aufsicht zurück, die anderen sieben durchsuchten die Zimmer. Seelenruhig schaute Dhondup zu, wie säckeweise Mobiltelefone zusammengetragen wurden. Er wiegte sich wegen seines guten Verstecks in Sicherheit. Doch die Bluthunde waren hungrig an diesem Tag und durchschnüffelten auch noch den Garten! Einer von ihnen bewies dabei sogar detektivischen Instinkt:

»Öffne den Tank«, sagte er ausgerechnet zu Dhondup! Der tat so, als versuchte er, den Deckel zu heben.

»Ist leider verschlossen«, sagte er schließlich mit betont teilnahmsloser Miene.

»Und wer hat den Schlüssel?«

»Oh!«, Dhondup deutete hoch hinauf auf den Berg:

»Das ist der Wassertank der Einsiedlermönche. Sie müssten den Schlüssel haben.«

Er schwebte natürlich in höchster Gefahr, zu den Klausen der Mönche geschickt zu werden. Doch deren stille Versenkung wegen einer Handy-Razzia zu stören, erschien den Lehrern dann doch nicht angebracht. Und so zogen sie mit ihrer fetten Beute davon.

Einige Schüler weinten: Mit dem Verlust ihrer Mobiltelefone war für viele der Kontakt zu Freunden und Geschwistern in anderen Kinderdörfern unterbrochen. Da fasste sich Dhondup ein Herz und rief dem Suchtrupp hinterher: »Wir sind Schüler des 21. Jahrhunderts!«

Da sich die Lehrer davon nicht beeindrucken ließen, wurde Dhondup so richtig wütend: »Diebe! Diebe!!!«, schrie er, und seine kräftige Stimme schallte über das ganze Gelände.

Auch andere Schüler schlossen sich seinen mutigen Parolen an: »Diebe! Diebe!«, riefen sie nun im Chor. »Wir sind Schüler des 21. Jahrhunderts!«

Angesichts des ungewohnten Widerstandes machte sich die Suchkommission eiligst davon.

Ich gratuliere Dhondup zu seinem mutigen Auftreten. Doch leider hatte die Geschichte ein Nachspiel: »»Heute morgen musste ich beim Disziplin-Meister antreten«, erzählt Dhondup mit gedämpfter Stimme weiter.

»Und, hast du ihm deine Meinung gesagt?«

Zerknirscht schüttelt mein Süßer den Kopf. Offensichtlich hat er eine gepfefferte Standpauke bekommen.

»Was hat denn der Disziplin-Meister zu dir gesagt?«

»Die Tibetischen Kinderdörfer seien eine Charity-Einrichtung, finanziert von Spendengeldern. Was sollten die Paten sich denken, wenn die gesponserten TCV-Schüler mit Mobiltelefonen über das Schulgelände laufen?!«

»Da hat der Disziplin-Meister Recht. Du hättest allerdings mit einem wichtigen Argument dagegenhalten können.«

»Mit welchem?« Erwartungsvoll schaut Dhondup mich an.

»Für viele Kinder, die aus Tibet geflohen sind, ist das Handy der einzige Draht zu ihren Eltern. Wie eine Nabelschnur zwischen Baby und Mutter. Wenn sie euch die Telefone abnehmen, ist diese Verbindung gekappt.«

»Wie geht es euch mit eurem Buch?«, fragt Dhondup, als er uns am Ende unseres Besuches zum Tor des Kinderdorfes bringt.

»Ich schreibe gerade über unsere Flucht«, sagt Chime. »Und darüber wie mein tapferer Bruder einen Fluss zum Schweigen gebracht hat.«

Dhondup kramt ein paar zerknitterte Zettel aus seiner Hosentasche. Ich hatte neben Chime auch die anderen fünf Kinder gebeten, zu unserem Buch jeweils ein paar Zeilen beizusteuern.

»Ich bin kein großer Schreiber«, sagt Dhondup, »eher ein Songwriter.«

Dann reicht er mir ein paar kleine »Lyrics« für unser Buch und kratzt sich dabei verschämt den Nacken.

AMALA!

Als ich die Täler des Himalaya durchschritt,
verstummte plötzlich der Fluss.
Meine Tränen jedoch flossen weiter.
Unter dem blassen, grauen Mond
vermisste ich meine Mutter so sehr.

Ich vermisse dich mit jedem Schlag meines Herzens.
Ich liebe dich vom tiefsten Kern meines Seins.
Ich küsse dich sanft auf deine zarte Wange,
Du bist die Einzige in meinem Herzen.

Jeden Tag dürstet es mich nach deinem Tee.
Jeden Tag bin ich hungrig nach deinem Essen.
Jeden Tag warte ich auf deinen Brief
wie ein kleiner, hungriger Vogel.

(Dhondup, März 2011)

Die zweite Nacht unserer Flucht ☾
Tibet, April 2000

In der zweiten Nacht fiel uns das Gehen in den Bergen schon etwas leichter. Unsere Füße gewöhnten sich an die holprigen Pfade, unsere Körper an den eisigen Wind und unsere Augen an das Dunkel der Nacht. Die gesichtslosen Schatten an unserer Seite waren keine unheimlichen Männer mehr, sondern wurden zu Weggefährten, die sich mit großer Zuwendung um uns Kinder kümmerten. Noch heute fühle ich große Dankbarkeit, wenn ich an sie denke.

Als der steinige Weg unter unseren Füßen wieder zu Asphalt wurde, schlossen wir Kinder unsere Augen. Schlafend gingen wir an der Hand unserer großen Begleiter. Kamen Polizei- oder Militärwägen, hörten wir sie schon von Weitem. Dann drückten wir uns in die Nischen und Winkel der Felswände. Mittlerweile wussten wir, dass wir uns vor der chinesischen Polizei zu verstecken hatten. Wir hörten auf, deshalb Fragen zu stellen.

Wir folgten sehr lange dem Flusslauf. Das Rauschen seines Wassers wurde uns langsam vertraut wie ein Freund. Vom Anfang bis zum Ende der Flucht war der Fluss immer mit uns. Noch heute fließt er in meinem Herzen weiter. Höre ich nachts ein Gewässer, fühle ich mich in seinem Rauschen geborgen.

Einmal rasteten wir an seinem Ufer. Unsere Mutter hatte Zuckerwürfel und Rosinen in meinen kleinen Rucksack gepackt, damit wir jederzeit davon naschen konnten. Wir teilten die Süßigkeiten mit Dhondup und Pema. Beide stammen, wie unsere Mutter, aus Kham. So konnten Dolkar und ich auch den Dialekt der beiden anderen Kinder verstehen. Wir prahlten voreinander damit, welche Lieder wir auswendig konnten. Dhondup war dabei ganz weit vorn: »Kennt ihr das Lied ›Leuchtender Stern‹?«

Wir Mädchen schüttelten unsere Köpfe. Da begann er

es für uns zu singen: »Wenn ich in den Himmel schaue, sehe ich einen leuchtenden Stern. Wenn ich diesen Stern sehe, schmerzt mein Herz und Tränen rollen über mein Gesicht. Amalaaaa! ...«

Er sang sein Lied mit klarer Stimme, die aus dem reinen Herzen eines Kindes entsprang. Noch nie hatte ich einen Jungen so schön singen hören. Mir kamen die Tränen. Auch Dolkar und Pema weinten. Und als ich zu den Erwachsenen blickte, sah ich, dass auch sie ihre Tränen nicht zurückhalten konnten. Selbst das Rauschen des Flusses schien zu verstummen.

»... Egal, wo ich bin und wohin ich auch gehe, ich werde mich immer an deine Worte erinnern, gute Taten zu vollbringen und einen guten Weg zu gehen. Amalaaaaa! ...«

Gegen Morgen öffnete sich vor unseren müden Augen das Tal. Die aus losen Steinen gebauten Umzäunungen für die Tiere kündigten eine Siedlung an. Hier und da bellte ein Hund. Nun mussten wir besonders vorsichtig sein. Nyima klopfte an die Tür eines armseligen Hauses. Zwei Bauersleute lebten darin. Als sie uns Kinder sahen, luden sie uns in ihre Stube ein. Kaum hatten wir uns am Feuer niedergelassen, fiel ich in einen tiefen Schlaf und flüchtete mich in das Land meiner Träume. Als ich aufwachte, war es bereits Nacht. Und wieder mussten wir aufbrechen.

Die lange Bank im FRO ☀
Lower Dharamsala, 19. April 2011

Unser indischer »Freund« hinter der Glasscheibe scheint kein besonders gelungenes Wochenende gehabt zu haben. Seine Laune ist noch miserabler als bei unserem ersten Besuch.

Heute Vormittag hatten uns die zwei anderen, die netten Polizisten angerufen: Der Bericht ihrer Befragung läge dem indischen Ausländermeldebüro nun vor. Wir müssten nur noch das Rückreisevisum abholen. Doch der Gott mit dem Stempel im FRO sieht das offenbar anders. Er verbannt uns erst einmal auf die lange Bank vor seinem Büro. Etwa fünfzig Tibeter warten hier geduldig auf die Erneuerung ihrer RCs – ihrer Registrierungspapiere. Jedes Jahr müssen sich Exiltibeter im indischen Ausländermeldeamt melden.

Als ich vor zwanzig Jahren von Österreich nach Deutschland »flüchtete«, um als Schauspielerin ein akzentfreies Hochdeutsch zu lernen, verlief das Prozedere ähnlich. Mit einem wichtigen Unterschied: Auf deutschen Behörden wird man für die Verlängerung der Aufenthaltsgenehmigung nicht von korrupten Indern gedemütigt.

Ich habe keine Lust, auf der scharfen Kante einer langen Wartebank meinen Hintern zu demolieren. Vor dem FRO versuchen ein paar verstaubte Pappeln verzweifelt, die Anmutung einer Idylle zu verbreiten. Dort lässt es sich vielleicht etwas angenehmer warten. Zum Glück haben wir Schreibblock und Laptop dabei. Wir müssen versuchen, unsere endlosen Wartezeiten sinnvoll zu gestalten. Denn der Gott mit dem Stempel ist nicht berechenbar – möglicherweise kommen wir nie zusammen nach Deutschland.

»Worüber sollen wir schreiben?«, frage ich Chime, nachdem wir uns im Schatten einer staubigen Pappel niedergelassen haben. Sie überlegt eine Weile.

»Über die lange Nacht«, sagt sie schließlich.

»Die lange Nacht?«

»Die ersten beiden Nächte unserer Flucht sehe ich noch genau vor mir. Ich kann sie unterscheiden. Ab der dritten Nacht erscheinen die Ereignisse wie in einem Traum: Tage hörten auf zu existieren. Es gab nur noch diesen endlosen Marsch für uns Flüchtlinge. Eine lange Folge von Nächten wurde zu einer. Ich kann sie nicht mehr auseinanderhalten, kann die Ereignisse nicht der Reihe nach ordnen. Deshalb gebe ich den folgenden Nächten den Titel ›Die lange Nacht‹.«

Exiltibeter und ihr Flüchtlingsstatus

Als die Tibeter noch selbst über sich bestimmen konnten, hielt sich ihre Mobilität in Grenzen; dafür sorgte allein schon ihr natürlicher Lebensraum: Sie waren umgeben von hohen Bergen und lebensfeindlichen Hochebenen. Einzig die Handelskarawanen, die vor allem mit den Briten in Indien gute Geschäfte machten, und die Pilger, die zu den heiligen Stätten des Buddhismus nach Süden aufbrachen, kannten das Leben jenseits des Himalaya.

Anfang des 20. Jahrhunderts schickten vier tibetische Familien der Oberschicht erstmals ihre Kinder auf Schulen in Großbritannien, weil sie die Notwendigkeit sahen, sich der Welt zu öffnen. Solche Initiativen blieben jedoch für Jahrzehnte die Ausnahme.

Auch nach dem Einmarsch der Chinesen 1950 änderte sich zunächst wenig an der Isolation der Tibeter. Die Khampa-Tibeter im Osten wehrten sich beharrlich gegen die Besetzung. Die Elite in Zentraltibet versuchte dagegen, sich mit den neuen Herrschern zu arrangieren.

Im März 1959 endete das alte Tibet. Die versuchte Entführung des Dalai Lama nach China führte zu einem allgemeinen Volksaufstand, der von der Volksbefreiungsarmee blutig niedergeschlagen wurde. Dem Dalai Lama gelang die Flucht nach Indien. Mindestens 80000 seiner Landsleute folgten ihm in dieser ersten Fluchtära ins Exil.

Der damalige Ministerpräsident Nehru reagierte zwiespältig auf die Herausforderung. Er war nicht bereit, sich politisch für Tibet zu engagieren, tat aber alles, um den tibetischen Flüchtlingen eine soziale Perspektive zu geben. Der Dalai Lama drängte darauf, die Flüchtlinge in zusammenhängenden Siedlungen unterzubringen, damit sie nicht nur als Individuen, sondern auch als nationale und kulturelle Gemeinschaft eine Zukunft hätten. Als Erstes erklärte sich der südindische Bundesstaat, das heutige Karnataka, bereit, den Tibetern ausgedehnte Dschungelgebiete zur Verfügung zu stellen. Unter großen Strapazen in einem ungewohnt tropischen Klima schufen sie blühende Landschaften, die bis heute Vorbildcharakter haben. Die Siedlung Bylakuppe im Westen Karnatakas, die am 1. Februar 1960 eröffnet wurde, ist mit mehr als 10 000 Menschen die größte zusammenhängende tibetische Siedlung in Indien.

Auch die nördlichen Bundesstaaten Punjab, Himachal Pradesh, Jammu und Kaschmir sowie West Bengalen nahmen Flüchtlinge auf, die unter härtesten Bedingungen im Straßenbau eingesetzt wurden.

Die meisten Tibeter in Indien besitzen eine »Residential Card« (RC), die ihnen den Aufenthalt in Indien ermöglicht. Eine solche RC hat auch der prominenteste Flüchtling der Welt, der Dalai Lama. Wer jedoch außer Landes reisen will, benötigt ein »Certificate of Identity« (IC). Es ist mit einigen bürokratischen Mühen verbunden, ein IC-Dokument zu bekommen, denn bei jeder Wiedereinreise nach Indien muss im FRO (Foreigners Registration Office) ein Rückreisevisum eingeholt werden.

Die in Indien geborenen Tibeter arrangieren sich mit dieser Situation, obwohl sie durchaus die Möglichkeit hätten, die indische Staatsbürgerschaft zu erwerben. Mit dieser Haltung dokumentieren sie ihren Status als Vertriebene, die den Anspruch auf ihre Heimat nicht aufgeben wollen.

Der Dalai Lama könnte indes einige weitere Privilegien erhalten: Seit ihm das Parlament von Ottawa am 22. Juni 2006 die Ehrenbürgerwürde verliehen hat, könnte er auch einen kanadischen Pass erwerben. Er verzichtet jedoch auf die damit verbundenen Vorteile und reist weiterhin wie jeder andere Flüchtling seiner Heimat mit dem IC-Dokument um die Welt.

Die lange Nacht ☾
Tibet, April 2000

Mein innerer Widerstand gegen unsere seltsame Reise war gebrochen. Ich dachte nicht länger nach, warum alles so anders war, als ich es mir vorgestellt hatte. Ich stellte auch keine Fragen, ich beklagte mich nicht mehr. Meine Füße liefen wie von allein.

Onkel Nyima führte die Gruppe. Als Letzter ging Shushu Pilzkopf. Seit Choedak und Damchoe abgehauen waren, wollte er sichergehen, dass niemand mehr unterwegs verloren ging. Stets gingen wir Kinder an der Hand eines Erwachsenen. Das schwächste Mädchen in unserer Gruppe war Little Pema. Sie weinte oft, schrie nach ihrer Mutter und hielt die Gruppe immer wieder auf.

Der Knochen ihres Beines, das der betrunkene Vater kurz vor der Flucht zerschlagen hatte, war nicht gut verheilt. Sie muss unendlich gelitten haben. Ich habe erst viel später über das Drama ihres arbeitslosen, trinkenden Vaters erfahren und dann erst wirklich verstanden, warum Little Pema auf unserer Flucht so viel geweint hat.

Je höher wir kamen, desto schwieriger wurde der Weg. Links von uns wuchsen steile Felswände hoch hinauf in den Himmel. Rechts von uns fiel eine Steilwand hinab in schier unergründliche Tiefe.

»Passt gut auf«, warnte Onkel Nyima uns Kinder. »Achtet auf jeden einzelnen eurer Schritte!«

Pema fielen immer wieder die Augen zu. Auf der geraden Asphaltstraße in der Hochebene war das in Ordnung gewesen. Doch hier im Gebirge war es äußerst gefährlich, beim Gehen einzuschlafen. Einer der Flüchtlinge trug einen hellen Mantel. Er leuchtete fast weiß in der Nacht. An seiner Hand trottete Pema. Was dann geschah, weiß ich nicht genau: Irgendwie muss Pema die Hand ihres Begleiters verloren haben. Oder umgekehrt. Plötzlich hörte ich von weiter hinten Shushu Pilzkopfs erschrockenen Schrei: »Pema!«

Wir alle zuckten zusammen. Auch Little Pema erwachte – gerade noch rechtzeitig. Sie stand direkt vor dem Abgrund, am Rande einer Wegbiegung. Wäre sie nur einen Schritt weiter gegangen, hätten wir sie nie wieder gesehen. Als kurze Zeit später auch Dhondup beim Gehen in der bergigen Landschaft einschlief, wurde Shushu Pilzkopf sehr wütend. Er schimpfte mit den Erwachsenen und auch mit den Kindern. Er nahm Dhondup und hängte dessen Oberkörper über den Abgrund. Der Arme schrie vor Angst. Wir alle waren schockiert. Doch von diesem Moment an schlief niemand mehr beim Gehen ein.

Als das Tal sich weitete, begleitete uns wieder der Mond mit seinem sanften Schein. Wir kamen an eine kleine Brücke. Auf der andern Seite des Flusses sah ich ein lang gestrecktes, einstöckiges Haus. Seine Fenster waren erleuchtet. »Eine Herberge!«, dachte ich erleichtert: »Hier gibt es bestimmt etwas Warmes zu essen!«

Offenbar hatte Dhondup dieselbe Idee. »Ein Haus!«, rief er voller Freude. »Hier können wir schlafen!«

Onkel Nyima hielt ihm sofort den Mund zu und wies uns an, leise zu sein. Denn das harmlos wirkende Gebäude war in Wirklichkeit ein chinesischer Checkpoint!

Auf dem flachen Dach flatterte die chinesische Flagge im Wind. Ich erkannte sie an ihren gelben Sternen. Sehr vorsichtig schlichen wir uns an dem Polizeiposten vorbei. Ich spürte die unterdrückte Panik der Erwachsenen und wagte kaum zu atmen. Ich hörte Stimmen, die sich in chinesischer Sprache miteinander unterhielten. In den beleuchteten Zimmern sah ich Lampen, Tische, Regale. Wir waren so nah an einem Posten der Grenzpolizei dran!

Alles schien normal und alltäglich. Warum konnte man nicht einfach hineingehen und mit ihnen Tee trinken?

Kaum hatten wir das bedrohliche Gebäude hinter uns

gelassen, begannen die Erwachsenen zu rennen. Angestrengt versuchten wir Kinder, mit ihnen Schritt zu halten. Onkel Nyima scheuchte uns einen Hügel aus Sand hinauf. Bei jedem Schritt sank ich tief ein und rutschte immer wieder hinunter. Pema und Dolkar wurden getragen. Dhondup und ich kämpften allein mit dem losen Sand. Ich geriet in Panik. Endlich nahmen mich Bruder Jampa und Bruder Tsering in ihre Mitte und zogen mich so voran. Als wir oben ankamen, waren wir am Ende unserer Kräfte. Wir legten uns auf den Boden, um wieder zu Atem zu kommen.

Danach wanderten wir unendlich lange durch eine wüstenartige Landschaft. Meine Beine schmerzten vor Anstrengung. Als ich endlich wieder festen Boden unter den Füßen spürte, war ich erleichtert. Ohne zu denken, setzten wir weiter einen Fuß vor den anderen.

Irgendwann tauchte plötzlich aus dem Dunkel der Nacht ein Zelt vor uns auf. Es war aus Yakhaut gefertigt und leuchtete hell von innen. Erst dachte ich, es wäre wieder ein Bild aus einem Traum. Doch diesmal wurden wir nicht enttäuscht: Es war das Zuhause von Grenznomaden, die hier am Ende der Welt ihr Lager aufgeschlagen hatten.

Ich habe keine Ahnung mehr, wie Dolkar und ich in dieses Zelt hineingeraten sind. Ich weiß nur noch, dass wir plötzlich vor dem wärmenden Feuer eines einfachen Lehmofens saßen. Eine junge Nomadenfrau legte sonnengetrocknete Yakfladen ins Feuer. Ihre Chupa war aus grobem Stoff gewebt und mit dem Fell ihrer Schafe gefüttert. Ihr verfilztes Haar war zu mehreren schmucklosen Zöpfen geflochten. Zwei kleine Kinder schliefen friedlich in der Ecke. Sie waren in dicke Decken verpackt. Als ich sie so daliegen sah, spürte ich Trauer und Neid. Sie waren bei ihrer Mutter.

Ein zahnloser Großvater drehte murmelnd eine Gebetsmühle. Zwei weiße Zöpfe, die mit roten Fäden durchflochten waren, lagen um sein ergrautes, greises Haupt. Er wirkte abwesend. Er schien geistig schon auf dem Weg in sein nächstes Leben zu sein. Auf dem Feuer kochte bereits unser Tee.

In Lhasa hatte unsere Amala den Tee immer zubereitet, indem sie Yak-Butter, schwarzen Tee, Milch und Salz einfach durch Gebrauch eines elektrischen Mixers miteinander vermengte. In Kham verwendete meine Großmutter ein längliches Butterfass, um die Zutaten mit einem langen Holzstab zu zerstampfen. Diese arme Nomadenfrau besaß lediglich einen einfachen Topf und einen Becher zum Anrühren und Aufschäumen unseres Nationalgetränks.

»Für den kleinen Jungen!«, sagte sie und reichte Little Pema die erste Tasse. Obwohl sie noch so jung war, fehlte ihr schon ein Zahn. Für einen kurzen Augenblick überlegte ich, wie es wäre, wenn Dolkar und ich in ihrem Zelt bleiben dürften... Bestimmt könnte die Frau noch eine ältere Tochter brauchen, die auf ihre kleinen Kinder aufpasste! Doch als ich mich genauer in diesem Zelt umblickte, sah ich hier nichts als bitterste Armut.

Missing Simon ☀
Lower Dharamsala, 19. April 2011

Er hat sechs Stunden gebraucht, um seinen magischen Stempel auf fünfzig tibetischen Registrierungspapieren zu hinterlassen. Ich habe genau mitgezählt: etwas mehr als acht Stempel pro Stunde. Ich bin kurz davor, meinen Laptop gegen die verschmierte Glasscheibe zu werfen, hinter der unser indischer Lieblingsbeamter Nase bohrend seine Anwesenheitspflicht absitzt. Er würdigt uns keines Blickes. Und doch beobachtet er uns. Und wir beobachten ihn. Wartet er darauf, dass wir endlich die Nerven verlieren, 500 Rupien in Chimes Identitätsausweis legen und ihm den versteckten Handschmeichler zustecken? Es wäre nur ein kleiner Handgriff. Die Höhe des

Betrages einer einzigen Taxifahrt ins FRO und retour. Doch man muss eine gewisse Coolness besitzen, um so etwas zu tun. Zu schmieren. Zu bestechen. Es braucht auch Mut, diese innere Schwelle zu überschreiten.

Um sechzehn Uhr beschließt »unser Freund«, seinen wohlverdienten Feierabend anzutreten. Wir sollen morgen wieder ins FRO kommen. Lethargisch packen Chime und ich unsere Schreibsachen zusammen und machen uns erneut auf den Heimweg von Lower Dharamsala nach McLeod Ganj. Für 250 Rupien pro Fahrt.
Welcome to India! Wir sind definitiv nicht im Flow!

Auch der Laden, in dem ich meine acht kaputten Klangschalen umtauschen möchte, hat noch immer geschlossen. Das Einzige, was hier zwangsläufig auf Hochtouren arbeitet, ist mein Immunsystem: Immer noch sind meine Lymphdrüsen am Hals dick geschwollen. Aber ich habe mich mittlerweile daran gewöhnt, meinen Kopf nicht mehr nach hinten drehen zu können. Ich bin gezwungen, nur nach vorn zu schauen. Auch gut: Es führt sowieso kein Pfad mehr zurück.

In einem Internetcafé bestellen wir Junkfood zum Abendbrot. Während wir auf unsere Burger warten, versuche ich vergeblich, meinen Sohn Simon zu erreichen. Unterdessen lädt mein Laptop die neuesten Meldungen aus Tibet ...

19. April 2011: 100 Mönche aus dem Kloster Kirti verschwunden
++
Seit der Selbstverbrennung des Mönchs Phuntsok am 16. März im Bezirk Ngaba fehlt von mindestens einhundert Mönchen aus dem Kloster Kirti jede Spur. Auch die Schüler der Oberschule der Präfektur Ngaba, die am 17. März aus Protest gegen die Reaktion der chinesischen Regierung auf den Tod Phuntsoks in den Hungerstreik traten, sind immer noch in der Schule eingeschlossen. Seitdem hat keine Information über den Zustand der Schüler mehr die Außenwelt erreicht.[5]

Simon ist nicht zu Hause. Jörgs Mobiltelefon ist ausgeschaltet. Ich könnte heulen. Bis heute habe ich es nicht geschafft, mir ein Leben zu gestalten, das genügend Freiräume für mein Kind bereithält. Viel zu oft bin ich von Simon getrennt. Ich vermisse seine Nähe. Ich vermisse den Alltag mit ihm und finde in dem ganzen Wahnsinn keinen Weg, als Mutter zuverlässig an der Seite meines Kindes zu leben. Ich besitze ein Klappbett in Köln, ein Sofa in München und eine Isomatte in Delhi. Immer muss ich in Bewegung sein. Mein Leben findet in einem konstanten Stress-Modus statt. Wovor bin ich auf der Flucht? Es fällt mir schwer, das tiefliegende Muster zu erkennen.

Zum Glück ist Simons Papa ein typischer Kölner. Jörg verlässt sein Veedel, sein Stadtviertel, nur unter Androhung von Gewalt. Zur Karnevalszeit schon gar nicht. Und bevor er freiwillig nach Düsseldorf fahren würde, lässt er sich lieber erschießen. Das ist es, was mich an den Kölnern so rührt. Sie empfinden ihre im Krieg zerbombte und miserabel wieder aufgebaute Stadt als den schönsten, den einzig wahren Ort dieser Welt.

Als Kölner ist Jörg automatisch mit einem starken Nesttrieb ausgestattet. Sein Leben ist auf die Bedürfnisse unseres Kindes ausgerichtet. Simon kommt ganz nach ihm. Seit er sich als ein von der Mutter getrenntes Individuum begreift, will er nicht mehr mit mir nach Indien fliegen, weil er sonst »den europäischen Luftraum verlassen müsste« – wie er es mit seinen neun Jahren durchaus richtig analysiert hat.

Verflixt noch mal, wo stecken die beiden gerade?! Jöööörg!!!

Vielleicht hatten sie Hunger und tauchen nun im Mediapark-Weiher nach Muscheln?

Traurig hocke ich vor meinem tibetischen Gemüseburger, den labbrigen Pommes und der mit Amöbendressing angerichteten Salatgarnitur. Chime bestellt zum Nachtisch zwei Tassen Cappuccino. Ich ahne Böses: Meine nachtaktive Patentochter bereitet ihren Kreislauf auf eine Schreibnacht vor.

Jagd auf Flüchtlinge

Alte Handelsrouten von Tibet nach Indien, wie das Chumbi-Tal, sind einfach zu kontrollieren, sodass es für Flüchtlinge kaum möglich ist, dem wachsamen Auge der chinesischen Sicherheitskräfte zu entgehen. Deshalb flüchten die meisten Tibeter über Nepal nach Nordindien zum Dalai Lama.

Erster Anlaufpunkt nach der gefährlichen Überquerung des Himalaya ist das Tibetan Refugee Reception Center in Kathmandu, wo sich tibetische Flüchtlinge erstmals sicher fühlen können.

Der chinesischen Führung war die Fluchtbewegung schon immer ein Dorn im Auge, bedeutet doch jeder Flüchtling eine lebende Anklage gegen Pekings Herrschaft und die vermeintliche »friedliche Befreiung«.

Bis September 2006 führte die wichtigste Fluchtroute von Zentraltibet über den 5716 Meter hohen Nangpa-Pass, der unterhalb des 8188 Meter hohen Cho Oyu entlangführt.

Sie wurde vor allem im Winter begangen, wenn die Flüchtlinge über eine gefrorene Schneedecke hinwegwandern konnten. Etwa 2500 bis 3000 Kinder, Frauen und Männer schafften es pro Jahr nach Nepal.

Am 30. September 2006 eröffnete eine chinesische Militärpatrouille unmittelbar vor der Passhöhe das Feuer auf eine Flüchtlingsgruppe und tötete dabei eine 16-jährige Nonne. Ein rumänischer Bergsteiger filmte die dramatischen Szenen. Die Bilder gingen um die Welt. Ein schwerer Imageverlust für China. Seitdem wird der Pass so streng bewacht, dass kaum noch Flüchtlinge über diesen Pfad kommen.

Heute gibt es keine einheitliche Route mehr, zumal sich die allgemeine Kontrolle seit dem Aufstand vom März 2008 noch weiter verschärft hat. Auf massiven chinesischen Druck hin hat auch Nepal begonnen, ein Dutzend Militärstationen entlang der Grenze einzurichten. China unterstützt derartige Pläne mit großzügiger Finanzhilfe.

Der Fluss ☾
Tibet, April 2000

Jede Flucht über die Berge birgt ihre eigenen Hindernisse. Und jeder Flüchtling erlebt sie anders. Jeder Fluchthelfer führt seine Gruppe über andere Routen, jede dieser Gruppen setzt sich aus Menschen unterschiedlichen Alters und unterschiedlicher Herkunft zusammen.

Unterhalte ich mich heute mit anderen tibetischen Flüchtlingen, so hat jeder etwas anderes über seine Flucht zu berichten. Für manche war der Schnee die größte Herausforderung. Für andere die chinesische Grenzpolizei. Die einen erinnern sich vor allem an die Kälte. Andere an Erschöpfung und Hunger. Doch an ein Ereignis erinnern sich alle Flüchtlinge: an die Überquerung des Flusses.

»Seid froh, dass ihr den Fluss im Frühjahr überquert habt«, sagen die einen. »Im Herbst ist das Wasser sehr viel kälter!«

»Ach, was redet ihr«, sagen die anderen. »Im Frühjahr führt der Fluss eiskaltes Schmelzwasser!«

Ich kann bei dieser Diskussion nicht wirklich mitsprechen. Denn ich habe den Fluss überquert, ohne das Wasser zu berühren!

Als wir den großen Fluss endlich erreichten, war Onkel Nyima sehr krank. Viel später habe ich erfahren, dass er schon seit Beginn der Flucht nicht wirklich gesund war. So kam es, dass Shushu Pilzkopf Tag für Tag mehr Verantwortung in unserer Gruppe übernahm.

»Jemand muss in den Fluss, um die Tiefe des Wassers auszuloten«, sagte er zu den Männern. Betreten senkten alle die Köpfe. Tibet ist ein Binnenland. Zwar gibt es Seen, aber darin würde kaum einer freiwillig baden gehen. Wir Tibeter sind nicht unbedingt sportlich. Ein See ist für uns da, um an seinem Ufer ein Picknick zu machen. Und nicht, um darin zu schwimmen. Die meisten Menschen aus Tibet sind Nichtschwimmer.

Und so war niemand bereit, Onkel Nyimas Aufgabe zu übernehmen. Für einen Nichtschwimmer wäre es zu gefährlich gewesen, in das unbekannte Wasser zu steigen, dessen Tiefe im Dunkel der Nacht nicht zu erahnen war.

»Nyima ist der Einzige von uns, der den Weg über die Grenze kennt«, versuchte es Shushu Pilzkopf nochmal: »Wir müssen ihn schonen. Wer also steigt in den Fluss?«

Da meldete sich ein Junge, den ich bis dahin noch gar nicht richtig wahrgenommen hatte. Er war noch nicht erwachsen, aber auch kein Kind mehr. Sein Name war Lobsang. »Ich habe gelernt zu schwimmen«, sagte er schüchtern.

Schritt für Schritt watete Lobsang in das Wasser. Ich sah seine dunkle Gestalt in den schwarzen Wellen. Als er die Mitte des Flusses erreicht hatte, richtete einer der Flüchtlinge seine Taschenlampe auf ihn. Vielleicht wollte er ihm den Weg weisen. Vielleicht wollte er ihn auch einfach nur bloßstellen. Denn Lobsang war Mönch. Manche nannten ihn »Mädchen«. Blass stand er im Lichtkegel und bedeckte mit den Händen seine Scham. Er war nackt!

Einige machten Witze. Sofort pfiff Shushu Pilzkopf die Spaßvögel zusammen. Er hatte inzwischen viel zu sagen in unserer Gruppe. Jeder fürchtete seine Autorität.

Ich hatte Angst. Würden wir uns nun alle ausziehen müssen? Wir befanden uns mittlerweile viel höher als am ersten Tag unserer Flucht: Der Wind, der uns erbarmungslos um die Ohren pfiff, war noch kälter geworden.

Nachdem Lobsang wohlbehalten das andere Ufer erreicht hatte, kam er schlotternd vor Kälte zurück, um seine Sachen zu holen. In der Zwischenzeit hatten auch die anderen Männer ihre Sachen ausgezogen und auf ihre Rucksäcke gebunden. Nur wir Kinder durften unsere Kleider anlassen. Die Erwachsenen trugen uns über den Fluss. So überquerten wir Kinder den Fluss, ohne das Wasser mit unseren Füßen zu berühren.

Nachtaktive Schattengewächse ☀
McLeod Ganj, 20. April 2011

Als Frühaufsteherin ist es äußerst zermürbend, von nachtaktiven Wesen umgeben zu sein. Aber offensichtlich ist das mein Karma. Mit Simons Geburt fing dieser ganze Nachtwahnsinn an. Um mich herum erlebte ich glückliche Mütter, deren Kinder brav durchschliefen und sich auch tagsüber an die vorgegebenen Schlafenszeiten hielten.

Simon schlummerte nachts hin und wieder ein und schlief tagsüber so gut wie nie. Ständig wollte er etwas sehen, etwas erleben. Nur an meiner Brust erlebte mein Kind so etwas wie Ruhe. Ich stillte ihn dreizehn Monate lang.

Zu seinem dritten Geburtstag wünschte er sich insistierend einen »nattativen Fis«. Unentwegt und zunehmend ungeduldig wegen seiner begriffsstutzigen Eltern, bestand er auf diesem Wunsch: »Will einen ›nattativen Fis‹!«

Verzweifelt versuchten Jörg und ich herauszufinden, was er damit wohl meinte. Schließlich fuhren wir mit ihm sogar extra zum Spielzeugladen und forderten ihn auf, mit dem Finger auf das Gewünschte zu deuten. Voll daneben. Simon bekam zwischen Murmelbahnen und Bobbycars einen ausgewachsenen Tobsuchtsanfall. Opa Herbert löste das Rätsel endlich detektivisch, indem er seinen Enkel in eine Zoohandlung brachte. Überglücklich rannte Simon zu einem der Aquarien und deutete auf eine halbe Kokosnussschale mit Einschwimmloch, in deren dunklem Hohlraum ein Wels zu vermuten war: »Nattativer Fis!«

Der nachtaktive Fisch, eine lichtscheue Welsin, war unser erstes Haustier, wenn man die Schnecken, Spinnen, Käfer und Würmer nicht mitrechnet, die unser Sohn in Terrarien, Büchsen, Gläsern, Geheimdosen und Hosentaschen gefangen hielt. Nach ihrem Einzug in unser achteckiges Aquarium zu Simons drittem Geburtstag hielt sie sich zwei Jahre lang im Unterholz und den Höhlen der weitläufigen Wasserlandschaft versteckt und ward nicht mehr gesehen. Bis eines Abends ein riesiger

Fisch mit anmutigen Schwingen durch das Wasser des Oktogons zog. Zwanzig Zentimeter lang. Im dunklen Reich vieler versteckter Nächte war unsere Welsin ganz heimlich ums Zehnfache gewachsen.

Es ist inzwischen drei Uhr morgens in McLeod Ganj. Immer noch bellen die Hunde. Tagsüber liegen sie träge in der Sonne herum, um nachts mit bemerkenswerter Ausdauer den Mond anzuheulen. Nachtaktive Straßenköter gehören zu Indien wie die heilige Kuh. Es wäre eine große Sünde, sie zu vergiften. Tibeter der älteren Generation erzählen, dass Hunde, die in der Nähe eines Klosters leben, in ihrem früheren Leben Mönche oder Nonnen gewesen seien, die ihr Gelübde gebrochen hätten. Man darf sich also nur mit Hilfe von Ohrstöpseln vor ihrem Geheule schützen. In meinen heimlichen Gedanken sind sie schon viele Tode gestorben.

Chime zeigt immer noch keine Anzeichen von Ermüdung. Sie hockt neben mir auf dem Bett und kritzelt mit ihrer miserablen Handschrift in ihrem Notizbuch herum. So viel steht fest: Ab morgen wird Instantkaffee von unserem Speiseplan gestrichen. Tibeter sind traditionell Teetrinker und sollten sich lieber ausschließlich an ihr schier ungenießbares Butterteegesöff halten. Alkohol zum Beispiel geht schon mal gar nicht. Wollten die Tibeter früher ein bisschen Spaß haben, brauten sie *Chang*, ein milchig weißes Bier aus Gerste. Es ist harmlos, wohlschmeckend – und hat mit der genetischen Disposition der Tibeter über viele Generationen hinweg gut harmoniert.

Mit den Chinesen kamen die harten Drogen ins Schneeland. Zu Schleuderpreisen. Die Verfügbarkeit von Schnaps, Whiskey und anderen hochprozentigen Getränken hat nun eine verheerende Auswirkung auf viele Familien. Tibeter reagieren auf Alkohol sehr schnell und mit ähnlich unabsehbaren Reaktionen wie Indianer. Grund dafür könnte eine eingeschränkte Funktion der so genannten Alkoholhydrogenasen sein, die für den Abbau von Ethanol zuständig sind. Die Europäer haben diese genetische Schwäche bei ihrem Vorstoß auf dem amerikanischen Kontinent ausgenutzt und »Feuerwasser« an einheimische Stämme verteilt. Auch in Tibet ist Alkohol im Vergleich zu den Grundnahrungsmitteln verdächtig billig.

Nicht wenige tibetische Flüchtlingskinder wie Little Pema wurden von verzweifelten Müttern verschickt, deren arbeitslose Männer ihre innere Leere mit billigem Schnaps zu bekämpfen versuchten.

»Seit wann trinkst du eigentlich Kaffee?«, frage ich Chime. Mein Wecker zeigt 3.53 Uhr. In zwei Stunden ist es schon wieder Zeit, mich für mein Morgenprogramm auf die Terrasse zu schleppen: Ein Mix aus Yoga, der »Dynamischen Meditation« und Kickboxen steht heute auf dem Programm.

»Ich kann mir beim besten Willen nicht vorstellen, dass es im Kinderdorf eine Espressomaschine gibt.«

»Ganz bestimmt nicht«, lacht Chime. »Wir haben nachts Instantkaffee getrunken, um zu lernen.«

»Haben den die Hausmütter verteilt?«

Endlich legt Chime ihren Schreibblock zur Seite: »Die Familie einer Zimmerkollegin lebte in Indien. Nach jedem freien Wochenende kam sie mit zwei großen Taschen zurück, die voll waren mit Lebensmitteln. Von ihr bekam ich mein erstes Glas Instantkaffee.«

»Jetzt weiß ich, woher die dunklen Ringe unter deinen Augen kommen.«

»Das Essen im TCV ist weder reichhaltig noch ausreichend. Vor allem in den Lernphasen fehlten mir Vitamine. Das machte mir in der Zwölften ganz schön zu schaffen.«

Jetzt schäme ich mich. Tamding und Lakhpa hatten während ihrer Abiturzeit einen Aufschlag aufs Taschengeld für Obst und Vitamine bekommen. Bei Chime hatte ich das schlichtweg vergessen.

»Der Instantkaffee war meine Rettung«, erzählt sie weiter. »Ich konnte mich tagsüber nie besonders gut konzentrieren. Im Kinderdorf ist viel zu viel los! Nie hatte ich einen Raum für mich allein. Immer war ich vom Lärm anderer Kinder umgeben. Doch nachts, wenn die anderen schliefen, gehörte das ganze Kinderdorf mir.«

Die Sterne am Himmel ☾
Tibet, April 2000

Als kleines Kind habe ich zu Mittag immer ein Schläfchen gehalten. Dazu wickelte mich meine Mutter in eine Decke und legte meinen Kopf in ihren Schoß. Während sie sich weiter mit ihren Standnachbarinnen auf dem Markt unterhielt, schloss ich die Augen und schlief ein. Umgeben vom Geplapper der Frauen. Meine Mutter redete immer schon gern und viel. Und so trage ich ihre Stimme noch heute in mir. Wie das Rauschen des Flusses wurde die Stimme meiner Mutter zu meinem inneren Begleiter.

Als wir das Land der Gletschermoräne betraten, begann ich nachts zu halluzinieren. Wir waren nun schon so viele Nächte gewandert und hatten kaum noch etwas zu essen. Der Boden unter unseren Füßen fühlte sich unsicher an. Die Berge um uns herum schienen immer höher und bedrohlicher. Sie blickten wie dunkle Riesen auf uns herab.

Dolkar und ich gingen an der Hand unserer zwei treuen Mönche. Hinter uns hörte ich die Stimmen der Erwachsenen, die sich miteinander unterhielten. Unter der Monotonie des Gehens und dem Gleichklang ihrer Worte ging mein Geist seine eigenen Wege. Die Stimmen der Männer verwandelten sich in die Stimme meiner Mutter. Sie sprach über nichts Besonderes. Sie sprach über ganz alltägliche Dinge, über die steigenden Preise und unseren kleinen Bruder, der nicht gehorchte.

Manchmal fragte sie mich auch chinesische Vokabeln ab oder diktierte mir eine Liste mit Dingen, die gekauft werden mussten. Je bedrohlicher die Landschaft um mich herum wurde, desto deutlicher glaubte ich die Stimme meiner Mutter zu hören.

Seltsame Dinge passierten in diesen Nächten. Ich sah Erscheinungen, die nicht existierten. Die schneebedeckten Berge um mich herum verwandelten sich in riesige Portionen von Eiscreme! Dunkle Felsformationen wurden zu Häusern. Einmal sah ich ein mehrstöckiges Gebäude, in dem Hunderte von Kindern herumliefen und spielten. Ich hörte sie sogar lachen und singen! An der Hand des einfachen Mönches aus Kham glaubte ich durch Dörfer und Städte zu gehen. Durch Schulhöfe und Klöster. Ich wanderte durch prächtige Straßen und das bunte Treiben der Märkte. Längst konnte ich Realität und Fantasie nicht mehr voneinander unterscheiden.

Schritt für Schritt tasteten wir uns über Eis und Geröll des Gletschers. Da hörte ich ein leises Plätschern unter meinen Füßen. Es war Schmelzwasser. In kleinen Rinnsalen floss es unter der Eisplatte hinunter ins Tal. Es klang so friedlich. Wie ein Gute-Nacht-Lied. Ich schloss meine Augen und fand mich an einem kleinen Bächlein im Grasland wieder. Dolkar und ich falteten kleine Boote aus buntem Papier. Wir setzten sie ins Wasser und schickten sie mit unseren Wünschen davon. Da verfing sich Dolkars Boot im langen Gras des Ufers und sank. Meines jedoch schwang sich über Steine und Stromschnellen davon. Lachend liefen wir meinem Boot hinterher und versuchten, es mit Steinwürfen zum Sinken zu bringen...

Ich erwachte von meinem Traum, als plötzlich ein Kind hinter mir weinte. Little Pema war mit ihrem schlimmen Fuß im Eis eingebrochen. Wie konnte das nur passieren? Dolkar und Pema waren die Kleinsten in unserer Gruppe! Warum war nicht Shushu Pilzkopf eingebrochen oder der große Bruder mit dem weißen Mantel?

Vielleicht brach Pema damals im Eis ein, weil ihr kleines Herz so schrecklich schwer war.

Schuh und Socke waren pitschnass, und sie weinte bitterlich. Da setzte Shushu Pilzkopf sein Gepäck ab, hockte sich auf seinen Rucksack und nahm Little Pema zu sich auf den Schoß. Er öffnete seine Jacke und steckte ihren eiskalten Fuß unter seinen Pullover. Mit großen Augen sahen wir Kinder zu, was nun wohl passieren würde. Allmählich beruhigte sich unsere kleine Pema. Denn an Shushus Bauch wurde ihr kalter Fuß wieder warm.

In diesem Augenblick legte sich auch der scharfe Wind, und wir blieben, um eine kleine Weile zu rasten. Onkel Nyima suchte in Pemas Gepäck nach einem zweiten Paar Schuhe zum Wechseln. Doch er wurde nicht fündig. Da meldete sich Dolkar mit ihrem feinen Stimmchen: »Ich habe noch Schuhe. Meine Mama hat mir ein zweites Paar eingepackt!«

Noch heute bewundere ich meine Schwester dafür. Sie war noch so klein und selbst so schutzlos in dieser eiskalten und bedrohlichen Bergwelt! Und doch hatte sie die Kraft und das Mitgefühl, in diesem Moment an Pemas kalte Füße zu denken. So ist Dolkar. So ist sie bis heute.

Die Landschaft war von nun an weitläufig und der Weg nicht sehr steil. Wir Kinder durften gemeinsam Hand in Hand weitergehen.

»Siehst du die Sterne?«, flüsterte Dhondup an meiner Seite und deutete hinauf in den Himmel. Er sah aus wie ein großer, aufgespannter Sternenschirm. Er war nicht nur über uns, sondern hüllte uns ringsum ein!

In Lhasa war unser Blick zum Himmel von Häusern verstellt. Auch später in Indien habe ich nie wieder einen solchen Himmel gesehen. Die starke Verschmutzung der Luft trennt die Menschen vom Zuhause der Götter. Doch hier oben im Gletscher waren die Sterne so nah! Es schien, als könnte man sie berühren.

»Das sind unsere Mütter«, sagte ich zu Dhondup: »Sie schauen auf uns Kinder herunter und geben acht, dass uns nichts passiert.«

Da begannen Dhondups Augen wie die Sterne zu leuchten: »Dieser große Stern ist mein Palaa. Und der kleine daneben meine Amala.«

»Unsere Amala schimmert grün – kannst du sie sehen?«

»Ja!«, rief Dhondup. »Und wo ist euer Palaa?«

Die Frage versetzte mir einen unerwarteten Stich ins Herz. Plötzlich fühlte ich, wie sehr ich nicht nur meine Mutter, sondern auch meinen Vater vermisste. Ob er schon von unserer Reise nach Indien erfahren hatte? Bestimmt war er sehr traurig, weil Dolkar und ich uns nicht einmal von ihm verabschiedet hatten. Da fielen plötzlich mehrere Sterne vom Himmel herunter. Noch nie hatte ich so etwas Schönes gesehen!

Heute weiß ich, dass es Meteore waren, die beim Eintritt in die Erdatmosphäre verglühen: Sternschnuppen. Und dass sich die Menschen des Westens beim Anblick einer solchen Sternschnuppe etwas wünschen, was dann in Erfüllung gehen soll. Auch wenn ich in dieser Nacht keinen inneren Wunsch aussprach, bekam ich unter den fallenden Sternen das schönste Geschenk meines Lebens: »Lasst uns für immer zusammenbleiben«, beschwor Dhondup Dolkar, Pema und mich. »Von heute an sind wir Geschwister.«

20. April 2011: Lage im Kloster Kirti alles andere als »harmonisch«
++
International Campaign for Tibet (ICT) fertigte eine Liste der bekannt gewordenen Fälle von Festnahmen (mindestens 34) in den letzten Wochen in Ngaba im Kloster Kirti an. Radio Free Asia berichtet, dass die inhaftierten Mönche in barbarischer Weise gefoltert wurden: »Sie wurden fürchterlich geschlagen und ange-

griffen und über lange Zeit extremer Hitzestrahlung ausgesetzt. Die Peiniger fesselten ihnen Hände und Beine an Strommasten und traktierten sie dann mit Elektrowaffen.«[6]

Chimes Geheimnis ☀
McLeod Ganj, 20. April 2011

»Warum weinst du?«, fragt mich Chime, als ich beim Frühstück in mühevoller Kleinarbeit die nahezu unleserlichen Notizen ihrer Nachtarbeit entziffere.

»Weil mich die Geschichte mit den Sternen daran erinnert, dass du so gerne Astronomie studieren wolltest.«

»Das war doch nur ein dummer Traum!«, sagt Chime, mit einem Male überraschend verstimmt: »Ich habe ihn bei meinem Abgang von der Selakui-School begraben.«

»Warum hast du damals diese tolle Schule geschmissen? Wirklich verstanden hab ich es nie.«

»Es gab einen Grund.«

»Welchen?«

»Ich hätte nie nach Dheradun gehen dürfen.«

»Warum?«

»Ich habe meiner Mutter in Tibet versprochen, auf Dolkar aufzupassen.«

»Das hast du doch immer getan, so gut du konntest.«

»Nicht im entscheidenden Augenblick. Im entscheidenden Augenblick war ich nicht da.«

Plötzlich füllen sich ihre Augen mit Tränen.

»Was ist geschehen?«

Chime beißt sich auf die Lippen und schweigt. Ich kenne sie. Es wird nicht leicht sein, sie zum Reden zu bringen. Tibeter geben ungern preis, was sie wirklich bewegt. Seit zwei Jahren verschweigen mir die beiden Schwestern etwas. Irgendetwas Einschneidendes muss passiert sein. Ich bekomme es nicht aus ihnen heraus. Dolkar ist seit Beginn des Jahres 2009 plötzlich sehr viel verschlossener geworden. In den Ferien verbrachte sie ganze Tage vor dem Fernseher. Als würde sie vor dem realen Leben in die Welt indischer und koreanischer Billigserien flüchten. Chimes schillernde Lebendigkeit schien sich zeitgleich in Luft aufgelöst zu haben. Während Dolkar allerdings ihren exzellenten Notendurchschnitt weiter hielt, brachen Chimes schulische Leistungen plötzlich in sich zusammen.

»Bist du böse auf mich, weil ich die Selakui-School nicht geschafft habe?«, fragt sie mich plötzlich.

»Nein, Chime. Ich frage mich nur, was aus all deinen Träumen geworden ist. Du hattest so viele Pläne! Wo bist du? Ich spüre dich seit zwei Jahren nicht mehr.«

»Ich werde es dir erzählen. Aber nicht jetzt. Noch ist die ›lange Nacht‹ meiner Flucht nicht zu Ende...«

Das steinerne Zelt der Mongolen ☾
Tibet, April 2000

Zu Beginn unserer Flucht war es noch schwierig gewesen, nächtelang zu marschieren. Doch inzwischen war die Finsternis ein Segen: Sie nahm den Bergen die Bedrohlichkeit. Nie hatten wir die hoffnungslose Weite unseres Weges vor Augen, sondern nur den Rücken dessen, der vor uns ging. Durften wir Taschenlampen verwenden, endete der Weg am Rand unseres Lichtkegels. In der Nacht konnte ich beim Gehen träumen. Mit dem Beginn des Tages verwandelte sich mein fantastisches Traumland in eine Steinwüste.

Wohin ich auch blickte: Überall nur Stein und Eis! Diese vollkommen menschenleere Landschaft ohne einen bunten Fleck, ohne das kleinste Zeichen der Zivilisation war sehr deprimierend. Es fühlte sich an, als wären wir die letzten Menschen in dieser Welt.

Am Ende der »langen Nacht« durften wir kein Ruhelager mehr aufschlagen. Onkel Nyima verlangte von uns, weiterzugehen. Die Stimmung in der Gruppe war gedrückt. Niemand redete mehr. Nur noch unsere Schritte waren zu hören. Mein Kopf fühlte sich dumpf an. Wahrscheinlich wegen der Höhe.

Plötzlich sahen wir vor uns eine schlanke Rauchsäule in den Himmel emporsteigen. Ein leichter Wind trug Stimmen zu uns herab. Vorsichtig näherten wir uns dem mächtigen Stein, in dessen Schatten mehrere Männer an einem Lagerfeuer saßen. Sie lachten und ließen eine Flasche Schnaps im Kreis herumgehen. Ihre Yaks standen geduldig daneben und kauten getrocknetes Gras.

Die Männer sahen wild aus. Ihr geflochtenes Haar war grau vom Staub der Berge. Und die lederne Haut ihrer Gesichter war von der Sonne verbrannt. Ich dachte: Bestimmt sind das Räuber! Doch tatsächlich waren es Drogpa: Grenznomaden. Sie luden uns ein, an ihrem Feuer Platz zu nehmen.

Schließlich zogen sie weiter. Mit Pfiffen und Rufen trieben sie ihre Yaks den Berg hinab. Sie waren auf dem Heimweg zu ihren Familien in Tibet.

Auch wir mussten weiter. Es war schon spät. Die Sonne war hinter einer dicken Wolkendecke verschwunden. Schneeflocken fielen vom Himmel herab. Es wurde immer dunkler und kälter. Ich fürchtete mich. Und Dolkar weinte nach unserer Mutter.

»Weine nicht«, sagte ich zu ihr. »Es hat keinen Sinn.«

Auch Onkel Nyima versuchte uns Kinder aufzumuntern: »Es ist nicht mehr weit bis zum Zelt der Mongolen.«

Kurze Zeit später standen wir vor einem Unterschlupf, der tatsächlich die Form eines kreisrunden Zeltes hatte. Doch statt aus gefilzter Yakwolle war diese Zuflucht aus losen Steinen gebaut worden. Ein Unterschlupf für Flüchtlinge und Grenznomaden, zum Schutz gegen Kälte und Schnee.

Es gab weder Fenster noch Tür. Lediglich ein Loch, um in das steinerne Iglu zu klettern.

Leider durften wir kein Feuer mehr machen. Die Grenzpolizei konnte hier überall sein. Der Schein einer Flamme hätte uns sofort verraten. Trotzdem strahlten die Gesichter der Männer. Sie schienen heute Abend so glücklich zu sein! Da begriff ich, dass die Grenze nicht weit war.

Wir hatten nichts mehr zu essen, unser Proviant war zur Neige gegangen. Doch niemand schien traurig darüber zu sein. Eine letzte Zigarette machte die Runde unter den Männern.

Während draußen der Wind um unseren Unterschlupf blies, hielten Bruder Jampa und Bruder Tsering uns mit ihrer Körperwärme schön warm. Dankbar schlossen Dolkar und ich unsere Augen. Dies war die erste Nacht dieser Flucht, in der wir nicht wandern mussten. Glücklich schliefen wir ein.

Wie Tamding im Nebel mein Leben betrat ☀
Erinnerungen an den April 2000, 20. April 2011

»In dieser Nacht, in der Dolkar, Pema, Dhondup und du auf der tibetischen Seite des Berges in dem steinernen Unterschlupf übernachtet habt, schlief Tamding bereits auf der anderen Seite des Berges bei Jörg und mir im Bergsteigerzelt«, unterbreche ich Chime in ihrer Erzählung.

»Ich weiß«, sagt sie in angesäuertem Ton: »Tamding wird nie müde zu erwähnen, dass er von uns sechs Kindern das erste war, dem du in den Bergen begegnet bist.«

Ich muss schmunzeln. Chime und Tamding leben seit Jahren in einem geschwisterlichen Eifersuchtsdrama. Immer wieder muss ich die beiden aus diesem Kampfring herausziehen.

»Er bezieht sogar seinen Anspruch auf die Chefposition daraus!«, stichelt Chime gegen den älteren Exilbruder weiter.

»Er denkt, er ist der ›Boss of *The Six*‹, nur weil du ihn als Erstes in den Bergen getroffen hast!«

»Nein, Chime. Du verdrehst da etwas. Tamding ist der Älteste von euch und hat die meiste Erfahrung im Leben. Immer wieder hat er glühende Kohlen für dich aus dem Feuer geholt! Ohne Tamding wäret ihr Sechs ein orientierungsloser, pubertierender Haufen.«

»Er ist ein Angeber! Heute noch prahlt er damit, dass er sich von Anfang an mit dir unterhalten konnte! Aber wie hätte das gehen sollen!? Sprach er denn damals schon Englisch?«

»Tamding hat tiefstes Amdo-Tibetisch gesprochen. Aber wir haben uns trotzdem blendend verstanden. Er war halt schon immer sehr kommunikativ.«

Chime gibt sich geschlagen. Sie weiß, dass ich Recht habe.

»Und wie hast du Tamding damals getroffen?«, fragt sie nun etwas kleinlaut.

»Er kam einen Tag vor euch über die Grenze. Zusammen mit 35 bärtigen Mönchen aus Amdo. Sie sahen alle vollkommen fertig aus. Nur Tamding strahlte bis über beide Ohren. Als er mitbekam, dass wir Injis auf der Suche nach Flüchtlingskindern sind, beschloss er, bei uns bleiben. Und so gingen die Mönche aus Amdo ohne ihn weiter.«

»Und wie war der Moment, als du ihn das erste Mal gesehen hast? Ich meine, er war doch schließlich ... dein erstes Kind!«

Nun muss ich echt lachen, und mein Frühstückstee landet nicht da, wo er sollte. Ich weiß nicht, wie oft ich den sechs Kindern schon all diese Geschichten erzählt habe! Immer wieder wollen sie hören, wie sie in mein Leben gekommen sind. So wie ich Simon immer wieder seine rasante Geburt schildern muss, erzähle ich den sechs Kindern wieder und wieder von unserer schicksalhaften Begegnung im Himalaya.

Tamding nimmt dabei tatsächlich einen besonderen Platz ein. Er war der Erste, der plötzlich vor mir aus dem Nebel auftauchte. Ein Moment, auf den ich eineinhalb Jahre hingearbeitet und an dessen Erfüllung ich zu diesem Zeitpunkt schon gar nicht mehr geglaubt hatte.

Mein erster Versuch, die Flucht tibetischer Kinder bereits von Lhasa aus filmisch zu begleiten, endete mit meiner Verhaftung in Tibet. Eine ziemlich dumme Situation für eine junge Filmemacherin. Dies war der erste Auftrag meines Lebens, und der Druck, dem Sender brauchbare Bilder zu liefern, war durchaus gegeben. Von Tibet aus konnte ich mein Unternehmen jedenfalls nicht mehr starten. Ich musste mich also von der nepalesischen Seite des Himalaya auf die Suche nach einer Gruppe mit Flüchtlingskindern machen.

In Kathmandu lernte ich zwei junge Amdo-Tibeter kennen. Der eine war groß, schlank und hatte eine Winnetou-Mähne. Der andere Amdo war klein, rund und hatte den Zwirbelbart eines Westernsaloon-Gauners. Die beiden hießen Big Pema und Sonam Tsering, kurz »Sotsi« genannt. Big Pema sang die Lieder seiner Heimat mit anarchischer Kraft, Sotsi traf zumindest die Töne. Beide arbeiteten als Fluchthelfer.

Sie waren Freunde von Nyima und wussten, dass er trotz beginnender Krankheit gerade aus Lhasa aufgebrochen war, um Flüchtlinge über den Nangpa La zu bringen. Big Pema und Sotsi machten sich Sorgen um ihren Freund, und so handelten wir einen Deal aus.

Big Pema und Sotsi würden mich und mein Kamerateam auf den Nangpa La begleiten, um Nyimas Flüchtlingsgruppe zu filmen. Im Gegenzug sollten wir Westler Proviant und Medikamente für die Gruppe bereitstellen.

Von der nepalesischen Seite des Berges stiegen Big Pema, Sotsi und ich auf, um direkt auf der Fluchtroute ein Basislager zu errichten. Unterdessen reisten aus Deutschland mein Kameramann Richy und Jörg an. Jörg war unser Beleuchter, aber eigentlich waren wir auch ein ziemlich verliebtes Paar. Er hatte sogar sein Veedel für mein verrücktes Projekt verlassen!!!

Nachdem das Basislager auf 4500 Metern Höhe eingerichtet war, stieg ich zum 2800 Meter hoch gelegenen Flugplatz von Lugla ab, um Richy und Jörg abzuholen, die aus Kathmandu eingetroffen waren. Es war ein Wettlauf gegen die

Zeit. Denn auf der anderen Seite des Berges näherten sich bereits Nyima und seine Flüchtlinge der Grenze.

Auf 3500 Höhenmetern musste Richy wegen starker Kopfschmerzen für eine Nacht zurückbleiben. Jörg und ich gingen weiter und ließen unseren Sherpa bei Richy zurück. Ich würde den Weg zurück zu unserem Basislager auch locker allein wiederfinden.

Eine kühne Selbstüberschätzung! Denn kurz vor unserer Ankunft fiel plötzlich wie aus dem Nichts dichter Nebel von den Bergen herab. Jörg und ich verloren den Weg. Als Fluchtroute der Tibeter war der Pfad natürlich nicht explizit ausgewiesen. Wütend schmiss Jörg seinen Rucksack gegen einen riesigen Felsblock: Wäre er doch besser in Kölle-Zollstock jeblieben! Ich wollte nur ein paar Schritte weitergehen, um nach einem markanten Punkt Ausschau zu halten ... und wusste plötzlich nicht mehr, wo ich war. Um mich herum war nur noch milchiges Weiß. Ich rief nach Jörg. Keine Antwort.

»Jööörg!!!«

Nichts als Stille auf meine verzweifelten Rufe. Es war wie in einem Traum: als wäre ich ganz allein auf der Welt. Ich hob einen Stein auf und steckte ihn in meine Jackentasche. Als Souvenir dieses Alptraums, sollte ich jemals daraus erwachen.

Da hörte ich Schritte. Kurz darauf tauchten zwei dunkle Gestalten von oben auf. Es war Big Pema ... mit einem Kind an seiner Seite. Tamding. Der steckte in einer militärgrünen Mao-Jacke, die ihm bis zu den Knien reichte. Seine Augen strahlten mit den goldenen Knöpfen an der Jacke um die Wette. Ich finde, er hat sich bis heute nicht maßgeblich verändert.

»Hat Tamding auch etwas für unser Buch geschrieben?«, fragt Chime, als ich meine Erzählung beendet habe.

»Ja.«

»Und worüber?«

»Über das, was uns alle am meisten bewegt.«

ABSCHIED
Mit dem Winter kam die Gewissheit in unser Haus:
Bald würde eines der Kinder die Familie verlassen.
Die Wahl fiel auf mich. Ich wollte es so.
Ich wollte in Indien studieren.
Als die Flüsse zu Eis und die Tiere in tiefer gelegene
Regionen gebracht wurden, verließ ich an der Hand
meines Vaters die Heimat.
Schweigend wanderten wir über einen gefrorenen Fluss.
Ohne ein Wort zu wechseln bestiegen wir einen Berg.
Auf seinem Gipfel reichte mir mein Vater etwas Erde und sagte:
»Wann immer du Heimweh hast, rieche daran.
Der Duft dieser Erde wird dich heilen vom Heimweh.«
Zum Abschied legte er mir eine Glücksschleife um und sagte:
»Sei stark.«
Dann stiegen wir hinab zu einem Dorf.
Ein fremder Mann kam uns entgegen. Er nahm meine Hand
und ging mit mir über die staubige Landstraße davon...
(Tamding, im März 2011)

Auf Wiedersehen, Tibet ☾
Tibet, 15. April 2000

Die Nacht im mongolischen Steinzelt war nur sehr kurz gewesen. Als Onkel Nyima uns frühmorgens weckte, war es draußen noch dunkel. Schlaftrunken packten die Erwachsenen unsere Sachen zusammen. Plötzlich begann der Mann mit dem weißen Mantel zu fluchen: »Warum sind meine Kleider so nass?!«

Das Rätsel war schnell gelöst. Little Pema hatte an seiner Seite geschlafen und schlecht geträumt. Als sie merkte, was sie angerichtet hatte, begann sie zu weinen. Sofort holte Onkel Nyima Wechselwäsche aus ihrem Rucksack: einen wunderschönen gelben Anzug aus Fleece, auf dem eine chinesische Cartoon-Figur abgebildet war, mit einem ausgestellten Röckchen. Bestimmt hatte ihre Mutter den warmen Anzug für Pemas Reise nach Indien gekauft. Doch Pema weigerte sich, das schöne Kleidungsstück anzuziehen. Niemand konnte sich erklären, warum. Vielleicht wollte sie nicht an ihre Mutter erinnert werden? Schluchzend bat sie Onkel Nyima, etwas anderes tragen zu dürfen. Dolkar schlug vor, mit Little Pema die Kleider zu tauschen. Die Erwachsenen waren erleichtert über diese Idee. Pema bekam also die Wechselhose von Dolkar. Und die schlüpfte in ihre neueste Eroberung: den gelben Anzug aus Fleece. Sie war damals schon modebewusster als wir alle zusammen.

Dies war der Start zum immerwährenden Tausch unserer Kleider. Bis zum heutigen Tag haben wir diese wunderbare Tradition beibehalten. So bekommt man immer neue Kleider, selbst wenn man kaum Geld hat zum Shoppen!

Als die ersten Sonnenstrahlen hinter den Bergen aufblitzten, sahen wir die ersten Vorboten des Schnees. Endlich war der Moment gekommen, unsere schicken Sonnenbrillen aus dem Rucksack zu holen!

Die beiden Mönche aus Kham hielten noch eine weitere Überraschung für uns bereit: Sie hatten von den Drogpa-Nomaden zwei Flaschen chinesische Cola gekauft! Nun vermischten sie das köstliche Getränk mit dem letzten Tsampamehl, das wir noch hatten. Sie formten aus dem Teig süße, runde Bällchen, die wir Kinder trotz unserer dicken Handschuhe gut halten konnten.

Später in Indien haben wir Sechs dieses Rezept immer wieder probiert. Doch nie mehr hat es so gut geschmeckt wie dort oben kurz vor der Grenze! Gestärkt gingen wir weiter. Am Morgen war der Schnee unter unseren Füßen noch fest. Doch als mittags die Sonne vom Himmel herunterbrannte, zerfloss die harte Schicht, und wir sanken tief ein.

Pema und Dolkar wurden getragen. Für Dhondup und

mich war kein Platz auf dem Rücken der Männer. Der Aufstieg wurde immer schwieriger. Dolkar weinte wegen des Kopfwehs.

»Das ist die Höhe«, sagte Onkel Nyima. »Das geht wieder vorbei.«

Ich konnte mich nicht mehr um meine kleine Schwester kümmern. Ich war nur noch mit mir selbst beschäftigt. Bruder Jampa blieb immer dicht hinter mir. Er schob mich Schritt für Schritt weiter. Fiel ich hin, hob er mich auf und klopfte den Schnee von meinen Kleidern.

Die Landschaft wurde mit jedem Höhenmeter schöner. Irgendwann gab es nur noch Himmel und Schnee. Noch nie in meinem Leben hatte ich so intensive Farben gesehen. Noch nie in meinem Leben eine solche Weite im Herzen empfunden. Ich war zum ersten Mal glücklich auf dieser Reise.

Da tauchten am Horizont bunte Gebetsfahnen auf.

Als große Freude unter den Erwachsenen ausbrach, wusste ich: Dies war die Grenze! Wir hatten es endlich geschafft!

»Rangzen!«, rief Shushu Pilzkopf zu uns herab. »Freiheit!«

Er hatte den Grenzpass als Erster erreicht. Neben ihm stand die kleine Gestalt meiner Schwester in ihrem leuchtenden Fleeceanzug. Bruder Jampa und Bruder Tsering nahmen mich an die Hand. Immer noch kommen mir Tränen, wenn ich diesen Moment beschreibe. Sie fallen in großer Dankbarkeit auf diese Zeilen. Die beiden Mönche aus Kham waren nicht einen Moment von unserer Seite gewichen. Sie ließen uns nie von der Hand. In der Nacht beschützten sie uns mit ihrer Wärme. Nie mussten wir unsere Rücksäcke selbst tragen. In ihrer Mitte machte ich nun meine letzten Schritte auf tibetischem Boden.

Ich erinnere mich noch gut an den Grenzstein. Obwohl er tief im Schnee steckte, war er viel größer als ich. »Zhong Go« stand darauf in chinesischen Schriftzeichen: Reich der Mitte. Gemeint war damit die Volksrepublik China. Lobsang warf bunte Gebetszettel in die Luft. Der Wind griff nach ihnen und trug sie weit in den Himmel hinauf.

»Zaijian Xizhang!«, riefen einige Männer in chinesischer Sprache: »Auf Wiedersehen, Tibet!« Andere riefen bloß: »Tashi Delek!«, »Viel Glück!«

Bruder Jampa holte Gebetsfahnen und eine lange weiße Glücksschleife aus seinem Rucksack. Ich half ihm, sie zwischen die anderen Fahnen zu hängen. Manche waren schon ausgeblichen. Unsere waren noch neu und farbig. Der Wind würde ihre Gebete in die Welt hinaus tragen. So hatte es uns unsere Mutter erklärt. Tränen schossen mir in die Augen. Denn in diesem Moment ahnte ich trotz meiner jungen Jahre bereits: fortzugehen war leichter, als in Tibet zurückzubleiben.

Mein inneres Kind ☸
Erinnerungen an meine Kindheit, 21. April 2011

»Wie sind Sie eigentlich auf die Idee gekommen, im Himalaya tibetische Flüchtlingskinder zu suchen?«, wurde ich immer wieder auf meinen Lesetouren, in Talkshows und in privaten Gesprächen gefragt. Dann erzählte ich jedes Mal die Geschichte, wie ich 1997 beim Zappen durch die Fernsehprogramme auf die Bilder zweier erfrorener tibetischer Kinder stieß. Sie hatten ihre Flucht aus Tibet nicht überlebt. Der Junge war noch sehr klein. Das Mädchen schon etwas älter. Diese traurige Momentaufnahme der zwei erstarrten kleinen Wesen im ewigen Eis brachten mich auf den Weg...

Doch die beiden erfrorenen Kinder waren nur der Auslöser. Der tiefere Grund für meinen Aufbruch war mein inneres Kind, das mich in diesem Augenblick rief. Ich hatte es vor vielen Jahren in einem völlig unspektakulären, aber umso traurigeren Moment verloren:

Als ich sechs Jahre alt war, lockte mich ein Mädchen aus der Nachbarschaft meiner Großmutter in das Schlafzimmer ihrer Eltern. In der Nachttischschublade hatte sie die Zeitungsausschnitte mit den Fotos einer schönen, jungen Frau gefunden.
»Das ist deine Mutter«, flüsterte mir das Nachbarkind zu. »Sie ist eine berühmte Malerin.«
Ich konnte selbst noch nicht lesen, so bat ich das ältere Mädchen darum, mir aus dem Leben meiner verschwundenen Mutter vorzulesen. Die verlorene Erinnerung an meine Mutter wurde im abgedunkelten Schlafzimmer unserer Nachbarn so wieder lebendig.
Als ich in die Schule ging, stellte ich mir oft vor, meine Mutter würde mich vom Schultor aus beobachten. Oder im Schulbus. Ich lebte mit ihr. Sie war Teil meines Lebens. Und ich war sicher, dass auch ich Teil ihres Lebens war. Bis zu jenem Tag…

In Österreich gab es damals zwei große Tageszeitungen. Den *Kurier* und die *Kronenzeitung*. In unserem Hause war man überzeugter Kurierleser und lehnte die Krone als Schundblatt ab. Ich war zwölf Jahre alt, als eines Tages die Kronenzeitung auf unserem Küchentisch lag. Aufgeschlagen unter der Rubrik »Adabei«, was ins Deutsche übersetzt »Auch dabei« heißt. Mein Blick fiel auf ein großes Bild meiner Mutter und ihres neuen Mannes, dem englischen Schauspieler David Cameron. Ihre Verbindung war von gewissem öffentlichem Interesse, weil David zuvor mit Hildegard Knef verheiratet gewesen war. In dieser Ehe hatte es irgendwann aufgehört, rote Rosen zu regnen, und nun schaute man auf die Nachfolgerin des deutschen Stars. Meine mir unbekannte Mutter war eine Art »It-Girl« ihrer Zeit: schön, begabt, aristokratisch und jederzeit für Skandale zu haben. Letzteres hatte ihr den Titel »Wildeste Gräfin Österreichs« eingebracht. Nun erwartete sie ein Kind. Das war die Botschaft der kleinen Schlagzeile.
»Ich bin schwanger!«, schwärmte meine Mutter im nachfolgenden Interview. »Und ich freue mich, endlich Mutter zu werden.«

»... endlich Mutter zu werden.« Ein seltsamer Moment. Ich, in dieser Wiener Altbauküche, die Kronenzeitung in der Hand. Und hier hatte ich es nun schwarz auf weiß: Es gab mich eigentlich gar nicht. Zumindest nicht für meine Mutter. Es war, als wäre alles um mich herum in Watte verpackt. Als würde dichter Nebel mich einhüllen. Ich wurde selbst zu Nebel. Ich löste mich in ihm auf. Es tat nicht mal weh. Es kostete keine einzige Träne. Die Mutter-Ikone stürzte von ihrem Sockel und zerschellte in tausend Stücke. Mit ihr starb auch mein inneres Kind. Es erfror nicht, es ertrank nicht, es löste sich einfach auf.

Als ich erwachsen war, waren schwangere Frauen für mich lange Zeit noch Wesen von einem anderen Stern. Ebenso Frauen mit Kinderwunsch. Berichtete eine Frau voller Freude: »Ich erwarte ein Kind«, spürte ich fast Verachtung in mir! Ich konnte mir bis zu Simons Geburt nicht vorstellen, selbst Kinder zu haben.

Die Bilder der beiden erfrorenen tibetischen Kinder im Fernsehen brachten mich unvermutet wieder in Kontakt mit mir selbst und meinem inneren verlorenen Kind.

Sie waren nicht in den tröstenden Armen ihrer Mutter gestorben, sondern ganz allein irgendwo im Nichts. Wie ferngesteuert machte ich mich auf den Weg. Ich musste »nachschauen gehen«. Ich besorgte mir den Auftrag, einen Film über tibetische Flüchtlingskinder zu drehen. Mein innerer Auftrag war es, mich selbst wieder einzusammeln.

Nie werde ich den Augenblick vergessen, als Chime, Dolkar, Dhondup und Little Pema vor mir im Nebel auftauchten. In ihnen begegnete ich den verlorenen Bruchstücken meiner Seele. Was in einer Wiener Altbauküche seinen Anfang nahm, endete im dichten Nebel an der Grenze zu Tibet. Jedes dieser Kinder schlug eine Brücke zu meinem inneren Kind. Und so wurde es wieder fühlbar für mich. Und ich selbst wurde im Laufe der Jahre fast wieder ganz. Zusammengesetzt mit vielen Narben, die nun ein Teil meiner Persönlichkeit sind. Die

Kraft kindlicher Freude, ungezügelter Begeisterung und Wut, Tiefe und Gottvertrauen kehren seitdem mit geblähten Segeln aus dem Eismeer wieder zu mir zurück.

Die Frau mit den einhundertacht Zöpfen ☾
Nepal, 15. April 2000

Der Abstieg vom Grenzpass war schwieriger als der Aufstieg! Zunächst ging es über ein riesiges Eisfeld bergab. Immer wieder stürzten wir. Selbst die Erwachsenen hatten große Schwierigkeiten, sich auf den Beinen zu halten. Ich musste ohne ihre Hilfe klarkommen. Also setzte ich mich zeitweise auf den Po und rutschte vorsichtig über das Eis hinab.

Irgendwann waren nicht nur meine Schuhe, sondern auch meine Hosen pitschnass. Nach dem Eis kam wieder der Schnee. Er war in Nepal noch tiefer als in Tibet! Ich versank darin bis zum Bauch.

Viel zu früh verschwand die Sonne hinter düsteren Wolken. Es wurde immer dunkler und dunkler. Und dann überraschte uns etwas, das ich noch nie in meinem Leben gesehen hatte: Nebel. Ich dachte: »Wir sind so hoch in den Bergen, dass wir jetzt durch Schneewolken gehen!«

Es war sehr unheimlich. Wir konnten kaum noch etwas sehen. Es wurde immer kälter. Meine Füße in den aufgeweichten Schuhen spürte ich kaum noch, die nasse Hose gefror an den Beinen. Ich bekam Angst vor der Nacht.

Plötzlich hörten wir Stimmen. Sie kamen von weiter unten. Aus Nepal. Doch wir konnten niemanden sehen. Onkel Nyima sagte, das seien Tibeter. Freunde. Wir waren alle sehr aufgeregt. Wenig später kamen uns zwei Tibeter und drei Westler entgegen.

Die Injis waren riesig, und ihre schwarzen Jacken waren so dick wie Matratzen! Einer der Männer trug eine Kamera.

Dicht dahinter entdeckte ich eine Frau mit einer langen Antenne und einem seltsamen Tierfell darauf. Sie rutschte immer wieder durch den Schnee ab. Doch ein zweiter, sehr großer Mann schob sie einfach weiter. So arbeiteten sie sich Schritt für Schritt durch den Schnee. Es war wie in einem Traum. Die Injis kamen aus einer anderen Welt. Aus welcher?

Als sie endlich bei uns angelangt waren, rief die Frau: »Tashi Delek!«, unseren tibetischen Gruß!

Und wie die Frauen aus Amdo trug sie ihr Haar zu 108 Zöpfen geflochten. Sie beugte sich zu mir herunter und gab mir einen Kuss auf die Stirn. In dem Moment dachte ich nur noch: »Amalaa ... Mutter«

Ein Yak aus dem Rheinland ☼
McLeod Ganj, 21. April 2011

»Bist du sicher?«, frage ich Chime verwundert, als ich ihre Notizen lese. »Sorry, aber ich kann mich nicht erinnern, dich auf die Stirn geküsst zu haben.«

»Doch! Ganz sicher! Du hast mich auf die Stirn geküsst.«

»Aber wir mussten doch eure Ankunft in Nepal filmen!«

»Nein, ihr habt nicht gefilmt. Erst hast du Onkel Nyima begrüßt, dann hast du mir einen Kuss auf die Stirn gegeben. Und dann habt ihr zu filmen begonnen.«

»Wie war das eigentlich für euch Kinder?«

»Was?«

»Dass Richy einfach die Kamera auf euch hielt. Dass wir euch filmten in der Situation. War das nicht seltsam?«

»Gar nicht! Wir hatten zu Hause in Lhasa ja auch einen Fernseher. Ich wusste sofort, was ihr tut. Ich wusste, ihr filmt uns, wie wir aus Tibet herauskommen. Mit deiner langen Antenne würden die Bilder direkt ins Fernsehen zu unserer Mutter übertragen.«

»Das war keine Antenne, Chime, das war eine Tonstange. Richy hat die Bilder gemacht, ich den Ton und Jörg das Licht.«

»Worüber ich mich wirklich wunderte, war deine Amdo-Frisur.«

»Meine 108 Zöpfe?«

»Ich dachte damals, du bist mit Big Pema verheiratet.«

»Ich würde nie einen Tibeter heiraten! Das gäbe Mord und Totschlag. Außerdem war ich damals mit Jörg zusammen.«

»Wieso ›warst‹? Was soll das heißen?«

»Das ist jetzt nicht das Thema, Chime. Wir sind im Augenblick dabei, unsere erste Begegnung im Himalaya zu rekonstruieren.«

»Wir Kinder mochten Yak von Anfang an sehr. Wir lieben Yak noch heute wie einen Vater.«

»Jö-rrrr-g. Du kannst nicht mal seinen Namen richtig aussprechen.«

»Deinen konnte ich auch lange nicht aussprechen, Ma-rrr-ia.«

»Okay, Chime: Was genau ist jetzt dein Problem?«

»Mein Problem!?! Dein Problem!!! Es gibt Gerüchte in Delhi. Tamding hat erzählt, dass du dich von Yak getrennt hast.«

»Jörg und ich waren nie ein klassisches Paar. Auch damals nicht. Wir haben uns nach den Dreharbeiten sogar getrennt. Dann kamen wir wieder zusammen. Dann haben wir uns wieder getrennt ...«

»Aber ihr habt Simon! Und ihr habt sechs tibetische Patenkinder.«

»Das stimmt, Chime. Und für alle unsere Kinder sorgen wir auch gemeinsam. Und Jörgs Eltern helfen uns dabei. Schon seit elf Jahren halten wir wie eine Familie zusammen. Jörg und ich sind sehr gut miteinander befreundet. Wollen wir jetzt vielleicht weiter über die Flucht reden?«

»Es gibt noch mehr Gerüchte aus Delhi.«

»Oh Gott.« Ich sinke in mich zusammen.

»Lakhpa sagt ...«

»Was sagt Lakhpa?«
»Sie sagt ... es gibt einen neuen Mann.«
»Ich habe keine Lust, jetzt darüber zu sprechen.«
»Ist das dieser ›Bussi, Bussi, ich liebe dich‹?«
»Wie bitte!?!«
»Jeden Abend telefonierst du mit Yak und mit Simon. In unserem Zimmer. Danach gehst du mit *meinem* Handy nochmal hinaus auf die Terrasse, um weiterzutelefonieren. Stundenlang. Und wenn Tenpa mich anruft, drückst du ihn einfach weg.«
Betretenes Schweigen in meiner Betthälfte.
»Mit wem telefonierst du jeden Abend so lange?«, bohrt Chime gnadenlos weiter.
»Ist das jetzt hier ein Verhör? Ich hatte so was schon mal. Allerdings auf einer chinesischen Polizeistation.«
»Nein, Maria. Es ist ein Gespräch. Ein Gespräch zwischen zwei erwachsenen Frauen.«
Ich strecke die Waffen, ich gebe jeden weiteren Widerstand auf, irgendwann musste es ja ans Licht kommen.
»Ja, Chime. Es gibt da jemanden ... in meinem Leben.«

So. Das muss die Kleine jetzt erst mal verdauen. Außerdem habe ich genug gesagt. Ich bin hundemüde und würde jetzt echt gerne schlafen! Demonstrativ drehe ich mich in unserem Ehebett zur anderen Seite.
Und gerate ins Grübeln ...
Als junge Klosterschülerin der Dominikanerinnen habe ich von einer Hochzeit in einem weißen Brautkleid geträumt. Und einer Blumenkrone im Haar. Bei einem Menschen ganz anzukommen, erschien mir das größte Glück auf Erden zu sein. Jörg und ich haben diesen Schritt nicht geschafft. Als ich gern vor den Altar wollte, wollte er nicht. Und als er endlich wollte, wollte ich nicht mehr. So haben wir beschlossen, zumindest ein gutes Elternpaar für unseren Sohn zu sein und unsere Verantwortung für die sechs tibetischen Kinder gemeinsam zu tragen.

Die Sehnsucht der kleinen Klosterschülerin nach der großen Liebe wurde schließlich doch noch erfüllt. Mein Ostfriese kam ziemlich spät, knapp vor der Sperrstunde, kurz vor dem Krückstock. Er kam erst in dem Moment, als ich meine hartnäckige Angst vor Erfüllung in einer Art Seebestattung endlich dem Meer übergab und mich bereit erklärte, glücklich zu sein. Auch dafür braucht es bisweilen Mut. Vor allem, wenn das Objekt der Liebe ein zwei Meter großer Wikinger ist.

Chime ist bitter enttäuscht. Auch Simon ist traurig. Jörg hat es ihm erst vor wenigen Wochen erklärt: Mama hat jetzt einen neuen Mann.

»Es wird sich nichts ändern, Chime«, murmle ich noch unter der von Nachtfaltern gefährlich umschwärmten Glühbirne, »weder für Simon, noch für euch Sechs.«

Wiedersehen mit einem Freund ☾
Nepal, 15. April 2000

An der Hand der Injis stiegen wir durch eine riesige Gletschermoräne ab. Nun hatten wir keine Angst mehr vor der chinesischen Polizei. Wir mussten uns nicht mehr vor ihnen verstecken. Im hellen Lichtkegel unserer Taschenlampen huschten wir durch die vertraute Nacht. Jedes der Kinder versuchte, an Marias Hand ranzukommen. Jeder wollte an ihrer Seite gehen. Es war sehr aufregend. Sie war die erste Frau, der wir seit vielen Tagen begegnet waren. Das Gehen fiel an ihrer Seite so leicht! Seit Tagen hatten wir nichts Heißes mehr gegessen.

Die Injis brachten uns zu ihrem Lager. Sie hatten es in der Umfriedung einer Sherpahütte errichtet. Diese Hütte war die erste menschliche Behausung, die wir nach der Passüberquerung sahen. Als wir ankamen, stieg Rauch aus dem Schornstein. Es war keine Halluzination: Hier lebten wirklich ganz echte Menschen!

Kurze Zeit später hockten wir alle um ein Feuer herum, auf dem ein riesiger Suppentopf stand. Eine zierliche Sherpafrau stampfte Chili. Ihr Mann reichte den Männern eine Flasche mit Schnaps. Bald war die Nacht von ihren derben Witzen und Gesängen erfüllt.

Die kleine Steinhütte war zweistöckig. Oben lebten die Menschen, unten im Stall standen die Yaks. Es gab nur diese Feuerstelle zum Kochen, Stroh zum Schlafen und ein Loch im Boden zum Pipimachen. Erst jetzt bemerkte ich Tamding. Ich hatte ihn schon im Schnee gesehen, doch nun erst nahm ich ihn richtig wahr. Er kam gerade von der Pinkelöffnung zurück und stand plötzlich vor mir.

»Hey, ich kenne dich doch!«, rief ich.

Tamding lachte: »Ich kenne dich auch!«

Wir waren einander in Tibet begegnet, und ich konnte mich sehr gut an ihn erinnern. Tamding hatte allein, ohne seine Eltern, in Lhasa gelebt. Er wohnte in unserer Straße im Laden einer tibetischen Frau und half beim Verkauf von Nudeln und Zigaretten. Manchmal kaufte ich sogar bei ihm ein. Ich fand seinen Amdo-Dialekt so lustig. Und sein langes, struppiges Haar, das nun geschoren war.

Irgendwann war Tamding aus diesem Laden verschwunden. Wenige Wochen später, als ich meine Mutter auf den Großmarkt begleitete, sah ich ihn wieder. Er saß vor einem riesigen Kanister und pumpte für seine Kundschaft Öl in kleine Flaschen. Er zwinkerte mir zu. Und ich winkte zurück. Es war nur eine sehr kurze Begegnung gewesen.

Wie schön es war, in der Fremde einen Freund aus der Heimat wiederzufinden!

»Wohnst du jetzt hier in der Hütte?«, fragte ich ihn. Lachend schüttelte Tamding den Kopf. »Ich gehe nach Indien! Genauso wie ihr.«

Bei seinem ersten Versuch, aus Tibet zu fliehen, war Tamdings Flüchtlingsgruppe verhaftet worden. Nahe der Stadt Shigatse wurde er als kleiner, zehnjähriger Junge mit den

Erwachsenen in ein chinesisches Gefängnis gebracht. Die Polizisten schlugen seine Weggefährten. Als Kind blieb Tamding bei den Verhören von ihren Schlägen verschont. Mutig schwieg er. Er verriet weder den Namen seines Fluchthelfers noch den seiner Eltern. Die Polizisten hielten ihn für ein schmutziges tibetisches Straßenkind.

Nach sieben Tagen Gefängnis ließen sie Tamding und seine Weggefährten laufen. Tamding reiste nach Lhasa zurück, um auf eine neue Chance zu warten, über den Himalaya nach Indien zu fliehen.

Als Tamding mir seine abenteuerliche Geschichte erzählte, bewunderte ich ihn. Er war nur ein Jahr älter als ich und hatte schon so viel erlebt! So einen großen, tapferen Bruder hatte ich mir schon immer gewünscht.

Nach dem Essen war es Zeit, schlafen zu gehen. Tamding brachte uns Kinder zu einem der Zelte. Er kannte sich bereits aus und öffnete fachmännisch die Reißverschlüsse: »Ihr müsst die Schuhe ausziehen«, sagte er und schlüpfte als Erster hinein. Neugierig folgten wir ihm.

Im Zelt lagen drei Schlafsäcke für uns Kinder bereit. Ich nahm Dolkar zu mir. Dhondup musste seinen mit Little Pema teilen. Tamding beanspruchte einen ganzen Schlafsack für sich. Er hatte einen Tag Vorsprung und nutzte ihn. Vom ersten Moment an war klar, wer hier der Boss war.

22. April 2011: 300 Mönche des Klosters Kirti gewaltsam entführt – zwei Tibeter zu Tode geprügelt
++
Die chinesischen Sicherheitskräfte haben in dem belagerten Kloster Kirti in Ngaba in der Provinz Sichuan mehr als 300 tibetische Mönche festgenommen und sie in Bussen abtransportiert. Die dort ansässigen Tibeter, die den Mönchen helfen wollten, wurden von den Sicherheitskräften brutal zusammengeschlagen. Zwei Personen, ein älterer Mann und eine Frau, wurden dabei getötet.[7]

Zwölf Paradiesvögel und zwei Cappuccinos mit Milchschaum ☼
Lower Dharamsala, 22. April 2011

»Wann werden wir endlich das Rückreisevisum für meine tibetische Patentochter bekommen? Wir warten jetzt seit zehn Tagen darauf! Wir haben alle nötigen Papiere gebracht! Wir haben jeden Tag mehrere Stunden vor Ihrem Office gewartet! Wann werden Sie endlich Ihren Stempel auf dieses Papier setzen?«

Etwas zu ängstlich für meinen Geschmack übersetzt Chime im FRO meine Fragen ins Hindi. Heute ist Freitag, der 22. April. In drei Tagen geht mein Rückflug nach Köln.

Chime wird zwei Wochen später nachkommen, da sie nach Erhalt des Rückreisevisums noch einen so genannten Exit Permit beantragen muss. Nach meiner Abreise wird dieser ... grrr ... Tenpa aus Delhi anreisen und meinen Platz im OM-Hotel einnehmen. Ich baue auf seine Unterstützung bei den weiteren Behördengängen.

Ob Chime und ihr »Schulfreund« eigentlich verhüten? Dieses Thema sollte ich heute Abend unbedingt ansprechen. Im Kinderdorf wurde darüber mit hoher Wahrscheinlichkeit nicht referiert. Ein »gefallenes Mädchen« verlässt das Kinderdorf, sobald die Folgen ihrer ungeschützten Liebe nicht mehr zu übersehen sind. Eine Zeit lang tuschelt man dann noch hinter vorgehaltener Hand über den Vorfall, heilfroh, nicht selbst betroffen zu sein. Der Erzeuger bleibt grundsätzlich ungenannt und kommt ungeschoren davon. Das Mädchen findet bestenfalls einen Job als Kellnerin oder Putzfrau. Ihr Kind wird später auch in einem tibetischen Kinderdorf aufgezogen – und im entscheidenden Moment hoffentlich besser aufgeklärt sein als seine Mutter.

Würde Chime von Tenpa ein Baby bekommen, hätte ich ein siebtes Patenkind an der Backe. Das möchte ich mir gern ersparen. Heute Abend wird endlich Klartext gesprochen.

Nun aber zurück zu unserem verbeamteten Ignoranten hinter seiner Panzerglasscheiben-Atrappe. Bekomme ich jetzt verdammt noch mal meinen Stempel? Wir haben mittlerweile 5000 Rupien in die Taxifahrten zum FRO investiert! Mein Reisebüro musste bereits zweimal unsere Deutschland-Flüge umbuchen. Ich habe zwei Folgen »Germany's Next Topmodel« versäumt. Und übermorgen ist Ostern! Ich werde keine bunten Eier für Simon verstecken, nur weil sich dieser Typ einen Spaß daraus macht, uns zappeln zu lassen. Oder weil er seit Tagen auf einen lukrativen Handschmeichler wartet? No way! Ich werfe mein Geld nicht in menschliche Abgründe! Ich nehme nicht teil an euren korrupten Geschäften!

Mit dieser Haltung jedoch bin ich hier offenbar wenig erfolgreich: Wieder werden wir auf die Wartebank verwiesen. Da verliere ich meine Beherrschung:

»Wie kann es sein, dass ein Land, das einen Mahatma Gandhi hervorgebracht hat, solche Aasgeier auf die Chefsessel der Behörden platziert?!«

Mein empörter Aufschrei hat Folgen. Binnen weniger Sekunden bin ich von drei Polizisten umzingelt: »What happened? Something wrong with you?« Die Tibeter in der Warteschlange schauen uns mit erschrockenen Augen an.

Chime läuft knallrot an vor Scham. Sie kennt meine Anfälle und weiß: Dies ist nur der harmlose Anfang. Erschrocken greift sie nach meiner Hand: »Bitte, Maria! Bitte, geh in den Garten! Maria, bitte! Du musst jetzt ganz schnell weg von hier!«

An grinsenden Polizisten und kichernden Tibetern vorbei zieht mich Chime aus der Gefahrenzone in den Vorgarten des Amtes: »Du bleibst jetzt hier und ruhst dich aus.« Sie spricht, als sei ich Patientin einer psychiatrischen Abteilung. »Ich gehe rein und regle das jetzt allein.«

Kaum ist sie weg, lasse ich meinen grenzenlosen Hass auf diesen Mann an den frühzeitig ergrauten Pappeln des FRO aus. Ich trete mit meinen Flip-Flops dagegen, bis meine Zehen blau sind. Woher nimmt dieser selbst ernannte Provinzdiktator das Recht, mir, Freifrau Maria von Blumencron, kostbare

Lebenszeit zu stehlen? Längst könnten Chime und ich in Deutschland sein! Bei Simon!

Erschöpft lasse ich mich im Schatten des armen Baumes nieder und lehne meine vom Dauerfieber erhitzte Stirn gegen den Stamm, der für das alles doch wirklich nichts kann. Wie schön, wie unsagbar schön und erfüllend wäre unser Leben mit dem Stempel auf Chimes Rückreisevisum!

Jeden Abend würde uns Simon aus »Gregs Tagebuch« vorlesen. Wie gut täte es, seiner entzückenden Stimme und seinem von mir so geliebten S-Fehler zu lauschen, anstatt dem Geräusch der Moskitos, die abends an unseren Lampen im OM verschmoren. Wie erholsam wäre es, endlich wieder mein Klappbett für mich allein zu haben, statt das Lager mit meiner nachtaktiven Patentochter zu teilen! Wie wunderbar die Vorstellung, meine Augen zu schließen, sobald unsere lichtscheue Welsin im Aquarium erwacht und ihre anmutigen Kreise durch das dunkle Wasser des Oktogons zieht.

Jeden Morgen würde ich meine Familie mit ofenwarmen Marzipancroissants überraschen. Danach würden Chime und ich auf Klapprollern durch den erblühenden Stadtgarten zu meinem Büro fahren. Über unsere Köpfe hinweg flögen zwölf Paradiesvögel, die nachts aus dem Kölner Zoo ausgebrochen sind. Im schönsten »Schreibknast« des Rheinlandes wäre dann endlich Ruhe und Raum für unser Buch. Die drei silbernen Schalen neben meinem Computer würden wir täglich mit frischem Wasser füllen, um die Musen zu unseren Gesprächen zu laden. Zu Mittag holte ich zwei »Coffee to Go« vom Büdchen. Einen mit Karamellaroma, den anderen mit Milchschaum. Am Sonntag würde ich Chime den Dom zeigen und ihr all die schrecklichen Märtyrergeschichten erzählen, die ich als Kind gehört habe.

»Wer hat denn euren Gott an ein Kreuz genagelt?«, würde Chime mich schockiert fragen.

»Jene, die Angst haben, zu lieben«, würde ich antworten und mich unglaublich weise fühlen. Und wenn dann abends die Sonne blutrot in den grünen Auen versinkt, würden wir zusammen mit Simon eine Sandburg am Rhein bauen und sie mit schmutzigen Muscheln verzieren ...

Ziemlich unsensibel werde ich wachgerüttelt. Oh Gott, wie spät ist es? Ich muss unter dem Baum eingeschlafen sein. Verdammt noch mal, was soll dieses Papier vor meiner Nase?
»Mein Rückreisevisum!«, jubelt Chime. »Ich hab es! Ich habe es endlich bekommen!«
Ich reibe mir die Augen. Tatsächlich! Ein Stempel auf einem Papier. Die Sonne steht schon ganz tief. Ich bin sprachlos.
Aufgeregt erzählt Chime von ihrem Erfolg: »Nachdem du weg warst, habe ich einem anderen Officer in dem Büro erzählt, dass du dringend zu deinem Kind nach Deutschland zurückmusst. Dass dein Kind schon ganz traurig ist und auf dich wartet. Und dass morgen Eiertag ist.«
»Ostern.«
»Was?«
»Ostern! Egal, vergiss es. Und dann?«
»Darauf hat er es unserem Officer erzählt.«
»Und dann?«
»Hat mich unser Officer aus dem Büro rausgeschickt. Auf die Wartebank. Dort habe ich erst mal gewartet. Und gewartet. Und plötzlich hat mich der andere Officer hereingerufen, damit ich mein Rückreisevisum abhole.«
»Und es ist auch wirklich gestempelt?«
»Ja. Er hat es auch wirklich gestempelt.«

Tränen steigen mir in die Augen, als ich diesen kleinen Zettel, der uns so viel Mühe und Nerven gekostet hat, in meinen Händen halte. Ich spüre plötzlich sogar einen Hauch von Sympathie für unseren »Gott mit dem Stempel«.
Er spricht weder Deutsch noch Englisch. Vielleicht ist er sogar Analphabet? Wie auch immer. Eine Sprache hat er offensichtlich am Schluss verstanden: die Sprache der Liebe.

Unsere »new family« im Sommer 2005 bei einer Reise an die tibetische Grenze

Seit den Aufständen in Tibet 2008 kommen nur noch vereinzelt Flüchtlinge über die Grenze. Die Zeit der Karawanen ist vorbei.

Nur selten begleiten die Eltern ihre Kinder ins Exil. Meist bleiben sie in Tibet bei ihren Großfamilien zurück.

Sieben Jahre nach seiner Flucht sieht Dhondup seine Mutter wieder.

Im März 2000 machte sich Maria von der nepalesischen Seite des Himalaya aus für ihre Dokumentation auf die Suche nach tibetischen Flüchtlingskindern.

Am 15. April 2000 trafen wir einander an der Grenze zu Tibet.

Tamding und Dhondup
2000 auf ihrer Flucht

Little Pema und Jörg beim Abstieg
von der tibetischen Grenze. Beide
total erschöpft

Dolkar, Dhondup und ich am 12. Tag unserer Flucht

Mai 2000: Jetsun Pema, die Schwester des Dalai Lama, empfängt uns im tibetischen SOS-Kinderdorf von Dharamsala, unserer neuen Heimat.

Little Pema hatte anfangs die größten Schwierigkeiten in ihrem neuen Exil-Leben.

Sommer 2005: Im Kinderdorf nannten uns alle »The Six«.

Dhondup und ich in der Schule beim Lernen. Wir beide hatten immer eine besondere Nähe.

Mit meinem Wechsel auf die Eliteschule kamen die Depressionen.

Maria mit ihren nachtaktiven Patentöchtern Pema, Dolkar und mir (von rechts nach links)

2007: gemeinsam auf Ferienreise in Nepal

Von rechts nach links: Brother Jan, Dolkar und ich

– 152 –

Unsere Geschichte soll auch anderen tibetischen Kindern helfen. Maria vor dem Rohbau des ersten Shelter108-Kinderhauses

Unser Shelter108-Mitarbeiter Michael mit mir, Pema und seinen Patentöchtern (von links nach rechts)

Marias Sohn, Simon, mit seinen großen tibetischen Geschwistern

Im Januar 2009 stiegen Maria, Dhondup, Tamding, Dolkar, Pema und Lakhpa von der nepalesischen Seite des Himalaya aus hoch zur Grenze Tibets. Ich musste als Einzige in meiner Schule zum Lernen zurückbleiben. (Auf dem 5720 Meter hohen Nangpa La hisst Dhondup eine Gebetsfahne.)

Unsere schöne Dolkar

Die Sonne Tibets in Lakphas Gesicht

Tamding strahlt. Wie immer

Schon immer war Dhondup etwas Besonderes.

Wir teilten unsere Tränen – und unser Lachen.

Legt euch bloß nicht mit Little Pema an!

1968: Maria und ihre Mutter, kurz bevor diese die Familie für immer verließ

Vierzig Jahre später: Maria und Simon

Das bin ich nach unserer
Flucht im Mai 2000...

...und elf Jahre später nach
meinem Abitur.

»The Six« und Maria im Januar 2011

Dolkars Tränen ☾
Nepal, 16. April 2000

Auf unserem Weg durch »die lange Nacht«, durch Eis und Geröll, durch Wüsten und den reißenden Fluss, im Kampf gegen Kälte und Hunger hatten wir unsere Trauer vergessen. Vor lauter Erschöpfung waren die Tränen um unsere Mütter und Väter versiegt. Als wir den Grenzpass erreichten, ließen wir sie in Tibet zurück. Mit einer einzigen Frage riss Maria unsere schlecht verheilten Wunden wieder auf: »Vermisst du deine Mama?«

Sie fragte es jeden von uns. Keiner blieb von dieser Frage verschont. Mit aller Wucht kehrten die schmerzhaften Erinnerungen zurück.

Dabei hatte dieser Tag so friedlich begonnen. Die Sonne schien, und Tamding zeigte uns Tanzschritte aus Amdo. Zu Mittag gab es süßen Tee und Kekse mit Schokolade. Um uns herum war nur Heiterkeit. Wie ein plötzliches Unwetter brachen Marias Fragen über diese schöne Idylle herein: »Was haben deine Eltern zum Abschied gesagt? Warum konntest du dich nicht mehr von deinem Vater verabschieden?«

Dolkar begann sofort zu weinen. Dhondup und Little Pema mit etwas Verzögerung. Nur ich weinte nicht. Denn Richy hielt seine Kamera direkt auf uns Kinder gerichtet. Und ich war davon überzeugt, Marias Tonstange sei eine Antenne, mit der unsere Tränen in die Fernseher von Lhasa geschickt wurden. Ich musste unbedingt vermeiden, dass uns unsere Mutter live auf dem Bildschirm weinen sah!

Ich rempelte Dolkar unsanft in ihre Seite: »Besser, du weinst jetzt nicht. Was glaubst du, was los ist, wenn unsere Mama das sieht.«

Da begann Dolkar noch mehr zu weinen. Sie war nicht mehr zu bremsen. Maria auch nicht. Sie stellte noch mehr Fragen. Und mit ihnen flossen noch mehr Tränen.

Heute verstehe ich, dass ihre Tränen gut für unseren Film waren. Meine weinende Schwester machte den Film sogar richtig berühmt. Er wurde überall auf der Welt gezeigt. Und Tausende von Menschen mussten sich fragen: »Wenn eine Mutter so ein kleines Mädchen fortschickt, dann müssen die Tibeter sehr unter der chinesischen Regierung leiden. Oder?«

Die Tränen eines Kindes werden weltweit verstanden. Über alle Grenzen und Sprachen hinweg, jenseits aller politischen Überzeugungen und gesellschaftlichen Schichten. An diesem weinenden kleinen Mädchen in ihrem gelben Fleeceanzug konnte niemand länger vorbeischauen.

Auch das Herz unseres indischen Officers war nur mit einem einzigen Argument zu erweichen gewesen: Die Inji-Frau hat in Deutschland ein kleines Kind! Heute ist Eiertag, und es weint vor Sehnsucht nach seiner Mutter!

Unbewusst habe ich im FRO mit einer ähnlichen Waffe gearbeitet wie Maria damals mit ihren Fragen. Wir Kinder waren Maria auch später nie böse, dass sie uns mit ihren Fragen zum Weinen gebracht hatte. Natürlich hätten wir an diesem Tag lieber ungestört weiter in der Sonne Abto gespielt. Aber so ist es nun mal mit Maria. Es gibt nie eine stressfreie Zone. Von Anfang an gab es die nicht. Aber egal, wir haben einfach am nächsten Tag weitergespielt.

Spoon-feeding ☀
McLeod Ganj, 23. April 2011

Wütend hackt Chime ihren Gemüseburger mit einem Kaffeelöffel klein. Im Kinderdorf wird nur mit Stäbchen und Löffeln hantiert. Höchste Zeit, meiner Patentochter ordentliche Tischmanieren beizubringen. In Deutschland erwarten uns mehrere Dinner-Enladungen und Empfänge. Die können wir nicht mit Löffel und Zahnstocher bestreiten.

Der Begriff »spoon-feeding« hat in den Tibetischen Kinderdörfern aber durchaus noch eine tiefere Bedeutung. Immer wieder begegnet man ihm im Kreise junger Schulabgänger, die ihre Kindheit im TCV reflektieren. Die Institution hat sie Tag für Tag zuverlässig gefüttert. Hat für sie gedacht. Hat von morgens bis abends ihr Leben geregelt. Nichts wurde hinterfragt. Auch nicht, woher der Segen, täglich versorgt und und unterrichtet zu werden, eigentlich kommt.

TCV-Abgängern fehlt oft die Empathie, der innere Antrieb, die Eigenständigkeit, ihr Leben selbst zu gestalten. Ein wichtiger Schritt für alle Charity-Organisationen, die mit den Tibetischen Kinderdörfern zusammenarbeiten, wird es in Zukunft sein, gesponserte Tibeter zu selbstständigen Partnern zu erziehen. Sie mehr in ihre Eigenverantwortung zu bringen.

»Der liebe Gott füttert seine Erdenkinder auch nicht mit dem Löffel«, habe ich meinen sechs Patenkindern immer wieder erklärt. »Er hat uns hier auf Erden den schönsten Spielplatz geschenkt. Vermutlich schickt er uns auch seinen Segen. Er lässt die Sonne scheinen und lässt es regnen. Er freut sich, wenn wir Spaß an seinem Geschenk haben. Doch unser Glück müssen wir schon selbst gestalten.«

Ich hoffe, sie haben verstanden, wovon ich eigentlich rede.

»Willst du eigentlich immer noch Schauspielerin werden?«, frage ich jetzt Chime, nachdem sie ihren zerhackten Burger verdrückt hat. Resigniert schüttelt sie den Kopf:

»Was sollte ich schon in Bollywood spielen? Die indischen Schauspielerinnen sind viel schöner und talentierter als ich. Ich denke aber gerade über Psychologie nach. Es gibt keine Psychotherapeuten in der tibetischen Gemeinschaft. Ich wäre die Erste! Bei dir haben wir gelernt, über unsere Gefühle zu sprechen. Und sie auch zu zeigen. Viele Kinder haben noch schlimmere Geschichten erlebt als ich. Aber sie können es niemandem erzählen.«

Chimes Idee berührt mich. Sie hat Recht. Aber nicht nur die Kinder im Exil bräuchten professionelle Unterstützung, um ihre Traumata zu verarbeiten. Auch viele Erwachsene. Vor allem jene, die aus ihrer tief verinnerlichten Opferrolle nicht mehr herauskommen. Nur der Dalai Lama muss nicht auf die Couch! Da bin ich mir sicher. Er gehört zu den wenigen Menschen auf dieser Erde, die keinen Therapeuten mehr brauchen.

Der Buddhismus lehrt, die Anhaftung an irdische Güter zu überwinden, ebenso die zu enge Anbindung an Menschen. Für mich gilt das auch für erlebtes Leid. Irgendwann ist es für jedes Opfer Zeit, von seinem Unglück Abschied zu nehmen.

Dass die sechs Kinder die Trennung von ihren Eltern so gut verarbeiten konnten, haben sie ihrer selbst geformten Familienstruktur zu verdanken. Mit ihrer geschwisterlichen Verbundenheit zueinander. Auch wenn es manchmal gewaltig in den Scharnieren knirscht, wie in jeder guten Familie.

»Chime, es wird Zeit, Lakhpa in deine Geschichte zu holen. Noch sind *The Six* nicht komplett in deiner Erzählung.«
»Ich bin momentan nicht gut auf Lakhpa zu sprechen.«
»Ach so? Was ist denn passiert?«
»Sie hat Tenpa geschlagen.«
»Nein! Unsere Lakhpa???«
»Tenpa hat sich gestern mit Tamding gestritten. Da ist Lakhpa dazwischengegangen und hat Tenpa verprügelt!«
»Oje! Aber etwas in dieser Art war zu erwarten.«
»Was soll das denn jetzt heißen?!«, fragt Chime, sofort zu Tode beleidigt.

»Ihr Sechs seid so eng miteinander verbunden. Jeder, der von außen in euren Kreis hineinmöchte, wird erst mal geteert und gefedert. Was würdest du tun, wenn Dhondup plötzlich mit einem Mädchen auftauchte?«
»Ich würde sie natürlich abgrundtief hassen.«
»Genau diesen Hass bekommt jetzt dein Tenpa zu spüren. Die anderen fünf haben Angst, dass Tenpa euer stabiles Ge-

füge durcheinanderbringt. Außerdem hätten sie lieber Rabgy an deiner Seite gesehen.«
»Rabgy?!? Vergiss es!!!«

Tenzin Rabgyal, von uns kurz »Rabgy« genannt, war siebzehn Jahre alt, als ich ihn im März 2007 bei einem meiner Grenzgänge im Himalaya fand. Schwer unterkühlt und mit erfrorenen Fingern. Gemeinsam mit vier Freunden hatte er Tibet verlassen, um im Exil tibetische Medizin zu studieren.

Sehe ich diesen jungen Mann vor mir, gerate ich unwillkürlich ins Schwärmen. Rabgy ist intelligent, sieht blendend aus und stammt aus einer sehr guten Familie. Er hat bereits in Tibet eine fundierte Schulausbildung genossen und verfügt über tadellose Manieren! Im Übrigen auch bei Tisch. Mit einem Wort: ein Traummann. Nicht für mich, sondern für eines meiner vier Mädchen. So dachte ich jedenfalls damals.

Nach seiner Einschulung in Dharamsala vor vier Jahren habe ich den perfekten Schwiegersohn schnellstens mit meinen vier Mädchen zusammengebracht. Der Funke sprang über. In Richtung Chime. Aber er sprang nicht zurück. Ich konnte es einfach nicht fassen! In der Zwischenzeit hatte ich Rabgy sogar Top-Sponsoren an die Seite gestellt. Die besten und liebenswertesten, die ich in Österreich finden konnte! Auch seine Zukunft war in trockenen Tüchern. Aber so etwas interessiert meine Chime ja nicht.

»Was hast du gegen ihn?«, fragte ich sie. »Rabgy ist ein Sechser im Lotto!«
»Ein was?!«
»Warum hast du dem armen Jungen nie eine Chance gegeben? Er wartet noch immer auf dich!«
»Vergiss es. Er ist nichts für mich.«
»Aber er kann auch hervorragend singen!«
»Singen«, sagt sie ohne Ton und sieht mich befremdet an.

Egal. Ich will das jetzt hier nicht weiter ausführen. Man kann niemanden zu seinem Glück zwingen. Und seine Kinder

schon gar nicht. Trotzdem starte ich einen letzten Versuch: »Rabgy würde auch gut in das Bild unserer Familie passen. Tamding und Lakhpa sind bestens mit ihm befreundet.«
»Das ist trotzdem kein Grund, Tenpa zu verprügeln.«
»Lakhpa hat deinen Freund nicht verprügelt. Sie hat ihm bestenfalls eine gescheuert.«
»Sie hat Hände wie Baseballschläger!«
»Schluss jetzt mit diesem Kindergarten! Um drei Uhr erwartet uns Michael am Bus-Stand. Du hast also noch genau zwei Stunden Zeit, um endlich Lakhpa in deiner Geschichte einzuführen. Ich bitte dich, Chime – nein, ich WARNE DICH: Schreib nett über deine älteste Exilschwester. Die Überschrift des Kapitels könnte zum Beispiel lauten ›Wie unsere liebe Lakhpa in unser Leben kam‹.«

Wie unser lieber Dhondup 5 Yuan mit uns teilte ☾
Nepal, 16. April 2000

Dhondup hatte schrecklich schmutzige Socken auf der Flucht. Ursprünglich mochten sie vielleicht weiß gewesen sein, bestenfalls beige. Nach zehn Tagen Fußmarsch waren sie schwarz und stanken entsetzlich. Doch dann zauberte er einen kleinen Schatz aus den dreckigen Dingern hervor: fünf Yuan!

Sein geliebter Vater hatte ihm den Schein mit auf die Reise gegeben. Und da wir unter den Sternen beschlossen hatten, für immer zusammenzubleiben, musste Dhondup die fünf Yuan nun mit uns teilen.

In der Zwischenzeit hatten wir mitbekommen, dass die Sherpas, in deren Umfriedung die Zelte der Injis standen, gar nicht so arm waren, wie es auf den ersten Blick schien. Ihre Hütte lag direkt an der wichtigsten Fluchtroute der

Tibeter. Sie war die erste menschliche Behausung nach der schwierigen Passüberquerung. Und das alte Pärchen fütterte die ausgehungerten Flüchtlinge bestimmt nicht umsonst mit Thukpa und Yakfleisch. Sie verkauften auch Schnaps, Süßigkeiten und Wai-Wai-Nudeln. Dolkar und ich aßen diese chinesischen Chilinudeln am liebsten roh. Dann waren sie nicht nur würzig, sondern auch knusprig.

Dhondup war schnell davon zu überzeugen, seine fünf Yuan in Wai-Wai-Nudeln zu investieren. Zum Glück nahm die Sherpafrau den schmutzigen Geldschein überhaupt an. Er war schon ganz schwarz, mit einem weißen Schweißrand und einem großen Guckloch in der Mitte. Wir verzogen uns mit unseren Wai-Wais hinter das Haus. Heimlich schmecken rohe Nudeln nämlich noch besser.

An diesem Abend konnte ich nicht einschlafen. Die Geldscheine, die meine Mutter in meine Strumpfhose eingenäht hatte, kratzten nicht nur an meinem Bein, sondern auch an meinem Gewissen. Hätten Dolkar und ich unser Geld nicht auch mit Dhondup und Pema teilen müssen? Doch Amala hatte mir aufgetragen, die Scheine erst nach unserer Ankunft in Indien aus der Strumpfhose zu holen. Und so ließ ich sie erst einmal dort, wo sie waren.

Am nächsten Morgen brachen die Injis ihre Zelte ab. Es war Zeit, weiterzugehen. Seit Maria und Yak bei uns waren, beachtete ich Onkel Nyima nicht mehr. Ich war wütend auf ihn. Der Berg, hinter dem meine Mutter auf mich warten sollte, war seit dem Überschreiten der Grenze verschwunden. Einfach weg!

Lange habe ich Onkel Nyima diese Notlüge, mit der er uns Kinder in den ersten schwierigen Tagen der Flucht zum Weitergehen motivierte, nicht verziehen. Den ganzen Abstieg über sprach ich nicht mehr mit ihm. Ich hatte jetzt zwei neue Beschützer: Yak und Maria.

Onkel Nyima spürte meine Enttäuschung. Und ichglaube, es schmerzte ihn. Immer wieder versuchte er mich mit kleinen Späßen aus der Reserve zu locken. Doch ich blieb verschlossen.

Unser Star war jetzt Maria. Wir Kinder rissen uns darum, an ihrer Hand gehen zu dürfen! Tamding und ich hatten dabei als Älteste aber gar keine Chance. Little Pema war Dauergast an Marias Hand. Die andere Hand teilten sich Dolkar und Dhondup. Also versuchte ich, wenigstens während einer Rast in ihre Nähe zu kommen. Doch kaum hatten wir uns in einer windgeschützten Mulde niedergelassen, kletterte Little Pema auf ihren Schoß und war von dort nicht mehr wegzubekommen.

Auch Dhondup wurde allmählich sauer deswegen. Er schoss mit kleinen Steinen nach Little Pema, worauf Onkel Nyima ihn mit aller Schärfe zurechtwies: »Lass sie! Was fällt dir ein? Sie ist die Kleinste von euch!«

»Sie ist die Älteste«, flüsterte Dhondup mir zu. »Schau doch! Sie hat gar keine Zähne im Mund.«

Von diesem Tag an nannten wir Little Pema zum Spaß nur noch »Morto«, alte Frau. Das gefiel ihr natürlich gar nicht. Umso mehr hieß es: »Morto, Morto!«

Heute noch ärgern wir sie mit ihrem alten Spitznamen. Doch in letzter Zeit sind wir mit unseren Morto-Späßen etwas vorsichtiger geworden. Tamding hat uns gewarnt: Pema möchte seit Neuestem Anwältin werden. Man müsse in Zukunft also gut aufpassen, was man zu ihr sagt …

Ich weiß, ich sollte eigentlich was Nettes von Lakhpa erzählen. Aber dummerweise ist es jetzt zwanzig vor drei. Und gleich erwartet uns Mr. Michael am Bus-Stand.

Little Pemas Durchbruch ☀
Kinderdorf Gopalpur, 23. April 2011

Mein Mitarbeiter Michael Landwehr hat unsere *Shelter108*-Paten in einen freien Samstag geschickt, um mit Chime und mir nach Gopalpur zu fahren.

Seine beiden ältesten Patentöchter Seldon und Dolma haben nach der 10. Klasse ebenfalls in den humanistischen Zweig gewechselt und teilen sich nun in ihrem neuen Kinderdorf mit Little Pema ein Zimmer. Dieser Tatbestand versetzte unsere Delhi-WG in hellste Aufregung, um nicht zu sagen in schwerste Hysterie: »Maria, du musst dafür sorgen, dass Pema sofort ein anderes Zimmer bekommt!«, versuchte mir Tamding gestern Abend noch am Telefon zu erklären. »Seldon ist sehr gefährlich! Sie wird unsere kleine Pema total fertigmachen!«

Ich musste herzlich lachen. Was »meine« Kinder in Bezug auf Michaels Patentöchter so ängstigt, ist deren ungebremste Lebensfreude. Michael ist ein sehr erfahrener Pädagoge. Sein Anliegen ist es, tibetische Kinder mit besonders schüchternem Auftreten in ihrer Persönlichkeit zu stärken. Bei Seldon und Dolma ist ihm das wirklich super gelungen! Sie ducken sich nicht vor den Autoritäten. Sie taktieren nicht. Sie sprechen alles unverblümt aus. Und sie haben viel Spaß am Leben. Zwei Power-Frauen, würde man bei uns sagen.

Ihre Direktheit beschert ihnen allerdings auch Probleme. Besonders mit den etwas ungebildeteren Hausmüttern. Selbstbewusste Mädchen fallen in der tibetischen Gesellschaft oft unangenehm auf. Nicht selten werden sie einfach als »naughty« abgestempelt: als schlimm.

»Habt keine Sorge«, habe ich gestern zu Tamding gesagt, »unsere Pema ist jetzt achtzehn Jahre alt. Der enge Kontakt mit starken Persönlichkeiten wird ihr bestimmt guttun.«

Seit Little Pema in Delhi einen Konversationskurs am British Council gemacht hat, ist sie ohnehin nicht mehr zu bremsen. Die indische Professorin war eine moderne, lebenslustige

Frau, die unser scheues, verschrecktes Nesthäkchen zu einem exzessiven Kommunikationsverhalten inspiriert hat. Pema, die seit 2007 bereits eine erstaunliche optische Wandlung vom unscheinbaren Entlein zum schönen Schwan durchlaufen hat, ist nun auch in ihrem Auftreten kaum mehr wiederzuerkennen. Schon bei meinem ersten Anruf in Gopalpur wehte mir ein völlig neuer Wind entgegen.

»Was brauchst du?«, fragte ich Pema und erwartete das für tibetische Kinder typische Herumgedrucke. Sie sind einfach nicht in der Lage, einen Wunsch klar zu formulieren.

»Was sollen Chime und ich aus Dharamsala mitbringen?«

Pemas Ansagen kamen wie aus dem Maschinengewehr geschossen. Chime kam kaum nach, alles mitzuschreiben: »Drei Paar neue Socken, fünf Pakete chinesische Wai-Wai-Nudeln und drei Pakete Chili extra. Das Essen hier in Gopalpur ist überhaupt nicht gewürzt. Obst wäre wichtig für meinen Vitaminhaushalt. Und könntet ihr mir bitte bei *Airtel* mein Handy neu aufladen? Ich muss dringend mit Jan telefonieren.«

»Wow!« Ich war echt beeindruckt von ihr.

»Ach so, und: Maria?«

»Ja?«

»Ich habe Sehnsucht nach einer XXL-Tüte Momos.«

»Hat Pema denn gar kein Geld mehr auf ihrem Konto?«, frage ich Chime, als wir mit Michael und unseren Einkäufen im Taxi nach Gopalpur sitzen. »Sie klang irgendwie hungrig.«

»Ach, weißt du das noch gar nicht?«

»Was?«

»Dhondups bester Freund hat Pemas Konto leer geräumt.«

»Wie bitte?!«

Und dann bekomme ich wieder mal eine dieser Geschichten serviert, die meine Magensäfte in ätzenden Wutschaum verwandeln …

Vor zehn Jahren hatte ich für *The Six* im TCV-Head Office in Dharamsala eine großzügige Spende meines damaligen Verlages hinterlegt, von dem sie seither jeden Monat ihr eigenes

Taschengeld abheben durften. Für Bücher, Klamotten, Schulsachen oder Wai-Wais. Der Akt des Geldabhebens ist allerdings mit einer gewissen Mutprobe verbunden. Erst müssen die Kinder ihrer »Sponsorship-Sekretärin« die Gründe für die geplanten Ausgaben darlegen. Werden diese als plausibel erachtet, muss vom Dorfdirektor persönlich noch eine Genehmigung eingeholt werden. Erst dann kann an der TCV-Kasse das Taschengeld abgehoben werden. Ein riesiger Akt für ein paar zerfledderte Rupienscheine, aber pädagogisch sehr wertvoll. Schließlich gibt's nichts im Leben umsonst. Außer selbstloser Liebe. Und die findet man bekanntlich sehr selten.

Als Tamding noch zur Schule ging, hat er das monatliche Einholen des Taschengeldes für alle sechs Kinder geregelt. Sein Charme kam ihm dabei natürlich entgegen. Heute noch schwärmen die Sponsorship-Sekretärinnen von ihm.

Nach Tamdings Abitur wäre es an Dhondup gewesen, die Rolle des Geldbeschaffers zu übernehmen. Doch seine Haare sind bekanntlich zu lang für einen gefahrlosen Besuch im Head Office. Also teilten sich zwischenzeitlich unsere beiden Kleinsten den Job: Dolkar, die immer schon gut strukturiert war, legte der Sponsor-Sekretärin die Gründe dar. Pema holte die Unterschrift vom Direktor, gemeinsam liefen sie dann zur Kasse.

Als unsere beiden Super-Girlies in der zehnten Klasse die Schule wechselten, drohte es für Dhondup und seine Cashflow-Situation eng zu werden. Oder für seinen rebellischen Haarschnitt. Schwierige Lage. Wäre da nicht Pemas typische Fürsorge für den Lieblingsbruder gewesen! Little Pema macht sich weder aus Büchern noch aus Klamotten etwas und hatte deshalb auf der Punjab Bank in McLeod Ganj ein Konto eröffnet, um ihre Unmengen von unangetastetem Taschengeld für die Zukunft zu sparen. Damit Dhondup die letzten beiden Schuljahre nicht darben musste, übertrug sie ihm die Verfügungsgewalt über ihr Guthaben und vermachte ihm Bankkarte und PIN.

»Kauf dir bloß keine Zigaretten davon«, stellte sie als einzige Bedingung. Und Dhondup war plötzlich für seine Verhältnisse ein steinreicher Mann. Natürlich hatte er dieses großzügige Geschenk ursprünglich unter keinen Umständen annehmen wollen. Doch seit ihrer wundersamen Metamorphose ist es ein sinnloses Unterfangen geworden, Pema zu widersprechen.

(Ich bin übrigens WAHNSINNIG STOLZ auf das tiefe Vertrauen und die Liebe zwischen den Kindern, die diese kleine Geschichte zum Ausdruck bringt.)

Anlässlich des ersten Besuches an einem Geldautomaten bat Dhondup seinen besten Freund, mit ihm nach McLeod Ganj zu kommen. Er hatte Angst, sich auf der Tastatur zu vertippen. Der Kumpel half ihm natürlich. Sehr gern sogar. Zu gern. Und als Dhondup ohne die Hilfe seines inzwischen verreisten Freundes zwei Wochen später wieder Geld abheben wollte, war Pemas Konto leer geräumt. Bis auf eine einzige Rupie, die der »Freund« nur zurückgelassen hatte, damit das Konto nicht verfiel.

»Warum erzählt mir das keiner?«, frage ich Chime. »Warum bekomme ich solche Geschichten immer nur auf Nachfrage mit?«

»Jan hat gesagt, wir sollen dich dieses Jahr mit Geldproblemen verschonen.«

Nach einer Stunde Fahrt hält unser Taxi vor dem schönsten Kinderdorf, das ich kenne. Idyllisch von lichten Wäldern und weitläufigen Teeplantagen umgeben, liegt Gopalpur eineinhalb Autostunden von Dharamsala entfernt. Im letzten Licht dieses Tages erwartet uns Little Pema schon voller Ungeduld: »Da seid ihr ja! Wir haben einiges zu erledigen. Ich kriege hier noch den TCV-Koller. Ich komme mit nach McLeod Ganj!«

Ihren Antrag auf Freistellung für das Wochenende hat sie bereits geschrieben: »Du musst hier nur noch deine Unterschrift druntersetzen, Maria! Und dann bringen wir das Papier zu unserem Direktor.«

»Vergiss es!«, meint Chime, »heute ist Samstag, das Büro hat längst zu.«
»Unser Direktor ist in der Versammlungshalle.«
»Was macht er da?«
»Er ist auf einer Hochzeit.«
»Bist du wahnsinnig? Du kannst ihn da unmöglich stören!«
»Und warum nicht?«, fragt Pema sie trocken.
»Es ist total verboten!«
»Ich sehe hier nirgendwo ein Schild: Direktor auf Hochzeit anquatschen verboten! Und du?«
»Du brauchst aber auch noch das Okay von deiner Hausmutter.«
»Die ist auch auf der Hochzeit.«
»Ach, mach doch, was du willst! Du wirst schon sehen!«
Kopfschüttelnd gibt Chime ihre Intervention auf. Soll die Kleine doch gegen die Wand rennen.
Energisch greift Pema nach meiner Hand und zieht mich in Richtung Versammlungshalle. Aus krachenden Lautsprechern ertönt ein ambitioniert gesungener tibetischer Popsong: »Wenn ich in den Himmel schaue, sehe ich einen leuchtenden Stern...«
Ist das nicht Dhondups Amala-Lied? Wir folgen den schiefen Tönen zum Eingangstor: An fünf langen Tischbahnen sitzen die Hochzeitsgäste bei Momos und Kuchen. Die Stimmung ist gut. Mit Dhondup als Frontsänger würde hier bestimmt die Post abgehen.
»Egal, wo ich bin und wohin ich auch gehe...«
Selbstbewusst betritt Pema den Saal, ich hingegen mit hochrotem Kopf.
»... werde ich mich immer an deine Worte erinnern, gute Taten zu vollbringen und einen guten Weg zu gehen. Amalaaaaa!«
Pema steuert auf eine sehr dicke Frau zu. Ich kenne sie: Die »fatty homemother«! Chimes vierte und letzte Hausmutter während ihrer elf TCV-Jahre. Sie hatte schrecklich unter ihrer Herrschaft gelitten. Und nun ist meine arme, kleine

Pema auch bei diesem gefährlichen Hausdrachen gelandet. Doch im Gegensatz zu Chime scheint sie mit ihrer Hausmutter super klarzukommen. Lächelnd nickt mir die voluminöse Dame von ihrem Sitzkissen aus zu und unterzeichnet Pemas Freistellungsantrag. Nun muss ich noch zum Direktor. Als Ehrengast sitzt er am Kopfende der mittleren Tafel. Wie eine Erstklässlerin folge ich Pema mit zitternden Knien. Da ist es wieder: dieses vernichtende Gefühl, auf dieser Erde nicht willkommen zu sein.

Sieben Jahre lang habe ich vergeblich versucht, mich in Licht aufzulösen. Von 25 bis 32, einem für die berufliche Karriere und den genetischen Einkaufsbummel spielentscheidenen Alter! An dieser Stelle gibt es nun bloß ein schwarzes Loch in meiner Biografie.

Nach meiner misslungenen Lichtwerdung konzentrierte ich mich auf exzessives »Gutsein«, um mir meine Sonnenliege im Himmel zu sichern. »Gib dem, der dich bittet, und wende dich nicht von dem, der dir abborgen will.« Ich habe Matthäus sehr wörtlich genommen und seine biblische Aufforderung bis hin zur totalen Selbstausbeutung auf die Spitze getrieben. Das Sterntalermädchen war mein Idol. »Es ist leichter, dass ein Kamel durch ein Nadelöhr geht, als dass ein Reicher in das Reich Gottes hineinkommt.« Paris Hilton wäre als Lebenscoach manchmal gesünder für mich gewesen. »Geben ist seliger denn Nehmen«, heißt es beim strengen Herrn Paulus. Doch schon dem alten Ovid war klar: »Das Geben erfordert Verstand.«

Immer wieder bin ich ehrenamtlichen Tibet-Unterstützern begegnet, die sich in ihrem Engagement restlos aufgerieben haben. Ihr letztes Hemd für die »Rettung des Schneelandes« gaben. »Übertriebener Tibet-Aktivismus« lautet die ernste Diagnose. Mein Heilungsprozess davon begann damit, dass ich mir vor einem Jahr mein erstes Paar hochhackiger Pumps kaufte (12 Zentimeter). Gefolgt von der Einsicht, dass ein gesundes Geben bei seinen Liebsten daheim anfangen sollte. Und bei sich selbst. Ob schon einmal jemand ausgerechnet hat, wie viel Prozent aller Spenden weltweit aus christlich geprägten Ländern kommen? Ich bin sicher, sie liegen unangefochten an der Spitze! Darauf sollten alle praktizierenden Christen weltweit mal mit einem möglichst teuren Champagner anstoßen! Anstatt mit dem üblichen Prosecco.

Warum also stehe ich jetzt hier mit gesenktem Kopf vor einem tibetischen Pädagogen? Weil ich ihm 45 Sekunden seines freien Samstagnachmittags stehle? Die Einrichtung, für die er arbeitet, wird nicht zuletzt auch von meiner Charity-Arbeit finanziert. Also, Frau Blumencron, geben Sie sich einen Ruck und raus mit der Sprache!

»Ich möchte meine Patentochter nach McLeod Ganj mitnehmen. Sie bekommt hier sonst noch den TCV-Koller. Außerdem muss das Mädchen dringend mal aufgeklärt werden. Für meinen Geschmack streunen hier zu viele gut aussehende Oberschüler herum.«

Nein, so sage ich es natürlich nicht. Ich bitte den Direktor höflich, Pemas Freistellung zu unterschreiben, und denke mir den Rest bloß im Stillen.

Heute ist kein Gewitter im Anmarsch. Der Abend gestaltet sich mild, als wir Gopalpur wieder verlassen. Mit lautem Zirpen werben die Grillenmännchen um eine fesche Partnerin für diese Nacht. Ich werde mein Bett mit zwei plappernden tibetischen Mädchen teilen. Ehrlich gesagt graut mir davor. Ich bin allmählich zu alt für diesen Dauerentzug an Schlaf und Ruhe. Doch wieder einmal kommt alles ganz anders...

»Zieh dich aus«, sagt Pema zu mir, als wir im OM sind.
»Wie bitte?!«
»Du bist total verspannt, du brauchst eine Massage. Los, leg dich aufs Bett.«

Dankbar nehme ich ihr Angebot an. Und dann knetet mich Pema mit der Hingabe ihres großen Herzens von oben bis unten durch und verwandelt unser enges, unaufgeräumtes, schlecht beleuchtetes und unzureichend gelüftetes Zimmer in eine kleine Wellness-Oase. Nach zehn Minuten bin ich im Nirwana. Eins, zwei, drei. AMEN. Es reicht nicht mal mehr für ein anständiges Abendgeb...

»So«, sagt Pema zufrieden. »Und jetzt wird das Licht ausgemacht.«

Chime wagt nicht zu protestieren. Gehorsam schlüpft auch sie unter die Decke. Auf ihrem Handy geht eine SMS ein. Bestimmt dieser Tenpa. Der Junge nervt.

»Pscht«, sagt Pema und nimmt ihrer Exilschwester das Telefon ab: »Siehst du denn nicht? Maria muss schlafen.«

Osterfrühstück mit Unterbrechungen ☀
McLeod Ganj, 24. April 2011

»Es war einen Tag vor dem Eierfest 2000, als Lakhpa ...«
»Du meinst Ostern 2000. Also genau vor elf Jahren.«
»Ostern?«
»Vergiss es, Chime. Mach einfach weiter ...«

Genervt verdreht sie die Augen und liest weiter. Aufmerksam hören Little Pema und ich zu, während wir auf der Terasse des OM unser üppiges Osterfrühstück verzehren: Zimtschnecken, Tsampa, Wai-Wais und Rührei.

»Es war einen Tag vor dem Ostereierfest, als Lakhpa zu uns kam. Den ganzen Tag über waren wir bergab gelaufen. Als wir endlich die ersten Sherpadörfer erreichten, war es bereits dunkel geworden. Auf leisen Sohlen schlichen wir an den Häusern vorbei. Auch vor der nepalesischen Grenzpolizei mussten wir auf der Hut sein. Werden tibetische Flüchtlinge im Land der Sherpa erwischt, schickt man sie wieder nach Tibet zurück. Maria schlug vor, bis zum Dorf Namche Bazar abzusteigen. Dort kannte sie eine zuverlässige Sherpafamilie.

Richy war ein verrückter Kameramann! Er filmte sogar im Dunkeln. Längst hatten wir uns an seine Kamera und Marias

Antenne gewöhnt. Das Filmen lief neben uns her, wie der Fluss, der uns seit dem Abstieg wieder begleitete. Nur beim Überschreiten des Grenzpasses hatten wir sein vertrautes Rauschen einen Tag lang verloren.

Spät in der Nacht erreichten wir Namche Bazar. Wir klopften an die hölzerne Tür einer sehr ärmlichen Hütte direkt am Eingang des Dorfes. Die alten Sherpaleute hießen uns herzlich willkommen. Auf dem Ofen stand ein Topf mit Suppe, die nur noch aufgewärmt werden musste.

Richy wollte uns beim Essen unbedingt filmen. Er fand es witzig, wie wir unsere Nudelsuppe verschlangen. Als Yak mit zwei kleinen Akkulampen Licht in die armselige Hütte warf, entdeckten wir im hintersten Winkel der Hütte einen Drogpa-Nomaden mit einem Kind. Der junge Mann grinste uns freundlich an. Die Augen des Kindes waren weit vor Erstaunen. Es hatte ganz kurz geschorenes Haar und trug einen gelben Pullover mit dem Bild eines bunten Rennautos. Daher dachten wir alle, es sei ein Junge. So wie zuvor bei Little Pema.«

»Stimmt gar nicht!«, protestiert Pema: »ICH sah doch nicht aus wie ein JUNGE!«

»Stimmt, Morto«, pflichtet Chime ihr bei: »Du sahst aus wie eine alte, zahnlose Frau!«

»Dein Karma wird dich für deine Boshaftigkeit bestrafen.«

»Hört auf zu streiten, Kinder, heute ist Ostern!«

Chime liest weiter. Oder versucht es zumindest ...

»Lakhpa hieß ›der Junge‹ in der dunklen Ecke der Hütte. Als Dhondup ›ihn‹ aufforderte, mit uns zu spielen, verkroch ›er‹ sich ängstlich hinter dem jungen Drogpa. Es war ›sein‹ älterer Bruder.«

»Lakhpa hatte Angst, weil Dhondup sie mit seinem tiefsten Khampa-Dialekt ansprach«, bemerkt Pema.

»Wirklich? Das hat mir Lakhpa nie erzählt!«

»Aber mir. Lakhpa hatte als Kind all diese dummen Geschichten über die wilden Khampa gehört. Und als wir spätabends in die Hütte kamen und uns hungrig auf die Suppe der alten Frau stürzten, dachte sie, wir sind eine solche Räuberbande aus Kham. Sie hatte große Angst vor uns. Arme, arme Lakhpa!«

Ich deute Pema, gefälligst ihre Klappe zu halten, und muss dabei unwillkürlich schmunzeln: Wer hätte je gedacht, dass man unserem einst so verschreckten Nesthäkchen über den Mund fahren muss?

Chime fährt fort, uns ihre Geschichte zu präsentieren ...

»Die Hütte war zu eng für so viele Flüchtlinge. Onkel Nyima war mittlerweile sehr krank und brauchte ein Bett für sich allein. Deshalb brachten Maria und Big Pema uns Kinder zu einem nahe gelegenen Kloster. Einige Mönche waren Tibeter. Vielleicht würden sie uns für eine Nacht aufnehmen. Mutig klopften wir an die hölzerne Pforte. Doch niemand öffnete uns. Big Pema forderte uns auf, nach den Mönchen zu rufen: ›Wenn sie Kinderstimmen hören, werden sie bestimmt öffnen.‹

›Kuschola!‹, riefen wir Kinder nun um die Wette. ›Ehrwürdiger Mönch!‹

Und tatsächlich: Kurze Zeit später öffnete sich knarrend die Pforte, und ein junger Mönch sah uns überrascht an. Big Pema bat ihn, uns für eine Nacht zu verstecken. Erst zögerte der Mönch. Nicht weit vom Kloster lag eine Polizeistation. Doch als er unsere müden Gesichter sah, winkte er uns hinein. Wir folgten ihm eine steile Treppe hinab zu einem unterirdischen Raum, in dem sakrale Gegenstände aufbewahrt wurden. Hier richteten uns Maria und Big Pema mit Decken, Matten und alten Teppichen ein Schlaflager ein. Es war die erste Nacht seit zwei Wochen, in der wir Kinder wieder ein Dach über den Kopf hatten. Es fühlte sich so sicher an und wundervoll! Trotz des langen Marsches alberten wir noch eine Weile herum. Doch irgendwann fielen wir alle gleichzeitig ins Land der tiefen Träume: Dhondup, Dolkar, Pema, Tamding und ich.

»Und Lakhpa?«, langsam verliere ich die Geduld mit Chime: »Du hast schon wieder Lakhpa vergessen!«

»Aber sie war doch im Kloster noch gar nicht dabei!«

»Weißt du was, Chime, ich werde Lakhpas Geschichte selbst erzählen.«

Das Liebesleben der Drogpa und die wundersame Vermehrung der Deutschen Zimtschnecke ☀
McLeod Ganj, 24. April 2011

Lakhpa ist ein Drogpa-Mädchen aus der Tingri-Region in unmittelbarer Nähe der tibetisch-nepalesischen Grenze. Hier ist das Leben aufgrund der kargen Böden sehr hart. Viele Drogpa-Männer verdienen ihren Lebensunterhalt mit dem Transport chinesischer Waren über die Grenze. Jahrein, jahraus wandern sie mit ihren schwer beladenen Yaks über den 5716 Meter hohen Nangpa-Pass nach Nepal zum Markttag von Namche Bazar, dem berühmten Ausgangsort für Mount-Everest-Besteigungen. Wer zu arm ist und kein Yak besitzt, schleppt seine Waren auf dem eigenen Rücken durch Eis und Schnee.

Der Pfad der Drogpa war jahrzehntelang auch die wichtigste Fluchtroute der Tibeter. Es ist mühsam und gefährlich, ihn zu gehen. Immer wieder sah ich bei meinen Grenzgängen tote Yaks, die im Eis verunglückt waren.

Im gefährlichen, entbehrungsreichen Leben der Drogpa könnte der Grund für ihre sehr ungewöhnliche Art der Familienplanung liegen, die bis zum heutigen Tag praktiziert wird: Heiratet eine Drogpa-Frau einen Mann, bekommt sie auch dessen Brüder mit in die Ehe. So bleibt immer ein Mann abwechselnd zu Hause, während seine Brüder auf Wanderschaft gehen.

Ich kenne diese Form der Vielehe auch aus Erzählungen der Khampa-Tibeter entlegener Regionen im Osten Tibets. In einer lebensfeindlichen Einöde gilt es vor allem, die Frauen und den Nachwuchs gut zu beschützen. Und so rät die pragmatische Mutter ihrer heiratsfähigen Tochter noch heute zu einem Bräutigam, der mindestens einen Bruder mit in die Ehe bringt. Ich würde an ihrer Stelle nicht viel anders mit meinen Patentöchtern verfahren.

»Wo packt ihr eigentlich eure Eifersucht hin?«, fragte ich einmal einen älteren Drogpa. Ich selbst kenne die Auseinandersetzung mit dieser Thematik aus unserem Kulturkreis und nicht zuletzt von mir selbst leider zu gut. Der alte Drogpa jedoch, dessen Haut von den zahlreichen Grenzgängen seines Lebens schon ähnlich zerklüftet war wie die Berge, lachte sich schlapp über meine Frage: »Eifersucht? Eifersucht kenne ich nicht. Außerdem bin ich der älteste Bruder in der Familie und habe also die größte Erfahrung in der Liebe!«

Danach wurde er aber doch noch sehr ernst: »Ein Mann ohne Bruder ist sehr zu bedauern und schwer zu verheiraten. Brüder stabilisieren eine Familie. Drei Männer mit Einkommen sind doch viel besser als einer! Findest du nicht?«

Nun, darüber habe ich in der Tat länger nachgedacht. Zu einem abschließenden Ergebnis bin ich bisher jedoch nicht gekommen. Dazu müsste ich im Fall eines praktischen Feldversuches das angebotene Rundum-Sorglos-Bruderpaket erst etwas näher unter die Lupe nehmen. Aber wie auch immer Menschen ihr Beziehungsleben gestalten: Ihre Verbindung sollte in jeder Hinsicht fruchtbar sein. Wie im Fall der wundersamen Vermehrung der Deutschen Zimtschnecke im Himalaya. Sie soll ihren Ursprung in der Liebe zweier Männer gehabt haben. Die pflanzten sich in Form von Zimtschnecken fort. Das hat mir heute Morgen ein attraktiver, wenn auch leider ganz und gar bruderloser Kanadier erzählt, den ich in der German Bakery kennen gelernt habe: Zwei Bäcker aus Deutschland sollen in Kathmandu die erste German Bakery eröffnet haben. Als das Bäckerpärchen sich trennte, blieb einer allein an seinem Backofen zurück, während der andere in einer höher gelegenen Himalaya-Region mit seiner neuen Liebe eine weitere deutsche Backstube eröffnete. Als auch dieses Pärchen sich trennte, blieb wieder einer zurück, während der andere mit seiner nächsten Liebe in einer noch höher gelegenen Himalaya-Region die Zimtschneckenproduktion fortgeführt haben soll. Was für eine nette Legende! Ob wahr oder nicht – man sieht, das Leben geht auch nach einer schmerzhaften Trennung weiter und kann durchaus wieder fruchtbar sein. Selbst wenn nur Zimtschnecken dabei erzeugt werden.

Da fällt mir siedend heiß ein: Morgen reise ich ab und habe mit Chime immer noch nicht über das Thema Verhütung gesprochen. Wenn ich es jetzt sofort hinter mich bringe, kann ich das heikle Thema auch gleichzeitig bei Little Pema abhaken. Also los!

»Chime, verhütest du eigentlich, wenn du mit Tenpa zusammen bist?«

Völlig verständnislos schaut sie mich an: »Verhüten?«

»Wenn ihr die Nächte hier gemeinsam verbringt, solltet ihr darauf achten, dass du nicht schwanger wirst.«

»Aber warum sollte ich schwanger werden?«

Manchmal gehen auch mir die Umschreibungen aus: »Naja, du und Tenpa, ihr beide zusammen in einem Bett ... Mein Gott, du weißt doch, was ich meine, oder?!«

Jetzt fällt die Rupie.

»Aber wir machen doch gar keine so schlechten Sachen!«

Mit ihren unglaublich großen Augen schaut Chime mich vorwurfsvoll an. Pema pflichtet ihr engagiert bei: »Sie sind ja noch gar nicht verheiratet!«

Oh, wie peinlich ist das jetzt! Wie konnte ich nur darauf kommen, dass ein Paar um die zwanzig, das jede Nacht in einem engen Bett zusammen verbringt, körperlichen Kontakt aufnehmen könnte!? Wie steh ich jetzt da! Die olle Patentante aus Deutschland, die schlechte Dinge über ihre tibetischen Patentöchter denkt! Nur, weil ich selbst ein so abgrundtief unmoralisches Leben führe! – Sollte ich mich, was das Thema Verhütung angeht, jetzt einfach mal auf die faule Haut legen?

Nein. Ich glaube, ich wage doch noch einen weiteren vorsichtigen Vorstoß in dieses gefährliche Minenfeld: »Sagt mal, wusstet ihr eigentlich, dass Weinbergschnecken Zwitter sind?«

»Winemountainsnails? Twitter?«

»Also, wenn zwei Schnecken sich mögen, betasten sie sich zunächst mit ihren Fühlern. Dann kriechen sie mit ihren Unterseiten, also an ihren Fußsohlen, aneinander hoch und begatten sich gegenseitig. Also gleichzeitig. Wechselseitig. Mit einem Art Liebespfeil! Peng!«

Parallel zu meinen dilettantischen Aufklärungsversuchen demonstriere ich mittels körperlicher Verrenkungen den Paarungsakt der Weinbergschnecken.

»Es gibt aber auch Schnecken, die im Liebesspiel, das übrigens mehrere Stunden dauert ... ich betone, mehrere (!) Stunden ..., entscheiden, wer von ihnen das Mädchen macht und wer den Macho, also den Mann.«

Zweifelnd und vollkommen verständnislos schauen mich meine Mädchen an. Chime packt schließlich ihre Schreibsachen zusammen und lässt mich mit den Worten »Ich glaube, es wird Zeit, Lakhpas Geschichte weiterzuschreiben« mitten in meiner getanzten Version einer Schneckenpaarung zurück. Auch Pema steht seufzend vom Frühstückstisch auf: »Und ich werde mal euer Zimmer aufräumen. Es sieht einfach schrecklich aus bei euch beiden.«

Wie wir mit Lakhpa sechs Kinder wurden ☾
Tibet, April 2000

Lakhpa erzählte mir, dass sie das siebte und vorletzte Kind ihrer Familie ist. Nach dem achten Kind verstarb ihre Mutter. Sie hat gar keine Erinnerung mehr an sie.

Dafür hat Lakhpa zwei Väter! Der ältere gilt als ihr leiblicher. Die wichtigste Person ihrer Kindheit jedoch soll ein Onkel gewesen sein, mit dem Lakhpa als kleines Mädchen die Schafe und Yaks des Familienclans hütete. Heute noch pfeift Lakhpa lauter durch ihre Finger als jeder Junge. Ihr Gesicht ist so übersät mit Sommersprossen wie der Himmel mit Sternen, unter denen sie als Hüterin der Tiere jede Nacht ihr Lager aufschlug.

Eines Tages erreichte die Familie ein Brief des ältesten Bruders, der schon viele Jahre im Exil lebte und inzwischen Lehrer im Tibetischen Kinderdorf von Dharamsala war. Er schlug vor, Lakhpa nach Indien zu schicken. Hier würde sie eine Schulausbildung bekommen, statt ein Leben lang hinter den Yaks herzulaufen. Lakhpa freute sich sehr über die Nachricht aus Indien. Sie hatte viele Geschichten über diesen sagenhaften Ort jenseits der hohen Schneeberge gehört.

Bis kurz vor ihrer Abreise lebte Lakhpa bei ihrem Onkel und dessen Tieren. Erst am letzten Tag vor ihrem Abschied brachen die beiden nach getaner Arbeit zum Haus der Familie auf.

Aus allen Himmelsrichtungen waren Verwandte gekommen, um sich von Lakhpa zu verabschieden. Sie selbst wunderte sich, dass all diese Menschen überhaupt von ihrer Existenz wussten! Im Dorf hatten viele geglaubt, der Onkel auf der Weide wäre ihr Vater. Als Lakhpa die Zuneigung und Wärme ihrer großen Familie spürte, wurde ihr Herz plötzlich ganz schwer. Und zum Abschied weinte sie bittere Tränen.

In der Morgendämmerung des folgenden Tages machten sich Lakhpa, ihr Vater und ein älterer Bruder mit dem Pferdewagen über holprige Pfade auf den Weg in Richtung Grenze. Als sie am Abend ihr Schlaflager aufschlugen, sahen sie am Horizont schon die ersten Achttausender in den nächtlichen Himmel wachsen. Da bat der Sohn den alten Vater, am nächsten Morgen umzukehren. Er würde seine kleine Schwester allein durch Eis und Schnee nach Namche Bazar bringen. Der Wunsch ihres Bruders fand auch in Lakhpas Herzen ein Echo. Ihr gemeinsamer Vater war Oberhaupt der Familie. Er war schon alt und seine Gesundheit nicht mehr die beste. Aber wie konnte sie als jüngste Tochter den Vater bitten, wieder umzukehren, ohne ihn zu verletzen?

Lakhpa schloss einfach die Augen und wiederholte den Wunsch mehrfach mit ihrer inneren Stimme. Der Vater vernahm wohl das Echo ihrer Seele, denn er kehrte noch vor dem Sonnenaufgang mit dem Pferdewagen nach Hause zurück. Heute noch träumt Lakhpa manchmal, wie das Fuhrwerk des alten Vaters für immer hinter dem Horizont entschwindet.

Die Geschwister gingen von nun an zu Fuß weiter. Als Drogpa hatte Lakhpas Bruder schon mehrmals mit älteren Nomaden den Pass überquert, so kannte er den Weg über den Nangpa La sehr gut. Auch Lakhpa war es gewohnt, weite Strecken zu gehen. Bereits nach zwei Tagen erreichten Bruder und Schwester die Grenze.

Als sie den Pass überquerten, war es bereits dunkel geworden. Das Eis unter ihren Füßen knackte bedrohlich. Ein eisiger Wind pfiff von den Gipfeln herab. Lakhpa war plötzlich am Ende ihrer Kräfte. Doch der Bruder tat alles, damit sie sich nicht ihrer Erschöpfung ergab. Sonst wäre es ihr vielleicht ergangen wie manchen anderen, sie wäre nie wieder aufgestanden und für immer zurückgeblieben im ewigen Eis.

Hand in Hand kämpften sie sich durch Finsternis und bittere Kälte, bis endlich das vertraute Klingeln von Yak-Glocken einen Lagerplatz ankündigte. Einige Drogpa hatten inmitten einer unwirtlichen Gletschermoräne ihr Zelt aufgeschlagen. Hier fanden die Geschwister Zuflucht. Zwei Abende später erreichten die beiden das Bergdorf Namche Bazar. Der Bruder klopfte an genau jene Tür, an die auch wir wenige Tage später klopfen sollten. Das alte Sherpa-Pärchen nahm die erschöpften Wanderer aus Tibet hilfsbereit auf. In ihrem engen Haus warteten die Geschwister nun auf die Ankunft des ältesten Bruders aus Dharamsala. Doch der kam nicht. Stattdessen fiel eines Nachts eine Horde wilder »Khampa-Räuber« und sonnenverbrannter Injis in der Hütte der Alten ein. Als Lakhpas Bruder erfuhr, dass diese seltsamen Westler mit der Filmkamera auf dem Weg nach Dharamsala waren, bat er Big Pema, auch seine kleine Schwester nach Indien mitzunehmen. Von diesem Augenblick an waren wir sechs! *The Six* auf dem Weg zum Dalai Lama.

Nachdem sich ihr Bruder auf den beschwerlichen Rückweg nach Tibet gemacht hatte, sprach Lakhpa zwei Tage kein Wort. Sie verweigerte auch das Essen und sah schrecklich unglücklich aus. »Was für ein stummer, trauriger Junge!«, dachten wir Kinder.

Doch schließlich brachte Dhondup den »traurigen Jungen« mit einer seiner unüberlegten Bemerkungen zum Reden: »Jetzt sind wir drei Jungs und drei Mädchen. So hat jeder von uns jemanden zum Heiraten, wenn wir groß sind.«

Da begann Lakhpa schallend zu lachen: »Ich bin doch kein Junge! Hast du denn keine Augen im Kopf? Ich bin ein Mädchen!«

Von dem Moment an gehörte Lakhpa zu uns. Ihr Wesen ist wie ein Stück Heimat. Denn immer wenn Lakhpa lacht, geht die Sonne Tibets in ihrem Gesicht auf.

Erinnerungen an Ostern 2000 ☀
Nepal, 23. April 2000

»Ich brauche Geld. Ich möchte einen Propellerflieger von Lukla aus nach Kathmandu chartern. Ja, ich brauche einen ganzen Flieger für uns.«

Im 3500 Meter hoch gelegenen Dorf Namche Bazar gibt

es nicht nur eine German Bakery, sondern auch einen Western Union Counter, über den man innerhalb von zwei Stunden eine Geldanweisung aus Deutschland entgegennehmen kann. Zum Glück begriff mein damaliger ZDF-Redakteur trotz krachender Telefonleitung die Dringlichkeit meiner Bitte sofort. Die Flucht der sechs tibetischen Kinder musste aus zwei Gründen abgekürzt werden: Die sechs Kinder waren vollkommen fertig. Sie hatten, ganz nüchtern betrachtet, den längsten Schulweg der Welt hinter sich. Ich hielt es also für angebracht, ihre traumatische Reise mit den öffentlich-rechtlichen Geldern deutscher Gebührenzahler zu verkürzen. Das konnte man doch durchaus vertreten. Oder?

Außerdem hatte Onkel Nyima Fieber, geschwollene Hoden und konnte sich kaum noch auf den Beinen halten. Nach Kathmandu wären es noch weitere sieben Tage Fußmarsch gewesen. Das wollte ich diesem sympathischen Burschen gerne ersparen.

Nachdem das Geld aus Mainz in einem unbürokratischen Akt tatsächlich sein 3500 Meter hoch gelegenes Ziel erreicht hatte, stiegen wir auf wackeligen Knien siebenhundert Höhenmeter ab nach Lukla. Dort erwartete uns die gefährlichste Flugpiste der Welt! Ich fragte mich mehrfach, ob man es verantworten konnte, sechs kleine Kinder in diese Maschine der Yeti-Airlines zu setzen, nachdem der liebe Gott sie unbeschadet über einen fast 6000 Meter hohen Schneepass gebracht hatte. Unser Flug sollte am frühen Morgen des 23. April starten, dem Ostersonntag des Jahres 2000. Am Tag der Auferstehung durfte eigentlich kein Flugzeug mit sechs Kindern vom Himmel herabfallen.

Nachdem unser gecharterter Flieger also für mein Gefühl viel zu schnell über die viel zu kurze Startrampe auf den dahinter liegenden Abgrund zuraste, hob das Gerät im letzten Moment ab, wie von Geisterhand in den strahlend blauen Himmel emporgehoben. In Zeitlupe glitten wir am gigantischen Himalaya-Massiv vorbei. Ich atmete wieder.

Mit großen Augen schauten die Kinder aus dem Fenster.

Über diese Schneeberge waren sie zu Fuß gekommen! In nächtelangen Märschen, halb schlafend, halb wachend an der Hand ihrer Begleiter. In einem endlosen Auf und Ab durch Wüsten, Schnee und Gletschermoränen. Wie überschäumende Wellen des Eismeeres türmten sich nun die Gipfel der Berge in das wolkenfreie Himmelszelt. Im Licht der Sonne glitzerten sogar die Schneefelder blau. Wir flogen in den Morgen eines neuen Tages hinein, in eine ungewisse Zukunft. Die Tür zur Vergangenheit fiel hinter uns zu.

Bei diesem Flug fühlte ich mich nicht bodenlos, sondern geborgen. Wie eine Eierschale umschloss uns die Verschalung des Flugzeugs. Ich schaute auf diese sechs kleinen, windzerzausten Gestalten mit ihren weißen Kälteflecken auf den Backen, den verschorften Lippen und den schmuddeligen Anoraks. Wie tapfer sie jetzt den ersten Flug ihres Lebens absolvierten! Kleine, wackere Krieger, viel zu plötzlich herausgeworfen aus ihrer alten Welt.

»In wenigen Tagen sind wir beim Dalai Lama«, flüsterte ich. Doch die Kinder hörten mich nicht mehr. Längst waren sie vor Erschöpfung eingeschlafen. Die Flucht war zu Ende.

Nur Chime war noch wach und kämpfte mit den Tränen. Umringt von den schwarzen Schatten der nächtlichen Berge war ihr die Mutter noch nahe gewesen. Sie hatte ihre Stimme im Murmeln des Flusses gehört. Sie spürte ihren Atem im Wind, der von den Gipfeln der Berge kam. Nun brachte der Flieger Chime weit weg. In ein neues Leben. Die Heimat Tibet entschwand. Der Marktstand ihrer Mutter wurde immer kleiner und kleiner.

Das Tibetan Refugee Reception Center

Seit 1989 besteht zwischen der nepalesischen Regierung und dem UNHCR ein Gentlemen's Agreement, das tibetischen Flüchtlingen, die Nepal erreichen, die sichere Weiterreise nach Indien garantiert. Erster Anlaufpunkt tibetischer Flüchtlinge ist deswegen das Tibetan Refugee Reception Center (TRRC) in Kathmandu, das eng mit der Vertretung des UN-Flüchtlingshilfswerks zusammenarbeitet.

Der idyllisch oberhalb der geschäftigen Hauptstadt gelegene Komplex war ursprünglich für 150 Personen angelegt worden, doch während der Hochphase der Fluchtbewegung war er bisweilen mit über 1000 Menschen hoffnungslos überfüllt. Heute wirkt das Reception Center verlassen, fast wie das Relikt einer vergangenen Zeit.

Willkommen sind die Tibeter in Nepal schon lange nicht mehr. Die Lage verschärfte sich nach der Amtsübernahme von König Gyanendra im Jahr 2001. Er kooperierte eng mit der chinesischen Regierung. Im Frühsommer 2003 lieferten die Behörden 18 tibetische Flüchtlinge aus, die bereits Kathmandu erreicht hatten. Dabei arbeiteten sie unverblümt mit der chinesischen Botschaft zusammen. Die Betroffenen wurden monatelang ohne Prozess im Gefängnis von Shigatse festgehalten und brutal gefoltert.

Am 21. Januar 2005 schlossen die nepalesischen Behörden die Vertretung des Dalai Lama sowie das Tibetan Refugee Welfare Office (TRWO), das die Flüchtlinge administrativ unterstützt hatte. Seitdem gibt es keinen Repräsentanten des Dalai Lama mehr in Nepal. Einziger Lichtblick für die Flüchtlinge aus Tibet ist die Vertretung des UN-Flüchtlingshilfswerks UNHCR, das nach wie vor eng mit dem Reception Center zusammenarbeitet, sich um die notwendigen Papiere für die Weiterreise nach Indien kümmert und den Flüchtlingen einen gewissen öffentlichen Schutz bietet.

Der Dalai Lama ☾
Nepal und Indien, April und Mai 2000

Aus dem Eis der Gletscher wurden wir in die brütende Hitze, das Chaos und den Lärm der nepalesischen Hauptstadt Kathmandu geworfen. Im Tibetan Refugee Reception Center erhielten wir unsere ersten Registrierungspapiere. Mit Passfoto! Nun konnten wir legal nach Indien weiterreisen.

Doch bevor wir nach Dharamsala aufbrachen, brachte uns Maria zu einem Telefonladen. Dolkar und ich waren die einzigen der sechs Kinder, die eine Telefonnummer aus Tibet mit ins Exil gebracht hatten. Die unserer Mutter. Als ich unsere Nummer wählte, war ich sehr aufgeregt. Es dauerte unendlich lange, bis meine Mutter ans Telefon ging. Sie war überrascht, meine Stimme zu hören, als sie endlich abhob. Sie hatte es nicht erwartet. Ich wollte sie eigentlich fragen, wieso sie Dolkar und mich angelogen hatte, aber ich brachte es nicht über die Lippen, denn an ihrer Stimme hörte ich, dass sie den Tränen nahe war. Sie fragte, wie der Weg war und ob wir müde gewesen seien. Ich erzählte ihr nicht, wie hart unsere Reise gewesen war. Es hätte sie nur noch trauriger gemacht. Ich reichte den Hörer weiter an Dolkar. Auch sie sprach nicht von unserer Flucht. Meine kleine Schwester fragte nur nach ihren Katzen und nach unserem kleinen Bruder. Danach legte sie auf und sagte: »Bald kommt Amala uns besuchen.«

Per Bus und Bahn fuhren wir weiter nach Dharamsala. Die Reise war schrecklich. Im Bus konnten wir uns vor Übelkeit kaum auf den Sitzen halten. Und im Nachtzug gab es keine Plätze für uns Kinder. Dhondup und Tamding wurden ins Gepäckfach gesteckt, wir Mädchen unter die Sitze. Es war unendlich heiß. Der Boden war schmutzig und hart, und die Moskitos zerstachen uns die Arme. Die indischen Reisenden streckten ihre Füße aus – über unsere

Köpfe hinweg, was in Tibet als Unglück bringend angesehen wird.

Little Pema weinte die ganze Nacht. Eine muslimische Frau hatte Mitleid und nahm sie zu sich auf die Liege. Ihr Gesicht war von einem schwarzen Schleier bedeckt. Als sie ihn zur Seite schob, um mit uns Kindern zu sprechen, staunte ich über ihre unermessliche Schönheit. Sie war noch sehr jung. Ihre Haut war so weiß wie Porzellan. Ihre Augen dunkel und groß wie die Nacht. Ich habe niemals ein schöneres Wesen gesehen.

Am dritten Morgen unserer Reise erreichten wir Dharamsala. Aufgeregt erwartete uns Maria am Bus-Stand von McLeod Ganj. Sie war vorausgereist, um unsere Audienz beim Dalai Lama vorzubereiten.

Als ich acht Jahre alt war, hatte ich einen seltsamen Traum: Im Jokhang-Tempel stand ein älterer Lama, umrundet von tausenden Menschen. Ich war mitten unter ihnen. Allein. Ich war nur eine von vielen. Ein Sandkorn in der Wüste, ein Blatt auf dem Baum. Dennoch sah mir der alte Mönch direkt in die Augen. Ich erwiderte seinen Blick. Lächelnd kam er auf mich zu, nahm meine Hand und verließ mit mir das Heiligtum. Gemeinsam gingen wir über einen endlos langen Pfad dem Horizont entgegen...

Einige Tage später half ich unserer Mutter, den Hausaltar zu reinigen. Die Buddha-Statuen mussten poliert und die Bilder heiliger Lamas entstaubt werden. Zwischen zwei Bilderrahmen fiel plötzlich ein Foto heraus. Es zeigte jenen Lama, von dem ich wenige Tage zuvor geträumt hatte. Ich deutete auf das Bild: »Schau, Mutter! Von diesem Lama hab ich geträumt!«

Sie war zutiefst erschrocken über meine Entdeckung. Schnell nahm sie mir das Bild aus den Händen: »Das kann nicht sein. Du bist verwirrt. Du hast ihn noch nie gesehen, wie sollst du dann von ihm träumen?«

Dann versteckte sie das Foto hinter einem der gerahmten Bilder. Ich war betroffen, denn sie schien sehr verärgert zu sein. Warum nur? Viel später begriff ich: Es war nicht das Foto irgendeines Lamas, sondern des Dalai Lama. Und diese sind streng verboten in Tibet! Meine Mutter hatte große Angst, als ich es entdeckte.

Tibetische Haushalte in Lhasa bekommen immer wieder Überraschungsbesuche von der chinesischen Polizei. Unangemeldet trommeln sie gegen die Türe. Als Grund geben sie an, nach illegalen Familienmitgliedern zu suchen. In Wahrheit suchen sie nach verbotenen Bildern vom Dalai Lama.

In der Schule lernten wir, dass der Dalai Lama ein Separatist sei, ein Feind Tibets, der auf Kosten seines Volkes lebt und eine Armee von Dienern für sein persönliches Wohl beschäftigt. Auch in unserer chinesischen Pflichtlektüre stand nur Übles über ihn. Deshalb stellte ich mir den Dalai Lama als einen menschenfressenden Adlergott vor.

Einmal probte unser Lehrer mit meiner Klasse für den Besuch eines hohen chinesischen Regierungsbeamten das Ausrufen einer Standarte: »Lang lebe Mao! Der Dalai Lama ist ein Separatist! Willkommen, willkommen, China, China!«

Begeistert machte ich mit. Wie schön war es, mit der ganzen Kraft meiner Stimme Teil der Gemeinschaft zu sein: »Der Dalai Lama ist ein Separatist!«, rief ich aus vollster Überzeugung.

Nach der Probe trug der Lehrer den tibetischen Kindern auf, am nächsten Morgen unsere schönsten traditionellen Chubas zu tragen. Aufgeregt kam ich von der Probe nach Hause und rief laut unsere Standarte durchs Haus: »Lang lebe Mao! Der Dalai Lama ist ein Separatist! Willkommen, willkommen, China, China!«

Meine Mutter wurde ganz blass. Und als ich ihr begeistert vom bevorstehenden Ereignis in der Schule erzählte, legte sich ihre Stirn in Falten. So wie ich es nur kannte, wenn sie sehr böse war auf uns Kinder.

»Du wirst morgen nicht in die Schule gehen«, sagte sie.

»Aber wir werden Blumen in unseren Händen halten! Und dem hohen Besuch aus Peking zuwinken!«, rief ich verzweifelt.

»Du bist krank. Ich werde dir eine Entschuldigung schreiben.«

Ich fühlte mich überhaupt nicht krank! Doch in der Stimme meiner Mutter lag eine Bestimmtheit, die keine Widerrede zuließ. Ich war unendlich traurig und wütend auf sie. Heute begreife ich ihr rätselhaftes Verhalten. Die meisten Tibeter in Tibet lieben und verehren den Dalai Lama, dürfen ihre Gefühle aber nicht öffentlich zeigen. Immer noch gilt unser religiöses Oberhaupt als einer der gefährlichsten Staatsfeinde Chinas! Gehen buddhistische Nonnen auf die Straße, um von der chinesischen Regierung die Rückkehr des Dalai Lama zu fordern, verschwinden sie für viele Jahre im Gefängnis. Sie werden vergewaltigt und diskriminiert! So mancher Mönch, der dem Dalai Lama nicht abschwören wollte, wurde zu Tode gefoltert.

Aus Angst vor Repressalien gegen unsere Familie versuchte meine Mutter, dieses Thema aus unserer Kindheit herauszuhalten. Doch schließlich hat sie uns zu ihm über den Himalaya geschickt. Mit ihrem größten Vertrauen. Dem Vertrauen einer Mutter, die ihre Kinder in die Obhut eines anderen Menschen gibt. Jenem Menschen, dem sie ihr Leben lang heimlich ihre größte Wertschätzung entgegengebracht hat.

Die erste Audienz beim Dalai Lama ist für viele Flüchtlinge der wichtigste Augenblick in ihrem Leben. Anders war es damals für uns sechs Kinder. Wir wussten nicht um die Bedeutung dieses Moments. Wir konnten die Wichtigkeit dieser Begegnung noch gar nicht begreifen. Der Dalai Lama war für uns nur ein kleines Teil in dem riesigen Puzzle einer völlig neuen, verwirrenden Welt.

Im Flüchtlingsauffanglager Dharamsala wurden wir sofort unter die Dusche gesteckt, um die dicken Schmutzschichten unserer langen Reise von unseren Körpern zu waschen. Danach erhielten wir frische Kleidung. Ich schnupperte daran. Sie roch wie Maria! Es war eine Hilfslieferung aus dem Westen. Heute noch kann ich an Kleidern erschnuppern, woher sie kommen. Ware, die aus dem Westen kommt, riecht für mich so wie Maria. Waren aus Indien oder aus China riechen ganz anders.

Ich freute mich damals sehr über die neue Jeans, den Pullover und die Jacke! Doch als man uns die alten, schmutzigen Kleider unserer Flucht abnehmen wollte, um sie zu verbrennen, geriet ich in Panik. Mein roter Anorak, meine Hose, meine wollenen Strümpfe waren das letzte Geschenk meiner Mutter! Den warmen Pullover hatte sie sogar selbst gestrickt! Nie im Leben würde ich mich von diesen geliebten Sachen trennen! Sie waren schmutzig, zerrissen und abgeschabt von unserer langen Reise, doch sie waren die letzte greifbare Verbindung zu meiner Mutter.

Shushu Pilzkopf schimpfte und versuchte mir die alten Kleider zu entwinden: »Sei vernünftig, sie sind doch nicht mehr zu gebrauchen!«

Doch ich hielt mich mit aller Kraft daran fest. Als wären sie meine Mutter. Wie sehr bedauerte ich in diesem Moment, dass Onkel Nyima nicht mehr bei uns war! Er war es, der Amala aufgetragen hatte, all diese guten Sachen für Dolkar und mich zu besorgen! Bestimmt hätte er mich jetzt besser verstanden. Doch Onkel Nyima hatte uns in Kathmandu verlassen. Zum Abschied hatte er vor dem großen Stupa in Boudhanat noch Fotos von uns Kindern gemacht. Er wollte sie zu unseren Eltern nach Tibet zurückbringen. Als Beweis dafür, dass wir alle gut angekommen waren im Exil.

Ich weinte bitterlich. Um meine Kleider. Um Onkel Nyima, von dem ich mich nicht richtig verabschiedet hatte. Ich weinte um meine Mutter. Im Außenfach meines kleinen Rucksacks hatte ich bis zuletzt einen kleinen Würfel aus ihrer Zuckerdose verwahrt. Schließlich ließ Shushu Pilzkopf mir meine geliebten, völlig verdreckten Sachen. Ich musste ihm aber versprechen, sie nach der Audienz beim Dalai Lama sauber zu waschen.

Mit weißen Glücksschleifen in der Hand warteten wir sechs Kinder auf der Veranda eines einfachen Bungalows auf den Dalai Lama. Dies sollte der Palast eines Gottkönigs sein?

Wir waren umringt von vielen anderen Tibetern, die zur gleichen Zeit aus unserer Heimat geflohen waren. Über welche Wege waren sie ins Exil gekommen? Welche Geschichten hatten sie mit sich über den Himalaya getragen? Ich fühlte mich wie ein Blatt auf dem Baum. Wie ein Sandkorn in der Wüste. Ich war nur eine von vielen.

Durch eine Flügeltür trat plötzlich ein freundlicher Lama aus dem Inneren seines Hauses heraus und lächelte uns aufmunternd zu: »Tashi Delek!«

Der Dalai Lama. Sofort ging eine Welle der Emotion durch alle Tibeter, die sich hier versammelt hatten. Manche begannen zu weinen, andere zu beten. Niemand blieb unberührt in diesem Moment. Nur ich war enttäuscht. Der menschenfressende Adlergott meiner Kindheit war in Wahrheit ein einfacher Mönch. Auch von seiner Ansprache verstand ich kein Wort. Gleichgültig stand ich in der langen Schlange von Flüchtlingen und wartete auf seinen Segen. Als ich endlich an der Reihe war, reichte ich ihm meine weiße Glücksschleife. Genauso, wie es vor mir die anderen Flüchtlinge getan hatten. Der Dalai Lama segnete meine Kathag und legte sie mir um den Hals. Dann sah er mich an. Sein Blick traf mich mitten ins Herz. Es war genauso wie in meinem Traum! An der Hand des Dalai Lama hatte ich damals in der Wirklichkeit eines anderen Bewusstseins den Jokhang-Tempel in Lhasa verlassen. Gemeinsam waren wir über einen endlos langen Pfad dem Horizont entgegengegangen...

»Woher kommst du?«, fragte mich der Dalai Lama mit dem freundlichsten Lächeln der Welt. Und ich antwortete völlig verwirrt: »Mein Name ist Chime Yangzom.«

Was Liebe unter Geschwistern vermag ☀
McLeod Ganj, 24. April 2011

Morgen reise ich ab. Drei Posten stehen noch auf meiner aktualisierten To-do-Liste, die dringend erledigt werden müssen:
1. Indisches LEGO für Simon
2. Kaputte Klangschalen umtauschen
3. Kontoräuber lynchen!!!

Ich zäume das Pferd von hinten auf. Ein letztes Mal treffen Chime und ich unseren Dhondup am Spielplatz.
»Ich würde gerne mit deinem Freund sprechen«, eröffne ich direkt das Gespräch.
»Mit welchem Freund?«, fragt Dhondup erstaunt.
»Na, mit dem, der Little Pemas Konto leer geräumt hat.«
»Ach so, Norbu! ... Vergiss es. Ich habe ihm längst verziehen.«
»Hat er dir denn das Geld wieder zurückgegeben?«
»Natürlich nicht. Er hat keins. Deshalb hat er es doch genommen.«
»Und wofür hat er das Geld genommen?«
»Norbu kommt aus einer armen Familie. Seine Eltern leben in Nepal. Er wollte sie in den Ferien gern besuchen, er hatte aber weder das Geld für die Fahrt noch für die Hose.«
»Für welche Hose?«
»Norbu hat keinen Sponsor. Er besitzt nichts als seine Schuluniform. Kannst du dir vorstellen, wie peinlich es ist, als 18-Jähriger in Schuluniform quer durch Indien und Nepal zu reisen?«
»Er hat sich also von Pemas Geld coole Klamotten gekauft.«

Dhondup nickt.

»Und das findest du völlig okay?«

»Na ja. Erst war ich schon wütend. Aber dann habe ich mich an eine Situation erinnert, wo es mir ähnlich ging wie Norbu.«

Ich bin mir, ehrlich gesagt, nicht sicher, ob ich diese Story hören will. Bankräuber gehören in den Knast, selbst wenn sie eine unschöne Kindheit hatten, auf dem Schulhof verprügelt wurden oder hungrig ins Bett gehen mussten. Ich besaß als Kind auch keine Klamotten. Meine Stiefmutter hatte keine Lust, ihr Haushaltsgeld in mein Aussehen zu investieren. Zumal ihre kleinwüchsige Freundin regelmäßig den Kleiderschrank ausmistete und man diese Klamotten doch wunderbar für mich nutzen konnte. Ich lief völlig asynchron durch meine Jugend. Trug man die Hosen eng, hatte ich breite. Trug man sie breit, waren meine Hosen knalleng. Damals gab es noch kein cooles Vintage. Ich war mit meinem Secondhand-Look in der Schule komplett stigmatisiert und musste mich daher schon früh an meine inneren Werte klammern. Darauf hat man natürlich voll Bock mit vierzehn!

Damals herrschte die erbarmungslose Modekultur der Popper. Der Schulhof war ein Laufsteg für teure Fiorucci-Jeans, Lacoste-Hemden, pastellfarbene Benetton-Pullover mit Rautenmuster, dem obligaten Burberry und den Burlington-Strümpfen zum dunkelblauen Klosterschuluniform-Rock. Aus jetziger Sicht das nackte Grauen. Aber was hätte ich damals für ein Paar echter College-Schuhe gegeben!

Aus der Zeitung wusste ich, dass meine leibliche Mutter am Graben im ersten Wiener Gemeindebezirk residierte, umgeben von den teuersten Schuhläden der Stadt. Ich stellte mir vor, wie wir eines Tages zusammen Schuhe einkaufen gehen würden. Zu meinen Geburtstagen wartete ich sehnsüchtig – aber leider vergeblich – auf den Postboten, der einen Schuhkarton ohne Absender bringt, mit einem Paar weinroter College-Schuhen. Jenen, in die man vorn einen

Schilling reinstecken konnte zum Telefonieren. Und im Paket noch die Rechnung zum Umtausch, falls die Schuhe zu klein oder zu groß gewesen wären. Denn woher sollte meine Mutter meine aktuelle Schuhgröße kennen? Sie hatte mich zuletzt mit zweieinhalb Jahren gesehen.

Aber egal, ich kam auch ohne die versnobten Markentreter durchs Leben. Denn in Ermangelung gesellschaftsfähiger Garderobe musste ich mich mit anderen Attributen kleiden. Mit meiner großen Klappe wurde ich trotz meines peinlichen Outfits sogar Schulsprecherin ...

Aber jetzt soll Dhondup mir verdammt nochmal erklären, warum er diesem angeblichen Freund, der Pemas Konto leer geräumt hat, nicht kräftig vermöbelt hat!

Mit gesenktem Kopf beginnt nun Dhondup seine Geschichte ...

»Es war kurz nach unserer Flucht aus Tibet, also vor mehr als zehn Jahren, während der ersten Wochen im Kinderdorf. Ich wurde schwer krank vom trüben indischen Wasser. Mir war schlecht, und ich litt unter schrecklichem Durchfall. Niemand hatte Zeit, sich um mich zu kümmern. Weder unsere Hausmutter noch die älteren Kinder. Ich war zu schwach, um auf die Toilette zu gehen. Was soll ich euch sagen? Es ging voll in die Hose. Sehr peinlich. Vor allem, weil ich damals noch keine Kleider zum Wechseln besaß. Als die anderen Kinder von der Schule kamen, rief ich nach Pema: »Pema, bitte hilf mir!«

Sie kam an mein Bett und sah, was geschehen war. Sofort half sie mir, die Hose auszuziehen. Sie wusch mich. Sie wusch das Bett, und schließlich wusch sie auch meine vollgeschissene Hose. Sie war gerade mal sieben Jahre alt zu dieser Zeit. Aber sie hat das alles für mich getan.«

Tränen steigen mir in die Augen. Auch Chime muss schlucken.

»Hätte Norbu nur ein Wort zu mir gesagt«, fährt Dhondup fort: »Ich hätte ihm das Geld für eine neue Hose gegeben. Ich hätte auch das Geld für seine Reise nach Nepal gesammelt. Norbus größtes Problem war, dass er niemanden um Hilfe bat. Nicht einmal zu mir hatte er genug Vertrauen, um seine Wünsche zu teilen. Seine Lösung bestand darin, Pemas Geld vom Konto zu stehlen. Ich bin ihm nicht böse dafür. Ganz ehrlich, ich bedaure ihn. Wie einsam muss ein Mensch sein, der so etwas tut!«

Schon immer hatte Dhondup den größten Tiefgang von uns allen. Auch jetzt wird wieder deutlich, warum er längst zum geistigen Oberhaupt unserer deutsch-tibetischen Ersatzfamilie geworden ist. Mit großem Respekt und einem stillen Glücksgefühl im Herzen verabschiede ich mich von diesem außergewöhnlichen Jungen. Mit Wut und Empörung war ich gekommen. Glücklich ziehe ich wieder von dannen und streiche zufrieden den letzten Posten auf meiner To-do-Liste:
3. Kontoräuber lynchen!!!

Nur Chime wirkt auf unserem Heimweg niedergeschlagen.
»Was ist, Sweety?«
»Ich habe Dhondup verloren.«
»Wieso das denn!? Wie kommst du denn darauf!?«
»Früher waren wir einander so nah. Jetzt versteht er sich mit Pema viel besser.«
»Ich glaube nicht, dass Dhondup sich von dir entfernt hat, Chime. Du hast dich von uns allen entfernt. Ich weiß immer noch nicht, warum. Es ist, als säßest du ganz allein am Grunde eines sehr tiefen Sees... Was ist geschehen?«
Sie schaut ins Leere und schüttelt den Kopf: »Nichts.«
Ich lasse sie mit dem Unaussprechlichen allein. Sie wird es im richtigen Moment niederschreiben. Seite für Seite wird mein Mädchen aus der Tiefe des Sees wieder auftauchen. Schreiben ist auch eine Art von Therapie.

Bevor ich zu Bett gehe, rufe ich noch mein siebtes, mein kleinstes Kind an: »Mama kommt morgen zurück.«
»Hast du indisches LEGO gefunden?«

»Nein. Aber dafür eine andere, ganz tolle Überraschung!«
»Kommt Chime auch mit?«
»Noch nicht. Aber sie wird bald nachkommen.«
»Ich sammle nämlich bei REWE Tier-Aufkleber für sie! Ich habe im Hort schon zwei Orang-Utans und ein Erdmännchen gegen einen Glitzerdelfin für sie getauscht.«
»Ich sag's ihr. Sie wird sich bestimmt freuen.«
»Und Mama?«
»Ja?«
Dann kommt eine lange Pause. Und schließlich sagt Simon sehr leise: »Unsere Welsin ist tot.«
Dann legt er auf.
Ich verdrücke ein paar Tränen um unseren »nattativen Fis«, der immerhin ein stolzes Alter von sechs Jahren erreichte. Dann streiche ich noch einen Posten von meiner Liste:

~~1. Indisches LEGO für Simon~~

Denn Dhondup hat für seinen kleinen Bruder in Deutschland eine gigantische Riesenameise gefangen! Die reist jetzt morgen in einer ameisengerecht ausgestatteten Schnupftabakdose mit mir an den Rhein.

24. April 2011: China startet Verleumdungskampagne gegen die Mönche des Klosters Kirti
++
Nachdem vielerorts über den Abtransport von über 300 Mönchen aus dem Kloster Kirti berichtet wurde, gaben die staatlichen chinesischen Medien bekannt, dass die Mönche einer »Kampagne in Moralerziehung« unterzogen würden. Sie hätten es nämlich darauf abgesehen gehabt, den Ruf des Klosters Kirti zu schädigen.
In einem von der Lokalverwaltung herausgegebenen Rundschreiben wird präzisiert, daß »einige Mönche Prostituierte aufgesucht, sich betrunken, Streit vom Zaum gebrochen und um Geld gespielt haben. Einige brachten sogar pornographische Videos in Umlauf«.[8]

Die Mutter Tibets und ihre Nagelschere ☾
Kinderdorf Upper TCV, 11. Mai 2000

Mit Simon sind wir in Wahrheit sieben. So wie der Dalai Lama mit seinen Brüdern und Schwestern! Sechzehn Kinder brachte seine Mutter zur Welt. Sieben überlebten die Kindheit. Der Dalai Lama ist ihr viertgeborener Sohn. Und der Fünfte von allen Überlebenden.

Einige Tage nach unserer Audienz beim Dalai Lama brachte uns Maria ins Kinderdorf von Dharamsala. Dort erwartete uns bereits Jetsun Pema, seine jüngere Schwester.

Sie nahm uns an die Hand, fragte uns nach unseren Namen, erkundigte sich nach unserer Gesundheit, dem weiten Weg und auch nach unseren Eltern. Schließlich führte sie uns zu den anderen Kindern auf den Spielplatz.

»Seht mal«, sagte Jetsun Pema, »viele dieser Kinder sind über den Himalaya nach Indien gekommen. So wie ihr. Wenn sie groß sind, werden sie nach Tibet zurückkehren. Geht ihr dann auch zurück? Zurück nach Tibet?«

Wir waren viel zu verwirrt und zu schüchtern, um auf diese Frage so schnell eine Antwort zu finden. Ganz ehrlich, ich wusste es nicht! Ich war gerade hier angekommen und überwältigt vom Eindruck der spielenden Kinder. Ich glaube, den anderen erging es genauso. Sogar Dhondup stand stumm und verlegen in der Gegend herum. Da bat Jetsun Pema eine der Hausmütter, eine Nagelschere zu holen. Dann nahm sie einen nach dem anderen von uns auf den Schoß und schnitt uns unsere schmutzigen Nägel. Die Schwester des Dalai Lama! Persönlich! Es war so normal, und so besonders zugleich. Ich sah sie mir sehr genau an. Sie war eine Mischung aus Mutter und Großmutter.

Onkel Nyima war nach Tibet zurückgegangen. Big Pema nach Kathmandu. Die zwei Mönche aus Kham in ein Kloster nach Südindien. Auch Maria, Yak und Richy würden uns noch heute Abend verlassen. Ich hatte Angst vor dem Abschied. Würden wir Maria jemals wiedersehen?

Elf Jahre später ist es immer noch schwer ☼
McLeod Ganj, 24. April 2011

»In jedem Abschied liegt bereits der Samen für ein glückliches Wiedersehen«, habe ich »meinen« sechs Kindern erklärt, als wir uns vor elf Jahren zum ersten Mal am Bus-Stand von McLeod Ganj verabschieden mussten. Seitdem lächeln sie jedes Mal tapfer, wenn ich nach einem Besuch wieder nach Deutschland zurückkehre.

Bei Chime funktionierte meine Hausfrauen-Kalenderblatt-Psychologie leider gar nicht. Sie lebt nach dem Prinzip: In jedem Wiedersehen liegt schon der Samen für einen schmerzhaften Abschied.

Das Schlimme daran ist: Ich ticke genauso. Es ist schon schwierig für uns, ein Telefonat zu beenden. Chime ist einfach unfähig, am Ende eines Gespräches den Hörer aufzulegen. Und auch ich versage bei der finalen Punktsetzung in solch einem Moment. Eine Zeit lang versuchten wir es mit Zählen:
»Eins ... zwei ... drei – and Goodbye!«
»... Hallo? Hallo? Maria, are you still there?«
»Ja, Chime. Lass es uns noch einmal versuchen: Eins ... zwei ... drei – and Goodbye!«
»... Hallo? Hallo? Chime, bist du noch da?«

Mit Chime gerät jeder Abschied zum Drama. Zwar nimmt sie all ihren Mut zusammen, lächelt und macht sogar Witze, doch kaum ist der Moment der letzten Umarmung gekommen, wird sie von tiefer Verzweiflung erfasst. Als wäre dies ein Abschied für immer.

Schon das Packen meines Koffers birgt in sich gefährliches Verletzungspotenzial. Deshalb habe ich diesmal beschlossen, meine Sachen erst am Morgen der Abreise zu packen – während der Tiefschlafphase meiner Patentochter. Schlaf ist das beste Narkotikum gegen einen psychischen Schmerz, dessen Ursprung elf Jahre zurückliegt. Im Abschied von ihrer Mutter. Meist sind Situationen, die uns im Heute bedrohen, Wiederholungen nicht bewältigter Inhalte der Vergangenheit. Ein nicht verarbeiteter Schmerz ist wie der Kratzer in einer Schallplatte. Das Lied unseres Lebens verhakt sich immer wieder genau an demselben Punkt.

Pünktlich um fünf Uhr also werde ich zum geheimen Kofferpacken geweckt. Allerdings nicht von meiner sehr präzisen inneren Uhr, sondern von heftigen Impulsen aus meinem Brechzentrum. Was hab ich bloß gestern gegess... Ich stürze ins Bad. Mein unverdautes Osterfrühstück legt gerade noch eine Punktlandung in der Toilettenschüssel hin.

Danach sammle ich mit unkoordinierten Bewegungen meine Wäsche im Zimmer zusammen. Zum Glück hat Pema gestern beim Aufräumen intuitiv die Technik deutscher Mülltrennung angewandt. Chimes und meine Klamotten wurden sauber getrennt und auf zwei verschiedene Haufen gesta... Da kommt noch was nach! ... Oh mein Gott! Ich dachte, ich sei längst gegen alle Darmviren Indiens immun! Es zerreißt mich. Es kommt oben wie unten. Als ich käseweiß und restlos entleert ins Zimmer zurückkomme, sitzt Chime hellwach auf unserem Bett und starrt mit weit aufgerissenen Augen auf ihr Rückreisevisum.

»Es ist falsch«, murmelt sie tonlos.

Ächzend lasse ich mich aufs Bett fallen: »Was?«

»Sie müssen es irgendwie vertauscht haben. Dieses Papier hier ist auf eine Tenzin Palmo ausgestellt. Ich kenne sie sogar! Ihr Pate wollte sie nach Belgien einladen.«

Meine Gehirnwindungen sind noch nicht vollständig aktiviert: »Belgien? ... Wie, vertauscht? ... Was?« ... Es dauert eine Weile, bis die Botschaft bei mir angekommen ist. Dafür umso präziser: »Nein!!! Aber das kann doch nicht sein!!!«

Ich reiße Chime das verdammte Rückreisevisum aus der Hand. Tatsächlich! Es ist auf eine Tenzin Palmo ausgestellt und nicht auf eine Chime Yangzom.

In solchen Momenten muss man unbedingt Contenance bewahren! Wo ist mein Riechsalz? Wo ist ein nasser Waschlappen, in den ich hineinbeißen kann? Wo sind meine Bachblüten? WO ZUM HENKER IST MEINE TO-DO-LISTE?????

1. ~~Indisches LEGO für Simon~~
2. Kaputte Klangschalen umtauschen
3. ~~Kontoräuber lynchen!!!~~

Mit einem Waschlappen im Mund notiere ich in meiner sorgfältigsten Contenance-Schrift:

3. Neues Rückreisevisum Chime
4. Maria ins Krankenhaus einliefern

»Legen Sie die Atemmaske immer zuerst sich selbst an ...« Das habe ich mir von meinen vielen Flügen gemerkt. Beginnen wir also mit Punkt 4. Ich brauche sofort einen Krankenwagen!

Der arme Taxifahrer, den Chime und ich am noch menschenleeren Bus-Stand wachrütteln, schaut uns reichlich verschlafen an. Es ist jetzt sieben Uhr morgens.

»Schaffen Sie mich in fünf Minuten in eine Klinik, und Sie sind ein reicher Mann!«

Das wirkt. Der Mann lässt seinen Motor aufheulen, Chime und ich springen ins Auto. Die Kurven auf dem Weg zum Tibetischen Krankenhaus sind zahlreich und eng. Bitter bereue ich mein Fahrerbriefing. Diesmal nicht wegen Chime, sondern wegen mir selbst. Da tritt der Fahrer schon in die Bremsen und hält mit quietschenden Reifen vor dem »Men Tse Khang«, dem Tibetischen Krankenhaus. Geld regiert die Welt. Und gut geplant ist halb gewonnen. Ich bringe die ersten dreihundert Rupien ins Spiel: »In zehn Minuten sitzt meine Tochter im FRO. Danach kommen Sie sofort wieder hierher zurück.«

Ich bin die erste Patientin des Tages, und die tibetische Ärztin ist wirklich entzückend. Nachdem sie mich ausgiebig untersucht und auch ausreichend bedauert hat, bekomme ich grauenhaft schmeckende, steinharte Kräuterkügelchen verordnet, die ich mit den Zähnen zerbeißen und zu einem schwarzen Brei kauen soll. Dreimal am Tag vier Kugeln – und meine Übelkeit soll sich in Luft auflösen. Meine armen Zähne aber vermutlich auch. Somit wäre das Thema Zahnpflege zumindest für immer vom Tisch.

Zum Abschied schenkt mir die nette Ärztin zwei ganz besondere Kugeln: »precious pills«.

Ich darf sie nur im äußersten Notfall einnehmen, wenn es mir wirklich, wirklich sehr schlecht geht. Sie sind in orangegoldene Stoffflecken verpackt, deren Farbe an das Unterkleid tibetischer Mönche erinnert. Ich hoffe sehr, dass es sich bei diesen Wunderpillen nicht um die Reliquien verstorbener Lamas handelt: Reste von Haaren, Nägeln, Fingerkuppen...

Die Ärztin versteht meine argwöhnische Nachfrage nicht. »Precious pills«, beteuert sie noch mal und schiebt mich zur Tür hinaus. Draußen wartet bereits mein persönlicher Formel 1-Pilot und hupt mir abenteuerlustig zu. Auf geht's, ins FRO! Und ich streiche einen weiteren Punkt auf meiner Liste:

4. Maria ins Krankenhaus einliefern

Auch Chime war inzwischen erfolgreich: Das neue Rückreisevisum mit dem richtigen Namen ist formal bereits zu Papier gebracht worden. Jetzt fehlt nur noch ... der Stempel!

Aber mittlerweile kennen wir den emotionalen Hebel, der hier bedient werden muss. Ich hole aus meinem Portemonnaie ein Foto meines süßen Sohnes und gebe es Chime.

Seit Simon drei Jahre alt ist, trage ich es bei mir. Ich habe es zu unserer »Hochzeit« aufgenommen. Ich meine natürlich die Hochzeit mit Simon. Es war die Idee meines Sohnes, mich zu heiraten. Tagelang war er durch die Geschäfte unseres Veedels gelaufen, um nach passenden Ringen für uns zu suchen. Und konnte sich am Ende nicht zwischen drei Modellen entscheiden. Wir kauften sie einfach alle und haben uns hoch über dem Rhein am Drachenfels dreimal vermählt. Es war viel mehr als ein Spiel. Mein kleines Männlein mit seinen drei Jahren versuchte durch dieses Ritual, seine flatterhafte und oft abwesende Mutter fest an sich zu binden. Er hatte Angst, mich zu verlieren.

Mit Simons Foto tritt Chime an die gläserne Scheibe und sagt lächelnd zu dem Mensch dahinter: »Namasté.«

Einer Überlieferung zufolge soll Mahatma Gandhi auf die Frage Albert Einsteins nach der tieferen Bedeutung dieses hinduistischen Grußes geantwortet haben: »Ich ehre den Platz in dir, in dem das gesamte Universum residiert. Ich ehre den Platz des Lichts, der Liebe, der Wahrheit, des Friedens und der Weisheit in dir. Ich ehre den Platz in dir, wo, wenn du dort bist und auch ich dort bin, wir beide nur noch eins sind.«

Man muss wissen, wie man seine Feinde begrüßt.

Der vorletzte Punkt wird von meiner Liste gestrichen.

~~3. Neues Rückreisevisum Chime~~

Nach einem weiteren Kamikaze-Ritt setzt uns der indische Michael Schumacher pünktlich am Flughafen von Dharamsala ab. Und erntet glücklich, was er mit seinem beherzten Fahrverhalten gesät hat. Meine allerletzten 1000 Rupien.

»Und was geschieht mit den acht kaputten Klangschalen?«, fragt Chime beim Abschied.

»Mr. Michael wird sie für mich umtauschen!«

~~2. Kaputte Klangschalen umtauschen~~

Zum ersten Mal fließen keine Tränen beim Abschied. Denn wir haben uns am heutigen Tag wahrhaftig bewiesen, dass auch wir die Lenker unseres Schicksals sein können.

»Bestelle Tenpa liebe Grrrrrrüße von mir.«

»Tashi Delek an Simon und Yak ... und an diesen ›Bussi, Bussi, ich liebe dich‹.«

»Sein Name ist Klaus.«

»Wie Santa Claus?«

»Er hat die Einladungspapiere für dich ausgestellt. Man braucht dafür ein geregeltes Einkommen.«

»Du musst jetzt gehen.«

»Lass uns bis drei zählen.«

»Eins, zwei, drei und... Namastééééé!«

Chime steigt ins Taxi. Es fährt los. Lange schaue ich ihr noch nach. Doch sie dreht sich nicht mehr um. Kein einziges Mal. Wahrscheinlich telefoniert sie schon wieder mit ihrem Tenpa.

Die roten Gummistiefel
Kinderdorf Upper TCV, 2000

»Yashang! Yashang!« Jeden Morgen um fünf Uhr dreißig klopfte unsere Hausmutter gegen die Türe des Mädchenschlafsaales. Danach weckte sie die Jungen. Etwas lauter, denn sie waren noch schwieriger aus den Betten zu bekommen als wir. »Yashang!!! Yashang!!!« schallte der Befehl durch die Räume.

Meist verkroch ich mich noch für einen Moment unter meiner wollenen Decke und lauschte eine Weile den Gebetsgesängen der Hindus und Moslems, die der Wind aus den umliegenden Dörfern zu uns ins Kinderdorf trug. Dieser Moment hatte etwas Tröstliches für mich. Etwas, das mein Herz mit Wärme und mit Liebe erfüllte. Denn ich vermisste unsere Mutter sehr!

Hier gab es niemanden, der uns auf den Schoß nahm, uns liebevoll über die Wange strich, abends noch plaudernd an unserem Bett saß und uns nach einem erfolgreichen Markttag mit kleinen Geschenken überraschte. Unsere Mutter gab es nur noch in unserer Erinnerung und in unserem Herzen.

Unsere Hausmutter jedenfalls konnte sie nicht ersetzen. Sie musste jeden Tag fünfunddreißig Kinder versorgen! Sie kochte für alle, sie wusch und betreute die Hausaufgaben. Für wirkliche Zuwendung blieb da keine Zeit. Dolkar und ich fühlten uns schrecklich einsam.

Nach unserer Ankunft im Kinderdorf hatte man uns in drei Teile gerissen. Dhondup und Little Pema lebten nun in einem Kinderhaus; Dolkar und ich wurden in einem anderen Kinderhaus untergebracht; Tamding und Lakhpa im Kinderhaus 19, welches das älteste und baufälligste Haus war, dafür aber die modernste Hausmutter hatte. Wie gerne würde ich wenigstens bei ihnen wohnen!

»Yashang!!!!! Yashang!!!!«

Das war die letzte Warnung meiner Hausmutter für die

Nachzügler und Langschläfer. Nun war es wirklich Zeit, aus dem Bett herauszukommen. Um Punkt sechs mussten die Zähne geputzt, das Gesicht gewaschen, das Bett gemacht und die Schuluniformen angezogen sein. Wer bis dahin nicht fertig war, hatte wenig Grund, sich auf das Wochenende zu freuen. Die Strafen für Trödler im Kinderdorf waren drakonisch: Fenster putzen, Handtücher waschen und die großen Gasflaschen in der Küche auswechseln. Sie waren unglaublich schwer für uns Kinder! Man konnte sie nur zu viert heben.

Bei unserer Mutter in Lhasa hatten wir nie so harte Arbeiten verrichten müssen. Auch mussten wir nicht schon am frühen Morgen die Böden wischen, den Müll ausleeren und die Blumen im Garten gießen, bevor es überhaupt etwas zum Frühstücken gab! Ohnehin war das Essen bei unserer Amala in Lhasa tausend Mal besser als hier. Wir waren Tsampa, Butter und Marmelade gewohnt. Im Kinderdorf bekamen wir trockenes Brot und Tee. Und zweimal in der Woche dazu ein Ei. Kulinarisch war Indien also schon mal ein Reinfall. Es hielt nichts von dem, was ich mir erwartet hatte. Auf den Bäumen wuchs keine Schokolade. Und in den Bächen floss schmutziges Wasser statt Limonade.

Das Einzige, worauf ich mich jeden Tag freute, war das Morgengebet. Um sieben Uhr fanden sich alle Kinder des TCVs in der Versammlungshalle ein. Statt eintöniger politischer Slogans, wie ich sie aus Lhasa gewohnt war, sang uns hier ein tibetischer Mönch mit tiefer, sonorer Stimme die große Lobpreisung des Buddha vor. Und wir Kinder fielen mit unseren hellen Stimmen ein: »Donpa chomden den deshingshengpa, da chompa, yang dagpa...«

Hob ich während des Betens den Kopf, blickte ich auf den Potala, der am Kopfende der Versammlungshalle an die Wand gemalt war. Das Bild des Potala lenkte meine Gedanken unwillkürlich in meine Heimatstadt Lhasa. Zu meinen Freunden, meinen Verwandten und zu meiner

Mutter. So war ich ihr jeden Morgen beim Beten ganz nah.

Nach dem Morgengebet begann die Schule. Ich hatte anfangs große Schwierigkeiten. In Tibet hatte ich das tibetische Alphabet und die chinesischen Schriftzeichen gelernt. In beiden Systemen fühlte ich mich zu Hause. Plötzlich sollte ich das lateinische Alphabet lernen. Die Buchstaben wirkten auf mich wie kleine, unruhige Insekten, die sich nicht einfach zu Wörtern und einer Bedeutung bändigen ließen. Es war frustrierend. Tamding hatte noch größere Schwierigkeiten als ich, weil er mit einem sehr starken Amdo-Dialekt aufgewachsen war. Er brauchte lange, um sich an die Sprache des Exils zu gewöhnen, die identisch mit dem Lhasa-Tibetisch ist.

Lakhpa war die Glücklichste von uns. Ihr Bruder unterrichtete Mathematik im Kinderdorf und seine Frau lehrte Tibetisch. Jeden Tag bekam sie von den beiden Privatunterricht und machte im ersten Jahr die größten Fortschritte von uns. Ich war eifersüchtig. Ich wollte auch scheinen und strahlen wie sie. Doch ich fühlte mich machtlos.

Nicht einmal auf das Mittagessen konnte man sich freuen! Tag für Tag gab es immer nur Reis mit Dal, einer indischen Linsensuppe. Zweimal in der Woche dazu etwas Fleisch und einen Apfel als Nachtisch. Nichts von dem, was wir aßen, erinnerte an die Mahlzeiten bei unserer Mutter. Lustlos stocherte ich mit dem Löffel in meinem Essen herum.

Jene Kinder, deren Eltern oder andere Familienmitglieder in Indien lebten, bekamen am Wochenende Besuch. Und mit den Verwandten kamen die Geschenke. Meist war es etwas zu essen: Momos, gefüllt mit Fleisch, mit Kartoffeln, Käse oder Spinat. Kekse mit Schokolade, Vanille oder Orange. Bananen, Äpfel, Süßigkeiten und Chips. Sonntag für Sonntag mussten Dolkar und ich zuschauen, wie andere Kinder mit Köstlichkeiten und familiärer Liebe verwöhnt wurden. So begann ich, Sonntage zu hassen.

Ein anderes großes Problem für Dolkar und mich war unsere Kleidung. Zwar bekam jedes Kind vom Kinderdorf seine Schuluniform, doch für die freien Tage brauchte man seine eigenen Kleider. Aber die Kleiderspenden aus dem Westen reichten nicht für all die Kinder aus, die aus Tibet geflohen waren. Anfangs besaß ich nicht einmal ein Paar Schuhe. Meine Hausmutter hatte mir ein Paar alte Gummistiefel gegeben. Sie waren rot, zu groß und vor allem viel zu warm für den schwülen Sommer Indiens. Ich schwitzte mich tot in ihnen! Und meine Füße stanken entsetzlich. Hätte meine Mutter gewusst, wie sehr ich unter diesen verhassten Stiefeln litt, hätte sie mir bestimmt ein Paar Schuhe aus Tibet geschickt! Oder sie hätte sich zu Fuß auf den Weg gemacht, um mir Schuhe zu bringen! Davon war ich damals noch fest überzeugt. Es war die Zeit, in der Dolkar und ich auf den Besuch meiner Mutter zu warten begannen. Sie hatte doch schließlich beim Abschied versprochen, uns in einem Jahr besuchen zu kommen. Oder?

Eines Tages tauchte Tamding in unserem Kinderhaus auf und rief nach Dolkar und mir. Sofort wurden wir von den anderen Kindern verständigt: »Euer Bruder! Euer Bruder aus Home 19 ist da!«

Als wir in den Garten liefen, stand er in der Sonne und strahlte uns an: »Am Sonntag mache ich ein Picknick. Nur für uns sechs. Seid ihr dabei?«

Was für eine Frage. Nur zu gern! Begeistert nickten Dolkar und ich. Wir waren mächtig stolz auf die Einladung. Die anderen Kinder aus unserem Haus platzten vor Neid.

Tibeter lieben Picknicks. Sie sind bei uns Tradition. Doch ein Picknick ohne Essen wäre wie Tsampa ohne Butter, wie der Frühling ohne Blumen und Losar ohne Festtagsgeschenke.

»Was wollen wir denn überhaupt essen?«

Lachend schob Tamding meine Bedenken zur Seite: »Ums

Essen kümmere ich mich. Wir treffen uns also am Sonntag zu Mittag auf der Wiese hinter unserem Haus!«

Dann eilte er weiter, um Pema und Dhondup Bescheid zu sagen.

Dolkar und ich waren sehr aufgeregt. Natürlich wollten wir auch etwas zu unserem ersten Picknick beitragen. Also stopften wir uns in den folgenden Tagen beim Abendessen heimlich Brot und Kartoffeln in unsere Hosentaschen. Je näher das Wochenende rückte, desto aufgeregter wurden wir. Wir konnten es kaum erwarten, unsere Beute mit den anderen zu teilen.

Am Sonntag war es dann endlich so weit. Als wir zu unserem Treffpunkt kamen, erwartete uns Dhondup bereits mit seinem breitesten Lächeln und den neuesten TCV-Witzen auf seiner lockeren Zunge. Lakhpa und Little Pema hatten eine Decke auf dem trockenen Gras ausgebreitet. Nur Tamding fehlte, was unsere Spannung natürlich erhöhte. Da trat er plötzlich hinter dem Haus hervor: »Tashi Delek!«

Uns blieb der Mund offen stehen vor Erstaunen: Statt der ungeliebten Schuluniform trug er eine olivgrüne Chuba, den traditionellen Wickelmantel der Tibeter, mit einer knallroten Schärpe. Stolz zog er aus seinem Revers eine große Packung Kekse hervor. Und drei Orangen! Und frisches Brot! Und getrockneten Käse!

Wir waren sehr beeindruckt.

»Woher hast du das alles?«, fragte ich ängstlich: »Du hast es doch hoffentlich nichts gestohlen?«

»Nein, ich habe unser Picknick mit harter Arbeit verdient«, erwiderte Tamding sehr ernst.

»Arbeit? Welche Arbeit?!«, wollten wir alle natürlich wissen.

Tamding forderte uns auf, näher zusammenzurücken. Dann verriet er es uns mit gedämpfter Stimme: »Ich stehe jeden Abend Wache für die älteren Jungen.«

»Welche älteren Jungen?«

»Wenn unsere Hausmutter und unser Hausvater zu Bett gegangen sind, dann kochen sich die Jungs aus Klasse Sechs noch ein zweites Abendessen in unserer Küche. Meine Aufgabe ist es, die Tür der Hauseltern zu bewachen. Sobald sich bei denen im Zimmer irgendwas regt, schlage ich Alarm. Als Lohn dafür geben mir die großen Jungs immer etwas von dem Essen ab.«

Ich bewunderte Tamding. Ich glaube, wir alle waren sehr stolz auf ihn. Anstatt die gesammelten Köstlichkeiten allein zu verzehren, hatte er sie für uns sechs aufbewahrt.

Von nun an trafen wir uns regelmäßig zum Picknick und übertrumpften uns gegenseitig mit dem, was wir dazu beisteuern konnten. Unser Leben wurde von Woche zu Woche besser.

Kleine Kinder, kleine Sorgen... ❋
Dharamsala und Delhi, 25. April 2011

»Ich habe acht Stunden Zwischenaufenthalt in Delhi. Hast du Lust auf eine Sightseeing-Tour?«

»Geht leider nicht. Ich werde abgeholt.«

»Hast du Freunde da?«

»Zwei meiner tibetischen Patenkinder leben in Delhi. Ich muss dringend ein paar Dinge mit ihnen besprechen, bevor ich weiter nach Hause fliege.«

»Schade. Sehr schade.«

Der attraktive Kanadier, den ich in der German Bakery kennen gelernt habe, scheint etwas enttäuscht zu sein. Wir haben uns am Flughafen von Dharamsala in der Warteschlange vor dem Check-in wiedergetroffen. Ich wäre in diesem Moment am liebsten im Boden versunken. Denn ich sehe heute einfach verboten aus. Kein Wunder, ich bin an diesem Morgen sterbenskrank aus dem Bett gestiegen! Außerdem hat die

Aufregung um Chimes vertauschtes Rückreisevisum mein gewohntes Zeitfenster für die morgendlichen Restaurierungsarbeiten an Frisur und Make-up zu einem winzig kleinen Guckloch geschrumpft. Und jetzt muss ich zu allem Überfluss feststellen, dass ich noch immer in der Pyjamahose stecke und meine Füße in zwei verschiedenen Socken. Einer rosa, der andere weiß.

»Du hast dein T-Shirt verkehrt herum an«, holt der schöne Kanadier – angetan mit einem blütenweißen tibetischen Hemd und frisch gewaschenen Jeans – zum endgültigen Vernichtungsschlag aus.

Ich habe mir angewöhnt, in so aussichtslosen Momenten möglichst ehrlich zu sein: »Sorry wegen meines Aussehens. Aber ich fühle mich heute sehr miserabel.«

»Du auch?!«, ruft er mit solidarischer Begeisterung. »Ich hatte die ganze Nacht Durchfall und seit heute Morgen die große Kotzerei.«

Selten hat mich eine solche Aussage so sehr gefreut.

DIE ZIMTSCHNECKEN! Wie ein Geistesblitz durchzuckt mich die Erkenntnis, dass diese deutschstämmigen Himalaya-Weichtiere schuld an unserer gemeinsamen Magen- und Darmmisere sein müssen. Sie waren der einzige ausschlaggebende gemeinsame Nenner in der kurzen Zeit unserer flüchtigen Bekanntschaft.

»Hast du Lust, wenigstens auf dem Flug neben mir zu sitzen?«, fragt Rus, der sich mittlerweile bereits mit Namen, Alter und Beruf vorgestellt hat. Wir stehen kurz vor der üblichen Sternzeichenrunde, als wir endlich am Check-in-Counter angelangt sind.

»Könnte gefährlich werden. Mir ist immer noch ziemlich übel.«

»Keine Sorge. Mir auch.«

»Ich hätte zwei ›precious pills‹ für uns.«

»Precious pills?«

Nach Gepäcksabfertigung und Sicherheitscheck krame ich die beiden wertvollen Kügelchen aus meiner Computertasche hervor und wickle sie vorsichtig aus dem heiligen goldgelben Stoff.

»Und was ist da drin?«, fragt Rus mit verständlicher Skepsis.

»Die Überreste verstorbener Mönche.«

»Oh.«

»Nein, keine Sorge. Es sind tibetische Kräuter-Pillen, über die lebende Mönche ihren Segen gesprochen haben.«

Und dann zeige ich Rus, wie man die Kugel zerbeißt und mit Speichel zu einem schwarzen, ziemlich übel schmeckenden Brei verschleimt. Nicht unbedingt ein besonders erotisierendes Ritual für den Anfang einer Bekanntschaft. Doch er macht mir trotz sichtlichen Unbehagens alles brav nach. Sein Leidensdruck muss extrem hoch sein.

Die »precious pills« wirken tatsächlich Wunder. Kaum sitzen wir in unserem Flieger, schlafen Rus und ich Kopf an Kopf ein. Wir erwachen erst, als die Maschine mit einem lauten, unsanften Rums auf die Landebahn von Delhi kracht.

Glücklich strahlen wir einander mit den Resten unseres schwarzen Breis zwischen den Zähnen an: Unsere furchtbare Übelkeit hat sich vollständig gelegt. Auch Kopfschmerz und Bauchweh sind wie weggeblasen. Die »precious pills« haben sich in der Tat als sehr wertvoll erwiesen. Nur meine Socken sind nach wie vor rosa und weiß.

Nachdem mir mein kanadischer Kavalier noch den Koffer vom Gepäckband gehoben hat, reiche ich ihm zum Abschied die Hand. »Ich wünsche dir viel Glück für dieses Leben.«

Es gibt Begegnungen, bei denen sich die Lebenswege seelenverwandter Menschen für einen kurzen Augenblick kreuzen. Und man danach mit einem kleinen Lächeln im Herzen wieder auseinandergeht. Wir werden uns in diesem Leben vermutlich nie wieder sehen. Aber man hat sich für einen kurzen Moment erkannt: Du bist auch einer von meiner Seelenfamilie. Auch du ringst darum, diese Erde zu einem schöneren Platz zu machen.

»Alles Gute für euer Buch!«, ruft mir mein kurzweiliger

Wegbegleiter noch nach, bevor sich die Schiebetür zwischen unsere Leben schiebt und diese kleine Geschichte stilvoll beendet.

Ich trete aus der auf 16 Grad gekühlten Luft des voll klimatisierten International Airport in eine 42 Grad heiße, dampfende Großstadtsuppe. Jan und Tamding warten bereits auf mich. Zuverlässig wie immer.

»Und wo ist Lakhpa?«

»Sie sitzt zu Hause und lernt für ihre Prüfung«, sagt Jan und umarmt mich: »Außerdem solltest du heute dringend mit Tamding allein sprechen. Er braucht deine Hilfe. Ich habe einen ruhigen Tisch für uns reserviert. Hey, warum ist denn dein Koffer plötzlich so leicht?!«

»Ich komme hier in Delhi nicht weiter«, eröffnet Tamding das Gespräch, nachdem wir das Essen bestellt haben. »Ein Jahr lang habe ich mir die Uni hier angeschaut, und ich sage dir, man kann sie wirklich vergessen. Die Hälfte der Zeit finden keine Vorlesungen statt. Entweder die Uni hat wegen der unzähligen hinduistischen Feiertage geschlossen oder unsere Professoren streiken. Ich habe die Nase echt voll von Indien. Ich will nach Deutschland.«

Ich weiß, dass es Tamding, wie viele junge Tibeter, mit allen Fasern seines Herzens in die Ferne zieht. Weg aus dem Exilleben in Indien mit all seinen Beschränkungen. Überall auf der Welt scheint es besser zu sein als hier. Für viele junge Tibeter ist Indien ein großer, überfüllter, stickiger Wartesaal, in dem kollektiv vom »goldenen Westen« geträumt wird. Indien, eine Zwischenstation, das Sprungbrett in ein Leben mit anerkannter Nationalität, mit Papieren und Reisepass. Immer wieder setzen sich Exiltibeter in westliche Länder ab und beantragen politisches Asyl. Und was steht am Ende des mühevollen mehrjährigen Verfahrens? Oft die Karriere als Hilfskoch in einer Großküche. Manche schaffen es sogar in eine Sushi-Bar. Nur wenige auf wirklich bemerkenswerte biographische Wege.

Ist man dafür als Kind den weiten Weg über den Himalaya gekommen? Haben dafür die Eltern ihre Kinder schweren Herzens in ein besseres Leben geschickt?

Manche Tibeter versuchen mittels einer Heirat in den Westen zu kommen. Vor allem die hübschen Jungs aus Amdo. Mit ihren langen Haaren und den gefälschten Türkisringen an den Fingern sind bei den tibetbegeisterten Touristinnen der »Generation Winnetou« äußerst beliebt.

Ich habe Tamding nach seinem Abitur dringend davon abgeraten, sich eine Pierre-Brice-Matte wachsen zu lassen. Ehrlich gesagt habe ich es ihm unter Androhung von schrecklichen Repressalien verboten. Ich wollte ihn nicht Gefahr laufen lassen, auf dem Heiratsmarkt von McLeod Ganj zur Jagdtrophäe westlicher Ladies zu werden. Viele Ehen, die in McLeod Ganj ihren Anfang nehmen, zerbrechen am harten Alltag im Westen. Der Zauber Tibets zerplatzt spätestens dann, wenn man neben einem arbeitslosen, schnarchenden Macho-Tibeter erwacht. Natürlich und zum Glück gibt es auch Ausnahmen!

Gemeinsam mit den sechs Kindern haben wir beschlossen, einen geradlinigeren Weg zu gehen. Tamding hat in Delhi zu studieren begonnen und lernt nebenbei am Goethe-Institut Deutsch. Unser Plan war es, dass er nach seinem Bachelor für seinen Master nach Deutschland kommt. Doch nun möchte Tamding diesen Schritt schon entschieden früher wagen.

Ich halte es für übereilt: »Du bekommst nur eine Studiengenehmigung, wenn du am Goethe-Institut die Level-B-Prüfung absolviert hast. Außerdem müsste ich ein Sperrkonto für dich einrichten und jedes Jahr 8000 Euro darauf deponieren. Ganz ehrlich, Tamding, ich habe das Geld im Moment nicht. Deswegen müssen auch Lakhpa und Chime erst mal in Indien studieren. Sorry, aber ihr seid nun mal zu sechst.«

»Gibt es keine anderen Möglichkeiten? Stipendien?«

»Wo stehst du denn gerade mit deinem Deutsch-Kurs?«

»Ich habe gerade den Level-A-Test geschafft.«

»Mit Level A kannst du Au-pair machen in Deutschland.«

»Was muss ich tun als Au-pair?«

»Du lebst in einer Familie, passt auf schrecklich verzogene Kinder auf, kochst für sie dreimal am Tag und putzt das dreistöckige Haus. Nebenbei lernst du Deutsch. Nach einem Jahr hast du dann Level B in der Tasche.«

»Ich würde das sofort tun!«, ruft Tamding begeistert.

»Und danach?«

»In Deutschland studieren.«

»Das kostet dann immer noch 680 Euro im Monat. In Delhi brauchst du nur 150.«

»Ich könnte nebenbei arbeiten! Für *Shelter108*. Ich würde so gern für dich arbeiten! Seit zwei Jahren beobachte ich jetzt deine Charity-Arbeit. Du machst total viele Fehler!«

»Wie bitte?!«

Das Gespräch nimmt eine überraschende Wendung.

Tamding kramt einen Notizblock hervor und schlägt eine ziemlich lange Liste mit der Überschrift »Marias Mistakes« auf, »Marias Fehler«. Ein Hauch meiner morgendlichen Übelkeit kehrt zurück. Tamding beginnt mich so sachlich wie gnadenlos auseinanderzunehmen:

»Dein größtes Problem ist, dass du ein zu großes Herz hast und dich nicht abgrenzen kannst. Du willst allen helfen. Allen. Dabei versprichst du Menschen oft mehr, als du halten kannst.«

Okay, ich verstehe, junger Mann. Gib mir den Rest für heute.

»Ein weiterer Schwachpunkt ist die Kontrolle. Bei unserer letzten Reise in Nepal erzählt dir so ein Sherpa was von acht Kindern, die er weder ernähren noch zur Schule schicken kann. Dein »Ich-muss-helfen-Motor« springt sofort an, und du versprichst ihm, alle acht Kinder an Paten in Deutschland zu vermitteln! Zum Glück konnten wir dich im letzten Moment davon abhalten. Denn: Hast du seine Kinder gesehen? Hast du überprüft, ob es wirklich acht sind? Bist du sicher, dass er vor dir nicht schon zwanzig andere westliche Bergsteiger um Hilfe für seine zwölf Kinder angepumpt hat?«

Langsam muss ich diesem Racker, den ich vor elf Jahren im Himalaya-Nebel aufgegabelt habe, Gegenwehr leisten. Sonst erreicht mein Selbstwertgefühl an diesem Tag noch den tiefsten je erreichten Tiefststand. Und das würde in meinem Fall nichts Gutes heißen!

»Keine Sorge, Tamding. Wir vermitteln mittlerweile nur noch bedürftige TCV-Kinder, deren Akten uns vorliegen.«

Aber nun ist Tamding so richtig in Fahrt. »Trotzdem bist du gefährdet. Du brauchst einen Manager an deiner Seite. Ich könnte das sein.«

Er meint es wirklich ernst: »Hier in Delhi sollte ich in den Vorstand der *Students For a Free Tibet* gewählt werden. Ich habe abgelehnt. Ich möchte für *Shelter108* arbeiten.«

Hilfesuchend wandert mein erschöpfter Blick zu Jan, der seinen Blick aber lieber einer jungen Inderin nachschickt, anstatt mir aus der Bredouille zu helfen. Hallo? Seit wann macht Jan sich was aus schönen Mädchen? Verdammt, entgleitet mir hier denn jetzt bald alles!?

»Wir sind aber keine große Organisation, Tamding, nur ein kleiner Verein. Wir zahlen keine Gehälter.«

Alle meine Bremsversuche und Desillusions-Strategien laufen ins Leere.

»Ihr müsst *Shelter108* auf professionelle Beine stellen. Also. Ich habe mir mal eure Homepage angeschaut...«

Und so bekomme ich zu Curry-Reis und Palak Paneer den Rest meiner unendlich langen Fehlerliste serviert. Zum Glück ist mein Magen wieder halbwegs erstarkt, um all die Kritikpunkte zu verdauen, die Tamding mir nach und nach auftischt. Dummerweise trifft er mit seiner Kritik im Detail vernichtend oft ins Schwarze.

Erst als Lakhpa endlich zu uns stößt, wird das Thema gewechselt. Gemeinsam mit ihren Hunderten von Sommersprossen lacht diese Großmeisterin der Lebensfreude mich an und meine positiven Lebensgeister melden sich leise zurück.

»Jan sagt, du möchtest nach Amerika gehen?«, frage ich meine älteste Patentochter.

»Mein Bruder ... also der, der vor elf Jahren diesen Brief nach Tibet geschickt hat, damit mein Vater mich ins Exil schickt ... dieser Bruder ist mit seiner Frau nach Amerika ausgewandert. Sie haben vor Kurzem ein Baby bekommen und mir angeboten, bei ihnen zu leben, um auf das Baby aufzupassen.«

»Hast du denn schon ein Visum beantragt?«

Etwas mutlos schüttelt Lakhpa den Kopf: »Ich warte noch immer auf meine IC-Card.«

Als Dessert wird Himbeereis mit heißer Schokolade serviert. Ich versuche, es möglichst sorglos zu genießen, denn ich werde Tamdings und Lakhpas Probleme heute sowieso nicht mehr lösen. Aber sie stehen bereits auf meiner To-do-Liste. Jedes Problem, das ausgesprochen, analysiert und als solches notiert ist, werde ich irgendwann lösen. Ich stelle fest, meine Patenkinder sind erwachsen geworden. Sie stehen an der Schwelle zu ihren eigenen Leben. »Kleine Kinder, kleine Sorgen, große Kinder, große Sorgen«, hat Heintje, der erfolgreichste Kinderstar der Musikgeschichte, in den Siebzigerjahren zum Besten gegeben. Und wurde wenige Jahre später mit diesem Schlager auch in China berühmt. Was uns alle offenbar über kulturelle, ethnische, politische und religiöse Barrieren hinweg miteinander verbindet, ist die Sorge um unsere Kinder. Der Nachwuchs muss auf die Beine gestellt werden. Seit Hunderttausenden von Jahren. Gegen Mitternacht bringen mich Jan, Tamding und Lakhpa zum Flughafen.

»Danke«, sage ich zum Abschied zu Jan. »Du hast so viel für diese Kinder getan. Mein leckes Schiff wäre im letzten Jahr ohne dich untergegangen.«

»Darum sind wir doch eine Familie«, antwortet er in seiner liebenswürdigen, bescheidenen Art. »Starke Familien gehen nicht unter. Weil es immer einen gibt, der in schweren Zeiten die Fahne oben hält.«

»Du hast Recht«, sage ich lachend. »Wir leben das Prinzip der Drogpa-Nomaden!«

Keinen Müll wegwerfen!
Kinderdorf Upper TCV, Sommer 2000

Während meiner elf Jahre im Exil hatte ich insgesamt vier Hausmütter. Nur zu einer habe ich heute noch eine wirklich gute Beziehung. Vielleicht liegt es an mir und meiner etwas aufmüpfigen Art. Immer schon galt ich als frecher und herausfordernder als die anderen fünf Kinder. Sie hatten nie Streit mit ihren Hausmüttern. Nur ich hatte immer wieder Probleme.

Meine erste Hausmutter war anfangs sehr nett zu Dolkar und mir. Eines Tages winkte sie uns in ihr privates Zimmer: »Kommt, setzt euch ein bisschen zu mir«, sagte sie mit ihrer freundlichsten Stimme. Sie hatte bereits einen Teller mit Keksen und Schokolade gerichtet: »Greift zu, nehmt euch davon, so viel ihr wollt!«

Nichts lieber als das! Wir waren so ausgehungert nach Zucker und Zuwendung, dass wir sofort über die Süßigkeiten herfielen. Glücklich kauten wir auf den Keksen herum und ließen genussvoll die Schokolade am Gaumen zergehen. Da begann unsere Hausmutter, Fragen zu stellen. Über die älteren Kinder. Vor allem über jene, die sie nicht so richtig unter Kontrolle hatte. Dolkar wurde plötzlich ganz schweigsam. Auch ich durchschaute die Motive unserer Hausmutter sofort. Fieberhaft suchte sie nach Fehlern oder Vergehen bei den Kindern, die sie nicht ausstehen konnte. Denn sie brauchte handfeste Gründe für deren Bestrafung. Ihre Einladung war nichts anderes als der Versuch, uns als Spione einzusetzen. Sie dachte wohl, sie hätte bei uns Neuankömmlingen ein leichtes Spiel.

»Ihr könntet viel öfter Schokolade bekommen«, säuselte sie. »Wenn ihr mir über die anderen Kinder Interessantes berichtet, wird immer etwas für euch auf diesem Teller sein.«

Als ich meine Hausmutter so reden hörte, konnte ich meine Schokolade nicht mehr runterschlucken. Mein Hals war wie zugeschnürt. Ich sagte nichts mehr. Als wir endlich gehen durften, rannte ich sofort in den Garten und spuckte den braunen, klebrigen Erpressungsbrei hinter die Blumen. Von diesem Tag an versuchte ich, unserer Hausmutter aus dem Weg zu gehen. Sie spürte, dass Dolkar und ich uns ihrem Einfluss entzogen. Und setzte von nun an ihre willigeren Helfer auf uns an.

So wie in meiner Schule in Lhasa gab es auch im Kinderdorf einen Monitor. In unserem Haus war es ein älteres Mädchen, das als verlängerter Arm der Hausmutter über uns Kinder regierte. Sie half, uns zu kontrollieren, und hatte sogar die Befugnis, Strafen zu verteilen. Die Lebensqualität der TCV-Kinder hing stark von der Güte oder der Bösartigkeit ihres Hausmonitors ab. Unser Hausmonitor zählte leider zur übleren Sorte.

Wer um Punkt 16 Uhr nicht von der Schule zurück war, musste eine Rupie Strafgeld bezahlen. Das sind zwar umgerechnet nur 15 Cent, aber bei nur sieben Rupien Taschengeld pro Woche für uns Kinder ziemlich viel! Auch für Schlamperei und Unordentlichkeit kassierte unser Monitor kräftig ab. Und da Ordnung bekanntlich eine sehr subjektive Angelegenheit ist, fiel die Höhe der Strafe bei meiner Schwester und mir meist unangemessen hoch aus.

Eines Tages drückte mir meine Hausmutter einen Eimer in die Hand und schickte mich hinter das Haus, um Nacktschnecken zu sammeln. Dort hatten sich am feuchten Boden hinter der Küche Hunderte von diesen glitschigen, schwarzen Viechern im feuchten Schatten verkrochen. Aus Tibet kannte ich Nacktschnecken nicht. Ich konnte mich einfach nicht dazu überwinden, sie mit bloßen Fingern zu berühren.

»Du bist wirklich für nichts zu gebrauchen!«, schimpfte die Hausmutter und nahm mir fluchend den Eimer ab, um die Arbeit selbst zu verrichten. Ich fühlte mich unheimlich schlecht. Nirgendwo konnte ich glänzen. Nirgendwo konnte ich mich beweisen.

Mit meinen zehn Jahren hasste ich bereits die ganze Welt. Am meisten jedoch hasste ich meine Mutter. Sie hatte Dolkar und mich belogen. Sie hatte uns ein Paradies versprochen und in Wahrheit in die Hölle geschickt. Warum sollte ich hier noch länger bleiben? Ich stieg in meine dummen Gummistiefel und rannte einfach davon. Raus aus meinem Kinderhaus, die Treppen zum Spielplatz hinauf und blindlings durch das große Tor hinaus in die Welt. Ich wollte zurück nach Tibet. Ich wollte es meiner Mutter ins Gesicht schreien: »Es ist schrecklich in Indien!«

Die kurvenreiche Straße vor dem Kinderdorf führte direkt in die Berge. In der Ferne leuchteten verheißungsvoll die schneebedeckten Himalaya-Gipfel. Gleich dahinter musste Lhasa sein! Dort saß meine Mutter ahnungslos an ihrem Marktstand und quatschte ihrer Standnachbarin die Ohren voll! Dort wartete auch mein trauriger Vater, von dem ich mich nicht einmal verabschieden konnte. Wenn er wüsste, wie schlecht es seinen Töchtern erging. Er würde Dolkar und mich bestimmt nach Tibet zurückholen.

Ein älteres Mädchen aus unserem Haus hatte meine Flucht bemerkt und rannte mir hinterher. »Wo willst du hin?«, rief sie und packte mich unsanft am Arm. Ihr Name war Palden.

»Ich gehe nach Tibet zurück. Ich bleibe nicht länger in Indien.«

»Das ist unmöglich! Du weißt genau, dass es nicht geht. Es ist viel zu weit. Und wie willst du denn allein den Weg finden? Du dummes, kleines Mädchen!«

Sie schimpfte mit mir. Sie schlug mich sogar. Doch dann brach sie selbst in Tränen aus. Sie wusste ganz genau um meine Gefühle. Auch sie war als kleines Mädchen ins Exil geschickt worden.

Schließlich drehte sie mich zu sich und sah mir ganz fest in die Augen: »Pass auf, Chime. Jedem, der aus Tibet kommt, geht es so wie dir. Weil sie alle von ihren Eltern diese Lügengeschichten erzählt bekommen haben. Und hinterher ist dann alles ganz anders. Aber du bist nicht zum Spaß hierher geschickt worden. Verstehst du? Du bist hier, um irgendwann als gebildete Tibeterin aufzustehen und in dieser Welt zu scheinen! Schau auf die guten Dinge in deinem Leben. Du hast deine Schwester und noch vier weitere Geschwister hier. Du bist wenigstens nicht allein!«

Wie Recht Palden hatte! Ich schämte mich für meine selbstmitleidige Haltung. Ich schämte mich, dass ich in meinem blinden Hass und meiner Verzweiflung sogar bereit gewesen war, Dolkar im Stich zu lassen.

Der Himalaya war eine unüberwindbare, lebensfeindliche Grenze zwischen meinem alten und meinem neuen Leben. Es blieb mir nichts anderes übrig, als dieses neue Leben anzunehmen.

Palden reichte mir ihre Hand: »Komm mit mir.«

Als ich an ihrer Seite ins Kinderdorf zurückging, passierte etwas Besonderes. Mein tränenverhangener Blick fiel auf ein grünes, blechernes Schild mit einem weißen, handgeschriebenen Schriftzug. »Was steht da?«, fragte ich, und Palden las mir Wort für Wort vor:

»PICK UP YOUR LITTER ... keinen Müll wegwerfen.«

In diesem Moment war es mir, als fiele ein Schleier von meinen Augen. Zum ersten Mal verbanden sich die fremden Buchstaben zu Worten: PICK UP YOUR LITTER. Dies war mein erster gelesener Satz im Exil. Die lateinischen Buchstaben waren nicht länger unkontrollierbare kleine Tiere für mich, sondern fügten sich zu etwas Sinnvollem. Und sie hatten sogar noch eine tiefere Bedeutung: Ich fühlte mich von unserer Hausmutter wie Müll behandelt und hatte mich innerlich aufgegeben. Ich hatte mein Äußeres vernachlässigt. Mein Haar, meine Kleidung. Und schlimmer noch: meine Schulaufgaben. Damit wollte ich jetzt aufhören. Ich durfte mein Leben nicht länger wegwerfen. Ich musste versuchen, für mich und meine Schwester zu kämpfen.

An diesem Tag suchte ich alle Schilder, die ich im Kinderdorf finden konnte: USE ME stand auf den Papierkörben ... STAFF ROOM an den Lehrerzimmern ... VILLAGE OFFICE ... LETTER BOX ... TOILETS ... CLASS V ... HOME 35 ... LIBRARY ... CANTEEN ... BOOK SHOP ...

Drei Monate später hielt ich das erste Märchenbuch in meinen Händen und weinte mit Aschenputtel am Grab seiner Mutter. Dieses Märchen der Brüder Grimm liebte ich von Anfang an am meisten. Denn mit Aschenputtel als Verbündeter konnten mich die Gehässigkeiten der Hausmutter und ihres Monitors nicht länger verletzen.

Auch das Schneewittchen lernte ich kennen, das Mädchen mit den Schwefelhölzern und die böse Schneekönigin. Am Ende des Schuljahres war ich die beste Schülerin meines Jahrganges und hatte drei Schulpreise bekommen! Natürlich musste Dolkar mich schlagen. Auch sie war Jahrgangsbeste und trug sogar fünf Preise davon.

Wir waren angekommen in unserem neuen Leben. Auch ohne schöne Schuhe und Kleider. Es war doch viel besser, ein Aschenputtel zu sein als eine Königin mit erfrorenem Herzen!

Jedes Märchen, das ich las, wurde zu einem Stück innerer Heimat. Später waren es Bücher: »Der kleine Prinz«, »Oliver Twist«, »Die Schatzinsel«, »Gullivers Reisen« ...

Und weil ich in jeder Geschichte ein neues Zuhause fand und diese Eroberung nicht so schnell wieder aufgeben wollte, habe ich jedes Buch mindestens dreimal gelesen!

Mütter, Hausmütter und Stiefmütter ☼
Erinnerungen an meine Kindheit, 1. Mai 2011

Aschenputtel war auch für mich die wichtigste Identifikationsfigur als Kind. Das Märchen der begnadeten Grimm-Brüder half mir, die Menschen in meinem Radius einzuordnen: Die einen ins gute Töpfchen zu werfen, die anderen schnell ins böse Kröpfchen zu verbannen.

Meine verschwundene Mutter bekam ein Freilos und landete per se schon mal im Töpfchen. Sie war das Ideal, dem ich nachstrebte, die unerreichbare Künstlerin, die ätherische Lichtgestalt. Meine Stiefmutter, chancenlos neben der Idealisierung meiner untergetauchten Mutter, wurde von meiner verletzten Kinderseele gnadenlos ins Kröpfchen befördert. Passend zum Märchen gab es in meinem Leben auch noch eine Stiefschwester. Sie wurde entsprechend der Vorlage in teure Markenartikel gesteckt, während ich getreu meiner Bestimmung im Aschenputtel-Outfit zur Schule geschickt wurde.

Heute glaube ich weder an gut oder böse, an heilig oder verdorben. Nicht mal an richtig oder falsch, selbst wenn es manchmal so wunderbar bequem wäre. Ich glaube an unterschiedliche Entwicklungsstadien unserer Seelen und an Seelenfamilien. Unser deutsch-tibetischer Chaoshaufen ist solch eine kleine Seelenfamilie. Es gibt aber auch größere Seelenfamilien. Menschen, die ähnlich schwingen, denken und fühlen. Die in ihrer persönlichen Entwicklung an einen ähnlichen Punkt im Leben gekommen sind.

In zweiter Ehe hatte mein Vater eine Frau geheiratet, die in jeder Hinsicht das Gegenteil meiner Mutter und mir war. Bestimmt ist seine neue Gattin mit den besten Vorsätzen in diese Ehe gegangen. Auch mit der ehrlichen Absicht, mir eine gute Ersatzmutter zu sein. Doch unsere Seelen fanden keinen Berührungspunkt. Wir kamen von zwei unterschiedlichen Planeten. Außerdem brodelte in mir auch noch der höllische Konflikt eines verlassenen Kindes. Anstatt den anderen sein zu lassen, wer er ist, und auf respektvolle Distanz zu gehen, verstrickten wir uns in tägliche Gefechte und machten einander das Leben zur Hölle. Da ein vierjähriges Mädchen einer erwachsenen Frau jedoch unterlegen ist, blieb mir am Ende nichts anderes übrig, als auf Tauchstation zu gehen. Ich wurde zum Aschenputtel in einer fremden Familie. Eine verkannte Prinzessin in Lumpen. Meine Seele versteckte sich hinterm Ofen.

Ähnlich ist es Chime mit ihrer ersten Hausmutter im Kinderdorf ergangen. Sie hatte damals nicht nur zwei, sondern sogar drei Mutterfiguren in ihrem kindlichen System zu sortieren: Es gab eine Mutter in Tibet, eine Hausmutter im Exil und mich, die abwesende Ersatz- oder Notfallmutter.

Die arme Hausmutter kam sofort ins Kröpfchen, während ich für die Kinder die unerreichbare Lichtgestalt repräsentiere (wobei mein Image bei Chime schon mächtig bröckelt).

Chimes leibliche Mutter wandert seit der Flucht ihrer Kinder hin und her zwischen Töpfchen und Kröpfchen. Mal wird sie von Chime wütend zu den bösen Tanten geschmissen, mal liebevoll zu den guten Glucken sortiert.

Chime ist ein sehr emotionales Mädchen, mit einer Neigung zu eruptiven Gefühlsausbrüchen. Ich habe über die Jahre gelernt, nicht alle ihre Äußerungen mir gegenüber persönlich zu nehmen. Weder die guten noch die schlechten. Viele davon gelten eigentlich ihrer Mutter in Tibet.

Bei meinem ersten Abschied von Dharamsala vor elf Jahren vergoss Chime Tränen tiefster Verzweiflung. Als würde in ihr ein Staudamm zerbersten. All die ungeweinten Tränen um den Verlust ihrer Mutter, ihres Vaters, ihrer Großeltern, ihrer Heimat und ihrer Freunde stürzten nun mir mit ungebremster Wucht entgegen.

Ich habe ihr damals am Bus-Stand von McLeod Ganj versprochen wiederzukommen. Und ich wusste, wie wichtig es sein würde, dieses Versprechen zu halten.

Wer ist Peter?
Kinderdorf Upper TCV, Herbst 2000

Der Herbst ist die schönste Jahreszeit in Dharamsala! Der Monsun ist endlich vorbei, die Wege sind nicht länger verschlammt, und die tief stehende Sonne taucht die Berge in ein goldenes Licht. Jedes Jahr im Oktober begeht das Kinderdorf von Dharamsala seine mehrtägigen Feierlichkeiten zum Jahrestag seiner Gründung. Aus aller Welt kommen die Paten der Kinder oder Sponsoren.

Eines Sonntagmorgens warf unsere Hausmutter Dolkar und mich schon sehr früh aus dem Bett: »Los, steht auf, ihr sollt sofort ins Head Office kommen!«

Ich erschrak: Hatten wir irgendetwas angestellt? War etwas Schlimmes mit unserer Mutter geschehen? Oder mit unserem kleinen Bruder? Wurden Dolkar und ich jetzt nach Tibet zurückgeschickt? Mit klopfendem Herzen liefen wir die steilen Treppen zum Head Office hoch. Da sahen wir auch Tamding und Lakhpa aus ihrem Kinderhaus flitzen. Dhondup und Pema waren ebenfalls unterwegs. Bestimmt hatte uns jemand wegen unserer sonntäglichen Picknicks verpfiffen! Vielleicht hatte der Monitor beobachtet, wie wir bei den Mahlzeiten Brot geklaut hatten? Ich stellte mich innerlich auf eine harte Bestrafung ein.

Am Ende der Treppe erwartete uns unsere schöne Sponsorship-Sekretärin, Mrs. Tenzin Choeden. Wir Kinder nannten sie einfach Tenchoe. Sie sah zu meiner Beruhigung gar nicht böse aus und begrüßte uns mit einem geheimnisvollen Lächeln: »Ihr bekommt heute Besuch!«

Besuch?!? Von wem!?! Mein Gesicht fing an zu glühen. Meine Hände begannen zu zittern. Auch in den Augen der anderen Kinder konnte ich die große Aufregung sehen.

»Von Maria«, sprach Tenchoe weiter und reichte jedem von uns eine weiße Glücksschleife, die wir ihr bei der Ankunft im Kinderdorf überreichen sollten: »Sie wird mit dem Nachtbus aus Delhi ankommen.«

Was für eine Überraschung! Was für eine Freude! Ich konnte es kaum erwarten, Maria wiederzusehen. Sie würde staunen, welche Fortschritte ich mittlerweile in Englisch gemacht hatte! Früher war bei unseren Gesprächen immer Big Pema als Dolmetscher dabeigewesen. Nun würden wir uns ganz allein miteinander unterhalten können. Wie Freundinnen! Wie Schwestern!! Wie Mutter und Tochter!!!

Nach dem Duschen repetierte ich fieberhaft alle Vokabeln, die ich in den letzten Wochen und Monaten gelernt hatte. Ich übte verschiedene Möglichkeiten der Begrüßung und Anreden. Ich trat schon in einen Dialog mit Maria, bevor sie überhaupt da war!

Als wir dann endlich mit unseren weißen Glücksschleifen am Spielplatz standen, fragte ich mich, ob Maria allein kommen würde. Vielleicht waren ja auch Yak und Richy wieder bei ihr? Und was war mit der Kamera? Und der langen Antenne? Würde Maria uns vielleicht wieder filmen? Warum war sie überhaupt nach Indien gekommen? Nur wegen uns? Sie musste uns wirklich sehr lieben, wenn sie tatsächlich eine so weite Reise gemacht hatte! Liebte sie uns denn mehr als unsere eigene Mutter?

»Maria!«

Es war Dhondup, der neben mir plötzlich zu schreien begann: »Maria!«

Eine Rikscha hatte das große Eingangstor passiert und quälte sich mühsam den steilen Berg zum Spielplatz hoch. Wie angewurzelt blieben wir Kinder stehen. Ich wäre Maria so gern entgegengelaufen, doch ich konnte mich einfach nicht vom Fleck rühren. Alles in mir war plötzlich ganz steif. Der Anblick der Rikscha war fast wie ein Schock. Das Gefährt zuckelte näher und näher ... und fuhr schließlich an uns vorbei. Fassungslos sahen wir ihm hinterher. Schließlich hielt es vor den Treppen zum Head Office, und heraus stieg nicht Maria, sondern ein dicker Inder mit seiner noch dickeren Frau.

Im nächsten Taxi reisten ein junges Pärchen aus Italien

und eine weißhaarige Frau aus Schweden an. Jedes Mal schlug mein Herz vor Erwartung noch schneller, um dann wieder enttäuscht zu werden.

Von Maria war weit und breit nichts zu sehen. Wir warteten und warteten, bis wir schon ganz müde waren vom Warten. Es sollte übrigens nicht das letzte Mal sein, dass wir wegen Maria blöd in der Gegend rumstanden! Die Stunden vergingen, ich vergaß meine englischen Vokabeln und Willkommenssprüche, und schließlich konnte ich mir gar nicht mehr vorstellen, dass Maria überhaupt noch kommen würde.

Sie kam. Mit drei Stunden Verspätung. In Begleitung von Lobsang! Wissen Sie noch? Der junge Mönch aus unserer Flüchtlingsgruppe, der sich bei der Flussdurchquerung so tapfer als Erster ins Wasser gewagt hatte.

»Tashi Delek! How are you, Sweeties?!« Maria sprang aus der noch fahrenden Rikscha heraus. Klar, jetzt musste alles ganz schnell gehen. Mit langen Schritten kam sie angelaufen und drückte jeden von uns an sich. Einen nach dem anderen. Wieder einmal war Little Pema die Erste. Wie sehr hatte ich mich nach dieser Umarmung gesehnt! Und wie wenig konnte ich es in diesem Moment zeigen. Ich war steif wie ein Brett. Und als ich endlich als Letzte dran war, drehte ich meinen Kopf weg, damit Maria mir bloß keinen Kuss auf die Wange drücken konnte! So bekam ich als Einzige von den sechs Kindern keinen Begrüßungskuss von Maria. Es war so frustrierend!

Aus der Rikscha war noch ein Riese ausgestiegen. Es dauerte, bis er sich mit seinen langen Armen und Beinen aus dem engen Gefährt herausgearbeitet hatte.

»Das ist Peter«, sagte Maria. Und in mir brach nun alles zusammen. Die anderen Kinder grinsten nur und guckten sich den großen, fremden Inji-Mann neugierig an. Über seiner Schulter baumelte lässig ein riesiger Fotoapparat.

Ein Kindermädchen für »meine« sechs Kinder ☀
McLeod Ganj, Herbst 2000

Im Oktober 2000 sprach eine holländische Wahrsagerin zu einem begabten Sportfotografen: »Sie sollten mal etwas anderes fotografieren als Fußballer. Zum Beispiel tibetische Kinder.«
 So kam es, dass Peter Grewer Kontakt zu mir aufnahm. Ich war gerade dabei, meinen ersten Besuch bei den sechs Kindern zu planen, und schlug ihm spontan vor, mit mir zu kommen – obwohl wir einander nicht im Entferntesten kannten.
 Peter Grewer hat *The Six* mit den schönsten Bildern ihrer Kindheit beschenkt.
 Ich habe »meine« sechs Kinder bei nahezu allen Besuchen fotografieren und filmen lassen. Denn ich wollte auch ihr Leben nach der Flucht dokumentieren. Manchmal fühlte ich mich schlecht dabei, immer wieder die Kamera auf sie zu richten. Aber dann sagte ich mir: Irgendwann werden all diese Bilder über geheime Pfade zu den Eltern gelangen. Und dann werden vier Mütter und fünf Väter in Tibet ihre Kinder zumindest auf Bildern heranwachsen sehen.
 Chime war erleichtert, dass der Riese aus der Rikscha nicht der »neue Yak« an meiner Seite war, sondern bloß ein Fotograf. Und als ich jedem von den sechs Kindern ein großes Kuvert mit der Kopie unseres Filmes und einer Vielzahl von Fotos ihrer Flucht in die Hand drückte, wurde mein dauergestresster »Klick-Klick«-Modus auch greifbar für sie.

Natürlich wollten die Kinder auch unseren Film sehen. Sofort. Dhondup bestand darauf, den Film als Erstes in seinem Kinderhaus vorzuführen. Seine überaus freundliche Hausmutter erwartete mich bereits mit süßem Milchtee und einem Teller voll Kapses, einem in Öl frittierten tibetischen Feiertagsgebäck.
 Kurz darauf saßen vierzig Kinder mit großen Augen vor dem kleinen Fernseher. Mitten unter ihnen *The Six*, unser junger Mönch Lobsang und Peter, der Fotograf. Erkannte sich eines der sechs Kinder am Bildschirm wieder, versteckte es

sich sofort mit hochrotem Kopf hinter den anderen. Was soll ich sagen? Wir mussten uns den Film noch einmal ansehen. Danach wurde ich ins Home 19 zu Tamdings und Lakhpas netter Hausmutter gezerrt.

Wieder bekam ich reichlich Kapses zu essen und Milchtee zu trinken, während parallel der Fernseher aufgebaut wurde ...

So drehten wir unsere Runde durchs Kinderdorf, bis mir ganz schlecht war vom Süßkram, dem Tee und meinem eigenen Film. Als es dunkel wurde, schlug ich vor, nun auch Chimes und Dolkars Haus zu besuchen. Doch Chime schüttelte ängstlich den Kopf: »Too late! You now go McLeod Ganj.«

Tamding stimmte ihr zu: »You go Dal-lake taxi stand. Bring hotel taxi. Bussi, Bussi, love you, simja nango!«

Kaum lag ich in meinem Hotelbett, fiel es mir plötzlich wie Schuppen von den Augen. Ich hatte es den ganzen Tag nicht realisiert! Sie sprachen ja Englisch! Alle sechs! Ich hatte es in dem Chaos der vielen Eindrücke vollkommen überhört. Den ganzen Nachmittag über hatten wir uns in einem abenteuerlichen Kauderwelsch aus Englisch und Tibetisch verständigt. Ohne Dolmetscher. Ohne Big Pema. Nicht einmal mein Lonely-Planet-Phrasebook war zum Einsatz gekommen!

Und noch etwas fiel mir auf, als ich diesen Tag Revue passieren ließ: Irgendetwas stimmte mit Chime nicht. Sie hatte einen seltsamen Ausdruck um den Mund. Noch heute ist Chimes Stimmungsbarometer ihr Kinn. Ich kenne niemanden, der so viele unterschiedliche Varianten von Kinnfalten ziehen kann wie sie. Im Bett liegend versuchte ich, ihre Kinnfalten zu imitieren. Um zu erfühlen, aus welcher Stimmung heraus sie entstanden. Es war Trotz ... und Enttäuschung ... und unermessliche Wut. Auf wen war Chime so wütend? Auf mich? Auf ihre Hausmutter, die ich heute als einzige Hausmutter nicht kennen lernen durfte? Auf ihre eigene Mutter? Auf alle zusammen? Diese Kinnfalten waren wie Hieroglyphen einer tief sitzenden Wut auf die ganze Welt.

Am nächsten Morgen fuhr ich zur Tibetan Transit School (TTS) fünfzehn Kilometer außerhalb von Dharamsala, um nach Shushu Pilzkopf und dem Rest von Nyimas Gruppe zu suchen. Die TTS ist Anlaufstelle für junge Tibeter, die aufgrund ihres Alters nicht mehr in TCV-Schulen integriert werden können. Hier bekommen sie die Möglichkeit, Tibetisch und Englisch zu lernen sowie ein Handwerk. Viele junge Männer, die mit großen Hoffnungen über den Himalaya kommen, empfinden dieses Angebot als enttäuschend. Von den jungen Männern in Nyimas Gruppe war nur noch Shushu Pilzkopf hier. Alle anderen waren bereits wieder nach Tibet zurückgegangen. Niemand wartet hier auf junge, ungebildete Männer mit wildem Dialekt und ungeschliffenen Umgangsformen. Selbst die Mütter der etablierteren Exilfamilien sperrten ihre schönen Töchter vor den »Newcomern« weg.

Shushu Pilzkof war geblieben, weil ihm in der Tat nichts anderes übrig geblieben war. Er spricht perfekt Chinesisch und hatte in Tibet als Dolmetscher in einem Armeegefängnis gearbeitet. Seine Aufgabe war es mitunter gewesen, bei den Verhören tibetischer Häftlinge zu übersetzen. Dabei war er unfreiwillig Zeuge schwerer Folter geworden. Kurz vor seiner Flucht hatte er mehrere chinesische »Kollegen« vermöbelt. Es gab für ihn keinen Weg mehr zurück.

Vor Heimweh nach seiner Mutter war der kräftige Hüne mit dem düsteren Blick am Herzen erkrankt. Er freute sich sehr über meinen Besuch und bat mich, ihn aus diesem »Kindergarten« hier rauszuholen. Mit seiner Biografie und seinen fast dreißig Jahren war er nicht mehr in der Lage, sich einem restriktiven Schulsystem unterzuordnen. Sich einen Mann wie diesen hartgesottenen »Soldier« in Schuluniform beim Morgengebet vorzustellen, war auch wirklich zum Piepen. Wahrscheinlich hatte er die Uniform in die Mülltonne gekloppt und hütete aus diesem Grund nun schon seit mehreren Wochen das Bett. Klarer Fall: Unser »Soldier« war hier völlig fehl am Platz. Wir packten seine wenigen Habseligkeiten zusammen und flüchteten auf einem geliehenen Mofa.

Als unser Mönch Lobsang realisierte, dass ich Shushu Pilzkopf aufgrund angeblicher Herzprobleme zur Flucht aus dem »Jungeninternat« verholfen hatte, wollte auch er nicht mehr in sein Kloster nach Südindien zurück. Das Klima in Karnataka sei für seinen Kreislauf einfach zu heiß und er fühle sich gesundheitlich auch schon ganz schlecht. Er schlug vor, in McLeod Ganj zu bleiben und sich ein Zimmer mit Shushu Pilzkopf zu teilen. Darauf hatte aber der »Soldier« nun wiederum gar keinen Bock. Ein halbes Jahr lang hatte der gestählte Womanizer nun in einem Jungenschlafsaal gepennt und für die kommenden Nächte wahrscheinlich andere Pläne, als das Bett mit einem halbwüchsigen Mönch zu teilen.

Grundlegend war jedoch ein essenzieller Punkt noch gar nicht geklärt worden: Wer würde dieses Bett und die dazugehörende All-inclusive-Versorgung der beiden herzkranken großen Jungen überhaupt finanzieren?

Bei einem Ausflug mit dem »Soldier«, Lobsang und den sechs Kindern reifte in mir eine Idee. Wir saßen an einem Gebirgsfluss auf einer Felsplatte, die von der Sonne vorgewärmt war. Malerisch fiel das Wasser über mehrere Kaskaden in ein rundes Steinbecken, und ich erzählte den Kindern vom Meer. Irgendwann würde ich es ihnen zeigen. Die Weite des indischen Ozeans, den stürmischen Atlantik oder die deutsche Nordsee mit ihren Gezeiten. Von überschäumenden Wellen würden wir uns ans Land werfen lassen, mit bunten Muscheln das Mantra »Om mani padme hum« in den Sand legen, und abends über das Wasser hinweg der untergehenden Sonne entgegenlaufen!

Dies war der Moment, in dem wir begannen, von einem gemeinsamen Leben zu träumen. Über alle Kontinente und Grenzen hinweg. Im goldenen Licht des indischen Herbstes war meine Idee schon zu einem Plan gereift: »Soldier, kannst du dir vorstellen, mein … Kindermädchen zu sein?«

Shushu Pilzkopf blieb der Mund offen stehen und es bestand einen Moment sogar die Gefahr, er würde schlagartig von seiner Herzerkrankung genesen. Ich plapperte weiter:

»Du brauchst eine Unterkunft in McLeod Ganj. Und die sechs Kinder eine vertraute Bezugsperson in ihrer Nähe. Yaks Eltern würden dir sowohl Zimmer als auch Unterhalt bezahlen. Dafür besuchst du jeden Sonntag die Kinder im TCV und holst sie einmal im Monat übers Wochenende zu dir.«

Die Kinder klatschten vor Freude in ihre Hände. Auch der Soldier war schnell überzeugt. Er würde in McLeod Ganj einen Computerkurs machen. So könnten wir über E-Mail in Verbindung bleiben und ich würde immer wissen, wie es den Kindern ging. Als die Sonne im Dunst der Kangra-Ebene versank, besiegelten der Soldier und ich per Handschlag unseren Vertrag.

Spider-Man ☾
McLeod Ganj, 2001

Einige Wochen nachdem Maria abgereist war, wurde ich krank. Den ganzen Tag über blieb ich im Bett, während die anderen Kinder Unterricht hatten. Auch die Hausmutter war ausgegangen.

Ich war also ganz allein im Haus. Mein Fieber stieg höher und höher. Am Abend musste ich ins Krankenhaus gebracht werden. Als ich drei Tage später gesund, aber geschwächt nach Hause kam, wurde ich von unserem Monitor und zwei älteren Mädchen empfangen. Mit grimmigen Blicken umkreisten sie mich. Sie warfen mir vor, eine Diebin zu sein. Jemand hatte dem Monitor Strafgeld aus der Kasse gestohlen. Genau an jenem Tag, an dem ich krank allein im Haus gelegen hatte. Ich begann am ganzen Körper zu zittern und beteuerte meine Unschuld:

»Ich war es nicht!«

Sie glaubten mir nicht.

»Befragt das Orakel! Ich war es nicht!«

Doch sie schubsten mich grob herum und drängten

mich in den Schlafsaal. Vor Verzweiflung brach ich in Tränen aus. Das war ein Fehler: »Du weinst doch nur, weil du dich schuldig fühlst!«, rief der Monitor: »Wärst du kein Dieb, würdest du jetzt nicht weinen!«

Da rannte Dolkar zu mir, fiel mir schluchzend um den Hals und rief: »Ich glaube dir, Chime! Du bist bestimmt kein Dieb!«

Als meine kleine Schwester so tapfer zu mir hielt, musste ich noch viel mehr weinen. Nach diesem Vorfall wollte ich nicht länger in diesem Haus leben. Hier konnte man mit niemandem reden. Hier konnte man niemandem trauen.

Mehrere Wochen nach diesem Ereignis holte uns Shushu Pilzkopf das erste Mal für ein Wochenende vom Kinderdorf ab. Wir waren sehr aufgeregt und unglaublich stolz! Denn die anderen Kinder hielten Shushu Pilzkopf für unseren Vater. Er hatte sich sein Haar wachsen lassen und trug ausgewaschene Jeans und Turnschuhe. Er sah unglaublich cool aus! Mit seiner Narbe über der Stirn wirkte er auch gefährlich. Sein selbstsicheres Auftreten flößte Respekt ein. Von nun an würde uns niemand im Haus drangsalieren.

Shushu Pilzkopf hatte nun ein kleines Zimmer in McLeod Ganj gemietet. Er besaß nicht viel: eine Truhe für Kleidung, ein Bücherregal, einen Teppich, ein Bett und einen Kocher mit zwei Gasflammen. Mit einem Festmahl hieß er uns in seinem kleinen Reich willkommen. Es gab Hähnchen, Nudeln, Reis, Gemüse und echten, geschäumten Buttertee. Das erste Mal, seit wir im Exil waren, schmeckte es uns so gut wie zu Hause bei unserer Mutter! Nach dem Essen fragte uns Shushu Pilzkopf, was wir gern unternehmen würden.

»Ins Kino gehen!«, riefen Dhondup und Tamding wie aus der Pistole geschossen.

»Ins Kino?«, wunderte ich mich: »Gibt es denn in Dharamsala ein Kino?!«

»Klar!«

Längst war Tamding von den großen Jungs über alle erlaubten und verbotenen Freizeitmöglichkeiten außerhalb des Kinderdorfes aufgeklärt worden. Sogar den Spielplan kannte er bereits auswendig. Mit dem »großen Tamding« an seiner Seite war natürlich auch Großmaul Dhondup bestens informiert: »Spider-Man«, rief er. »Wir wollen Spider-Man sehen!«

In Lhasa waren Dolkar und ich einmal mit unserer Mutter im Kino gewesen. Es war viel größer als das Kino in Dharamsala! Denn dieses bestand nur aus einem Zimmer, einer Leinwand und dreißig Stühlen. Doch der Film war beeindruckend.

Den Rest des Tages jagten wir nach genmanipulierten Spinnen, um auch Superkräfte wie Spider-Man zu entwickeln. Glücklich, aufgekratzt und todmüde standen wir abends aber dann doch etwas ratlos vor Shushus Bett. Wie sollten wir denn zu siebt auf dem engen Gestell schlafen?

Doch Shushu Pilzkopf hatte bereits einen Plan: »Oben schlafen die Mädchen. Unter dem Bett schlafen die Jungs. Und ich schlafe nebenan bei einem Freund.«

In dieser Nacht unterhielten wir sechs Kinder uns noch sehr lange. Das erste Mal erzählte ich über meine Schwierigkeiten in meinem Kinderhaus. Dhondup begann zu weinen, als er hörte, wie sehr Dolkar und ich unter unserer Hausmutter litten. Beim Frühstück sprach Tamding dann mit Shushu Pilzkopf. Und der verständigte noch am selben Tag Maria.

Mein Brief an die Schwester des Dalai Lama
Köln, 2001

*»Sehr geehrte Mrs. Jetsun Pema, sehr geehrte Mitarbeiter des Head Offices,
in der Hoffnung, keine Probleme zu bereiten, wende ich mich heute mit einer großen Bitte an Sie: Unsere Patentochter Chime Yangzom und ihre kleine Schwester Dolkar haben große Schwierigkeiten, sich in ihrem Kinderhaus zurechtzufinden. Auch scheint die Chemie zwischen ihnen und ihrer Hausmutter nicht wirklich zu stimmen. Ich sehe ihre schulischen Leistungen gefährdet. Ich möchte diese Situation zum Anlass nehmen, Sie um einen großen Gefallen zu bitten: Auf ihrer Flucht aus Tibet wurden die sechs Kinder Chime (Ro. Nr. 8521), Dolkar (Ro. Nr. 8520), Lakhpa (Ro. Nr. 8522), Pema (Ro. Nr. 8523), Dhondup (Ro. Nr. 8530) und Tamding (Ro. Nr. 8531) Geschwister. Sie wünschen sich heute nichts mehr, als in einem Haus zusammenleben zu dürfen wie echte Brüder und Schwestern...«*

Fast zeitgleich mit Chimes Hilferuf, den Shushu Pilzkopf mir per E-Mail übermittelt hatte, gab es noch einen weiteren Problemfall zu lösen: In einem sehr ausführlichen Brief teilte mir Lobsang, unser junger Mönch, mit, dass auch er herzkrank, vor allem aber todunglücklich sei in seinem Kloster in Südindien. Er würde dort nichts lernen und habe Sehnsucht nach den sechs Kindern. Dem Schreiben war ein Foto beigelegt, das Lobsang in einer düsteren Klosterküche beim Kartoffelschälen zeigte. Er sah tatsächlich unendlich einsam darauf aus.

»Ein unglücklicher Mönch wird das Glücksniveau auf diesem Planeten nicht heben«, dachte ich damals. »Jedes seiner gesprochenen Mantren wird wirkungslos bleiben.«

Ich überlegte nicht lange und überwies Lobsang das Geld für die Bahnreise nach Dharamsala. Ehrlich gesagt war ich hormonell nicht in der Lage, anders zu handeln. Denn ich war bereits seit drei Monaten schwanger. Ein Zustand, in dem sich der Bauch weitet und die Ratio zusammenzieht. Ich fällte meine Entscheidungen in dieser Zeit spontan, emotional und unüberlegt. Unter dem Einfluss von Progesteron und Östrogen springen Frauen in diesem Zustand auf jeden Hilfeschrei an. Jörg hatte alle Hände voll zu tun, mich von den Obdachlosen und Bettlern Kölns fernzuhalten. Ziemlich sicher hat er auch meine Frauenärztin bestochen. Die riet mir nämlich, im schwangeren Zustand keine langen Flugreisen zu unternehmen.

»Das geht nicht!«, protestierte ich. »Ich habe sechs Patenkinder in Indien! Sie warten schon auf meinen nächsten Besuch!«

»Sie sind in erster Linie eine werdende Mutter«, sagte sie und deutete auf den Bildschirm ihres Ultraschallgerätes. Da schwomm tatsächlich mein sechs Zentimeter großes Baby im Fruchtwasser herum.

Umzug ins Home 19 ☾
Kinderdorf Upper TCV, 2001

»Packt eure Sachen zusammen. Ihr übersiedelt ins Home 19.« Ihre Stimme klang gar nicht unfreundlich. Auch nicht wütend. Sie klang eher verunsichert. Dolkar und ich hatten uns zum Spielen in unser Bett zurückgezogen. Mit verschränkten Armen stand unsere Hausmutter in der offenen Tür unseres Schlafsaales.

Ich konnte es zunächst gar nicht glauben. Es fühlte sich an wie ein Wunder. Sofort sprangen Dolkar und ich von unserem Bett und holten aus der Truhe unsere Habseligkeiten.

»Warum wollt ihr dieses Haus verlassen?«, fragte unsere Hausmutter, während sie uns kopfschüttelnd beim Packen zusah.

Dies wäre der Moment gewesen, ihr alles ins Gesicht zu schreien, ihr alles vor die Füße zu werfen, was sie Dolkar und mir angetan hatte. Denn nun konnte sie uns ja nichts mehr anhaben. In fünf Minuten würden wir hier weg sein. Doch all meine Rachegefühle waren plötzlich verflogen. Unsere Hausmutter wirkte in diesem Augenblick klein und zerbrechlich. So, als würde unser Auszug sie verletzen. Sie tat mir fast leid. Und da ich ihr nicht noch mehr Kummer machen wollte, antwortete ich bloß: »Dolkar und ich wollen gern zusammen mit unseren Geschwistern leben.« Und das war nicht einmal gelogen.

Da kamen auch schon Lakhpa und Tamding herbeigeeilt, um uns tragen zu helfen. In ihrer Mitte gingen wir fort. Fassungslos sahen uns die anderen Kinder hinterher.

»Dreh dich nicht um«, flüsterte ich Dolkar zu. »Es ist jetzt endlich vorbei.«

Zu viert holten wir Pema und Dhondup. Ihre Hausmutter wünschte den beiden alles Gute zum Abschied. Dhondup versprach, sie zu besuchen.

Home 19 war eines der ältesten Häuser des Kinderdorfes. Eigentlich war es zu klein für so viele Kinder. Klamm hing die Feuchtigkeit in den Wänden. Es hatte schon mehr als fünfzig Monsunzeiten überlebt! Ein Erdbeben hatte dicke Risse in die Decke gezeichnet.

Trotz alledem verbrachte ich in diesen engen, dunklen Wänden die schönsten Tage meiner Exilkindheit. Das Glück in einem Kinderhaus steht und fällt mit den Menschen, die darin wohnen. Unsere neue Hausmutter hieß Nyima Lhamo. Ihr Mann hieß Kalden. Sie hatten zwei eigene Kinder, die ebenfalls bei ihnen lebten. So dunkel und eng das Haus war, so weit war das Herz unserer Hausmutter.

Nachdem wir unsere persönlichen Sachen in den neuen Truhen verstaut hatten, rief uns Nyima Lhamo zum Abendessen hinaus in den Garten. Sie liebte Picknicks und versuchte, möglichst viel Zeit mit den Kindern an der Sonne zu verbringen. Im warmen Licht des ausklingenden Tages schmeckte sogar das Essen viel besser als in unserem alten Zuhause. Obwohl es genau dasselbe war.

Nyima Lhamo und ihr Mann waren sehr ehrgeizig. Sie wollten die Kinder ihres Hauses zu guten Schülern erziehen. Und so wurde nicht nur unser Leben, sondern auch unsere schulischen Leistungen von Tag zu Tag besser. Nur Little Pema hinkte uns hinterher. Körperlich und schulisch. Für beides konnte sie nichts. Doch unser Hausvater wurde immer sehr böse, wenn sie wieder schlechte Noten nach Hause brachte.

Einmal schlug er Little Pema mit einem Busch Brennnesseln und zwang sie als Strafe sogar, diese scharfen Pflanzen zu essen! Er dachte, sie würde sich mit Absicht in der Schule nicht richtig bemühen.

Doch Little Pemas Kopf war so voll von den schlimmen Erlebnissen ihrer Kindheit, dass einfach nichts mehr hineinpasste. Immer wieder versuchte ich ihr zu helfen. Doch sie hatte es unglaublich schwer. Stundenlang saß sie über einem Schulbuch und hatte am Ende gar nichts begriffen. Sogar beim Spielen war Pema oft überfordert. Dann zog sie sich zurück und wollte ganz für sich sein. Wir gewöhnten uns an, sie in diesen Momenten in Ruhe zu lassen.

Nur in Shushu Pilzkopfs Zimmer wirkte Pema ausgelassen und fröhlich. Hier gab es weder Noten noch Druck. Es gab keine Vergleiche mit anderen Kindern. In seinen vier Wänden waren wir sechs alle gleich.

Eines Morgens stand Lobsang mit seinem Bündel vor der Türe von Shushu Pilzkopf. Er war mit dem Zug aus Südindien gekommen. Er sagte, Maria habe ihn nach Dharamsala geschickt, um eine Computerschule zu besuchen. Nun wurde es eng in unserem Zimmer. Doch unsere neue Familie sollte noch mehr Zuwachs bekommen...

Wie ich die Kontrolle über meine Tibeter verlor ☸
Maria, 2001 bis 2003

Der 11. September 2001 hat das Bewusstsein vieler Menschen verändert. Die Fernsehübertragung der Terroranschläge gegen Unschuldige und gegen ein Wahrzeichen amerikanischer Unbesiegbarkeit hatte viele in einen Schockzustand versetzt. Die Zeit stand still. Von einem Moment zum anderen war unsere westliche Zivilisation keine Sicherheitszone mehr, in der man das Maß der eigenen Betroffenheit über Krieg und weltweites Leiden per Fernbedienung steuern konnte.

Ich bereitete zu diesem Zeitpunkt in Berlin einen Theaterworkshop für die Kinderrechtsorganisation *terre des hommes* vor, zu dem Jugendliche aus ganz Deutschland anreisen sollten. Zwei Drittel der Eltern sagten die Teilnahme ihrer Kinder aus Angst vor weiteren Terroranschlägen kurzfristig ab. Ein sechzehnjähriger Waldorfschüler kam in Begleitung seiner rührend besorgten Mutter: Jan. Er war groß gewachsen, sehr still und hatte eine ganz besondere Ausstrahlung. Als habe sich in diesem schlaksigen, damals noch etwas ungelenken Jungen eine sehr alte Seele wohnhaft gemacht. Wir mochten einander auf Anhieb. Zum Abschied schenkte ich Jan eine Kopie meiner Doku »Flucht über den Himalaya«. Wenige Tage später rief er mich an:

»Ich will diese sechs Kinder kennen lernen! Und Lobsang, den Mönch!«

Bereits in den Winterferien reiste Jan auf eigene Faust nach Dharamsala. Ich hatte ihm lediglich einen Praktikumsplatz an der Computerschule organisiert, an der auch der »Soldier« und Lobsang untergebracht waren.

Jan mietete sich in McLeod Ganj ein Zimmer und brachte zur Erleichterung des »Soldiers« auch Lobsang bei sich unter. Bei ihren Wochenendbesuchen mussten nun Tamding und Dhondup nicht mehr unter dem Bett von Shushu Pilzkopf schlafen, sondern wurden ebenfalls bei Jan einquartiert.

Mit Jan hatte ich im entscheidenden Moment und schwanger, wie ich war, einen wertvollen Helfer vor Ort gewonnen.

Die nächste »Nanny« kam aus der Schweiz und hieß Corinne. Ein Jahr lang reiste sie bereits auf eigene Faust durch Asien. Ihre letzte Station sollte Shrinagar sein. Doch als es dort zu erbitterten Kämpfen zwischen den Kaschmiris und den Indern kam, setzte sich die junge Frau in den nächstbesten Bus, um vor den Bomben zu fliehen. Der brachte sie ausgerechnet nach Dharamsala. Dass dies der Wohnsitz des Dalai Lama ist, erfuhr sie erst bei der Ankunft. »Ein guter Ort«, dachte Corinne – und blieb.

Auf der wackeligen Holzbank einer tibetischen Straßenküche lernte sie eines Abends einen attraktiven Amdo-Tibeter kennen. Er hatte die obligate Winnetou-Mähne und zu Hause sechs kleine Kinder im Bett. Keine Chance für das romantisch veranlagte Mädchen, der eigenen Bestimmung zu entrinnen.

Wenige Wochen später lag ein Foto in Jörgs Mailbox (wohlgemerkt: nicht in meiner!). Es zeigte den »Soldier« mit einem hübschen Mädchen in inniger Umarmung: »This is my love«, vermeldete er seinen Jagderfolg von Mann zu Mann. Kurz darauf heirateten er und Corinne in einem indischen Office.

Fast zeitgleich landete in MEINEM Postfach eine E-Mail von Lobsang. Die Anrede »Meine liebe Amala« ließ bei mir gleich alle Alarmglocken läuten. Inzwischen kannte ich meine Jungs da drüben gut genug, um zu ahnen, was jetzt kam, und richtig: McLeod Ganj war spirituell gesehen nicht gerade der ideale Ort für einen jungen Mönch mit Freigang, um bei der Sache zu bleiben. Das Angebot an Diskotheken, Bars und Spielhallen ist nicht zu bescheiden. Und die Hippie-Mädels, die hier übersommern, tragen die Goa-Strandmode der letzten Saison aus. Hinzu kam das offen gelebte Liebesglück des »Soldiers«. Kurzum: Lobsang haderte mit seinem Gelübde, das er in einem Alter abgelegt hatte, in dem die Hormone noch friedlich schlummerten, die nun revoltierten. Der Geist ist willig, aber das Fleisch ist schwach. Jan berichtete mir im Vertrauen, dass Lobsang zwischen zwei Welten jonglierte.

Nun bat der junge Mönch MICH, eine Entscheidung für ihn zu treffen. Im Grunde waren die Würfel damit gefallen. Was Lobsangs Seele benötigte, war die Absolution. Ich sollte ihm den finalen Tritt in ein neues Leben geben. Eine denkbar ungünstige Aufgabe für eine ehemalige Klosterschülerin. Ich löste mich mit einer gezielten Frage aus der Verantwortung:

»War es deine eigene Entscheidung, ins Kloster zu gehen? Oder die deiner Eltern?«

Als Antwort bekam ich wenige Wochen später kommentarlos ein Foto zugeschickt, das Lobsang statt in dunkelroter Mönchsrobe in roter Lederjacke zeigte. Das hatte Stil.

Simons Geburt dauerte nur eine halbe Stunde. Dennoch musste ich die Ereignisse in Dharamsala nun für längere Zeit sich selbst überlassen. Denn mein armes Kind schrie die ersten Monate seines Lebens ohne Punkt und Komma. Ich war täglich achtzehn Stunden damit beschäftigt, das Würmchen in einem Massage-PEKiP-und-Babygruppen-Marathon von seinen nicht lokalisierbaren Schmerzen abzulenken.

»Irgendetwas stimmt nicht mit meinem Kind«, wandte ich mich verzweifelt an meinen anthroposophischen Kinderarzt. Doch der meinte, dass mit mir etwas nicht stimmte, und das Kind deshalb so konsequent durchschrie. Also blieb mir nichts anderes übrig, als Stapel von Literatur über Kinderkrankheiten zu wälzen. Ich fand heraus, dass Simon am KISS-Syndrom litt. Einer Verdrehung der Halswirbel, die mitunter von einer überstürzten Geburt herrühren konnte. Eine weniger anthroposophische, dafür aber umso handfestere russische Ärztin in Köln richtete die verdrehten Wirbel mit einem einzigen kleinen Handgriff gerade. Von einer Sekunde zur anderen hatte ich ein glückliches Baby im Arm.

Doch in der Zwischenzeit waren zehn Monate vergangen, und ich hatte die Kontrolle über die Geschehnisse in Dharamsala verloren.

Nachdem Jan von seinem Praktikum nach Deutschland zurückgekehrt war, hatte sich Corinne um den sechsköpfigen Anhang ihres tibetischen Mannes gekümmert. Aber auch sie konnte nicht auf Lebzeiten in Dharamsala bleiben. Als sie in die Schweiz zurückkehrte, nahm sie ihren Mann natürlich mit. Doch vorher ernannten wir noch Lobsang zum neuen Kindermädchen of *The Six*.

Der »Soldier« überließ dem jungen Mann sein Zimmer mitsamt des Hausstandes, zu dem mittlerweile Fernseher, CD-Player und weitere Annehmlichkeiten gehörten – sowie natürlich die sonstigen Privilegien des Rundum-sorglos-Paketes. Im Gegenzug dazu sollte auch Lobsang die sechs Kinder einmal im Monat zu sich holen. Das funktionierte in den ersten Wochen ganz gut. Bis sich unser ehemaliger Mönch Hals über Kopf verliebte. In die damals amtierende Miss Tibet 2003.

Die Wahl der schönsten Exiltibeterin hatte in der tibetischen Exilgemeinde damals noch für höchste Aufregung gesorgt. Das konservative Lager war gegen westliche Impulse dieser Art, das moderne Lager hingegen propagierte den Anschluss an die Moderne.

Ich schätze Lobsang Wangyal, den Erfinder der Miss-Tibet-Wahl sowie der eigenständigen tibetischen Olympiade, sehr. Dass er mit bunten Federn im Hut, rosa Schal um den Hals und einem gewissen Schwung im Hintern durch McLeod Ganj stolziert, sorgt zwar für reichlich Gesprächsstoff, doch er bringt mit seinen innovativen Ideen und seiner etwas provokanten Art Leben in den engstirnigen Laden. Heute ist die Miss-Tibet-Wahl in Dharamsala längst etabliert. Die exiltibetischen Kandidatinnen reisen aus aller Welt an.

Eine Miss Tibet sollte nicht nur schön sein, sondern auch über »Tsangma« verfügen: die Kombination aus Charakter, Talent, einer guten Stimme, tänzerischem Können und Ausstrahlung.

Zur Wahl der Miss Tibet 2003 waren sieben Mädchen angetreten. Doch eingeschüchtert von den heißen Diskussionen und wilden Gerüchten traten sechs von ihnen im letzten

Moment von der Wahl zurück. Eine hielt tapfer die Stellung und wurde dank ihrer Courage Miss Tibet 2003.

Ich habe Lobsangs Flamme damals im Internet natürlich sofort unter die Lupe genommen und dachte: Mein Kinderprogramm für die Sechs wird mit dieser hübschen jungen Dame nicht mehr funktionieren.

So kam es dann auch. Denn auch Lobsang war auf dem Absprung: Angespornt von der Karriere seiner schönen Freundin hatte er beschlossen, nach Paris auszuwandern, um Fotomodell zu werden. Es forderte damals eine gewisse mentale Flexibilität von mir, den geplanten Sprung vom entlegenen Kloster in Amdo auf die Laufstege der internationalen Modewelt locker zu nehmen. Außerdem brauchte Lobsang zur Umsetzung seiner hochtrabenden Pläne Einladungspapiere nach Europa. Und ich hatte schon damals kein festes Einkommen.

Meine Freundin Anette holte Lobsang nach Deutschland und brachte ihn mit dem Auto illegal über die Grenze nach Frankreich. Lobsang beantragte Asyl und landete, wie so viele vor ihm, als Koch in einer Küche. Aber immerhin nicht in einer Kloster-, sondern einer Pariser Gourmetküche!

Die sechs Kinder hatten keine Bezugsperson mehr vor Ort. Aber dafür hatte sich Simon nach dreizehn Monaten Stillzeit von Mamas hauseigener Milchproduktion emanzipiert. Und ich war wieder bereit, nach Indien zu reisen ...

27. April 2011: Lobsang Sangay zum neuen tibetischen Ministerpräsidenten gewählt
++
Der Harvard-Jurist Lobsang Sangay ist zum Ministerpräsidenten der tibetischen Exilregierung bestimmt worden. Mit diesem Amt übernimmt der 43-Jährige zugleich die politische Rolle des Dalai Lama. Lobsang Sangay stammt aus einer tibetischen Exilfamilie in Nordindien. Als Kind sammelte er Holz und verkaufte Strickwaren. Seine steile Karriere verdankte er nach eigenen Worten einer Kuh, die der Vater verkaufte, um seine Ausbildung zu bezahlen.[9]

Glänzen in Selakui
McLeod Ganj und Dheradun, 2004

In der indischen Wirtschaft und Industrie findet man in den Top-Positionen selten Tibeter – nur sehr wenige schaffen es nach einer Schulbildung an einer Kinderdorfschule »nach oben«.
Im Jahr 2004 eröffnete Jetsun Pema in der Universitätsstadt Dheradun eine Eliteeinrichtung für die besten Schüler und Schülerinnen aller tibetischen Kinderdörfer: die *Selakui-School*. Ihr Anliegen war es, Top-Kräfte für Wirtschaft, Medien und Politik zu generieren.

Die neue Schule war in aller Munde. Aus den fünften und sechsten Klassen aller TCV-Einrichtungen sollte der erste Jahrgang rekrutiert werden. Die Aufregung war groß. Jeder gute Schüler in diesen Klassen hoffte darauf, unter den Ausgewählten zu sein. An einem Stichtag sollten die Namen der Glücklichen auf dem großen Anschlagbrett vor dem Head Office bekannt gegeben werden.

Ich war damals vierzehn Jahre alt und besuchte die sechste Klasse. In den letzten drei Jahren war ich immer die Beste meines Jahrganges gewesen. Trotzdem kam ich überhaupt nicht auf die Idee, einen Blick auf die Liste zu werfen. Ausgerechnet eines jener Mädchen, die mich vor drei Jahren des Diebstahls bezichtigt hatten, kam atemlos zu unserem Home 19 gelaufen: »Chime Yangzom, du stehst auf der Liste!«

Ich glaubte ihr nicht und hielt es nur für einen gemeinen Trick. Aber dann kamen noch andere Kinder und riefen: »Chime! Chime-la, du stehst auf der Liste!«

Nun wurde ich doch neugierig. Klopfenden Herzens stieg ich die Treppen zum Head Office hoch, um dem Gerücht nachzugehen. Doch als ich vor dem Anschlagbrett stand, wurden die Buchstaben vor meinen Augen nach vielen Jahren wieder zu unkontrollierbaren Tieren. Nirgendwo konnte ich meinen Namen auf der Liste entdecken.

Ich fühlte mich aufs Schlimmste gedemütigt. Ich war einem so üblen Streich auf den Leim gegangen! Wütend stapfte ich in unser Kinderhaus zurück. Dort erwarteten mich meine völlig aufgelösten Geschwister: »Chime, du stehst auf der Liste!«, rief Dhondup mit seiner unüberhörbaren Stimme.

Nun brach ich vor Enttäuschung in Tränen aus: Sogar meine Brüder und Schwestern machten bei diesem miesen Spiel mit! Da nahmen mich Dolkar und Tamding an die Hand: »Komm mit uns. Wir werden dir deinen Namen zeigen.«

Gemeinsam mit ihnen stieg ich noch einmal zum Head Office hoch. Sie schoben mich vor den Aushang. Dolkar deutete auf eine Zeile und zähmte damit die kleinen, unruhigen Buchstabentiere. Tatsächlich stand da auf der Tafel mein Name. Chime Yangzom. Schwarz auf weiß. Unmissverständlich. Und als die Buchstaben nicht mehr davonliefen, war das der glücklichste Augenblick meines Lebens.

An der Seite meiner kleinen Schwester lag ich in dieser Nacht sehr lange wach. Was würde aus Dolkar werden, wenn ich nach Dheradun ginge? Hatte ich meiner Mutter beim Abschied nicht versprochen, mich um sie zu kümmern? Ich konnte meine Schwester unmöglich allein in Dharamsala zurücklassen. Nein. Ich beschloss, nicht auf die Selakui-School zu gehen. Außerdem würde ich mich dort mit den besten Schülern aller Kinderdörfer messen müssen. Ob ich da überhaupt mithalten konnte?

Am nächsten Tag brachte mich Shushu Pilzkopf zum Telefonladen. Ja, der »Soldier« war wieder zurück! Seine Ehe mit Corinne war schon nach einem halben Jahr zerbrochen: »You fucking Tibetan!«, hatte seine verzweifelte Frau am Ende geschrien. »Go back to fucking India!«

Shushu Pilzkopf wollte, dass ich die Angelegenheit mit der Schule mit meiner Mutter in Lhasa bespreche. Sie weinte, als sie nach langer Zeit meine Stimme wieder hörte, und freute sich sehr über die frohe Nachricht. Am Ende des Gespräches sagte sie: »Chime, du musst diese Chance ergreifen!«

Danach telefonierte ich mit Maria. Sie weinte nicht, sagte aber dasselbe: »Chime, das ist deine Chance! Ergreife sie!«

Auch meine Hauseltern rieten mir dringend, nach Dheradun auf die neue Schule zu gehen. Nyima Lhamo und ihr Mann waren sehr stolz auf mich. Aus ihrem engen Haus hatten vier Kinder den Sprung auf die Selakui-School geschafft!

Als ich im Sommer 2004 meine Sachen packte, fand ich auf dem tiefsten Grund meiner Truhe die alten Kleider, die ich bei meiner Flucht aus Tibet getragen hatte. Für einen kurzen Augenblick kamen all die Erinnerungen an meine Flucht wieder hoch. Doch nun begann eine neue Zeit. Auch war meine Tasche zu klein, um die alten Kleidungsstücke in die neue Schule mitzunehmen. Und so ließ ich die letzte Erinnerung an meine Mutter bei Dolkar in Dharamsala zurück.

Per Bus wurden die »auserwählten Schüler« nach Dheradun gebracht. Viele wurden von ihren stolzen Eltern begleitet. Andere, die im Exil niemanden hatten, reisten allein. Mit mir kam Shushu Pilzkopf. Dreizehn Stunden dauerte die Fahrt in den Süden.

Meine neue Schule war mitten im Dschungel errichtet worden. Zwischen Blumenbeeten und blühenden Sträuchern lagen locker verstreut Schulräume, Kinderhäuser und die Wohnhäuser der Lehrer. Shushu Pilzkopf begleitete mich noch auf mein Zimmer, das ich von nun an nur noch mit vier anderen Mädchen teilen musste. Wortlos half er mir, meine Sachen auszupacken. Dann verabschiedete er sich hastig. Er wusste von meiner Veranlagung, in solchen Momenten zu weinen.

»Nimm mich wieder mit!«, hätte ich am liebsten geschrien. »Ich will hier nicht bleiben! Ich will zurück zu euch! Zu Dolkar und den anderen Kindern! Shushu!!!«
Doch ich hielt meine Gefühle zurück. Ich stand am Fenster und schaute ihm hinterher. Er blieb noch einmal kurz stehen und zündete sich im Schatten eines Baumes eine Zigarette an. Dann verschwand seine mächtige Gestalt zwischen den blühenden Sträuchern.
»Dein Vater?«, fragte eines der Mädchen beeindruckt. Ich nickte: »Wir sind sechs. Sechs Kinder.«

Die Studenten in Selakui waren alle sehr gut. Im Gegensatz zum Upper TCV, wo wir Kinder sehr stark im Kollektiv lebten, wurden wir hier individueller behandelt, aber auch zu mehr Eigeninitiative und Einsatz angehalten. Dies artete bald in einen großen Wettbewerb aus. Es gab Studenten, die standen um drei Uhr morgens auf, um zu lernen. Das war normalerweise die Zeit, in der ich zu Bett ging.
Mein Lieblingslehrer war unser Schuldirektor Mr. Duke Tsering. Er unterrichtete Biologie und veranstaltete einmal im Jahr einen Darstellerwettbewerb in den Kategorien »Rede«, »Gedicht« und »Drama«. Von ihm habe ich viel über Schauspiel gelernt.
Mr. Duke Tsering war ein außergewöhnlicher Mensch. Obwohl er körperlich etwas gehandicapt war und hinkte, hatte er unglaublich viel Energie. Er war ähnlich hyperaktiv wie Maria und liebte Kinder über alles. So wie Onkel Nyima.
»Wie kommt es, dass Sie Kinder so mögen?«, wagte ich ihn bei einer privaten Schauspielstunde einmal zu fragen.
»Ich war nicht immer so wie heute«, gestand er. »Mein Leben war ein großes Auf und Ab.« Und er erzählte mir von einer dunklen Zeit, in der er dem Alkohol verfallen war. Seine Frau verließ ihn und das gemeinsame Baby.

Er musste sein Kind ganz allein großziehen. Dabei entwickelte er seine Fürsorglichkeit und Liebe zu Kindern.
Ich hatte mich entschieden, für den großen Darsteller-Wettbewerb einen Monolog vorzubereiten. Da ich in der Weltliteratur nichts Passendes fand, schrieb ich meinen Monolog einfach selbst. Ich kreierte ein sechsjähriges Mädchen mit blühender Fantasie. Sie erfand alles, was ihr fehlte. Zum Beispiel einen ganz tollen Vater:
»Mein Vater ist ein Weltumsegler. Auf der Fahrt durch den Pazifik traf er einen riesigen Hai. Oh mein armer Vater! Er wurde vom Hai verschluckt. Da griff mein Vater nach seinem Messer und schnitt sich aus dem Bauch des Haifisches heraus. Der Hai war tot und mein Vater wurde der Held aller Weltumsegler!«
Mr. Duke Tsering übte den Monolog auf der großen Bühne unserer Veranstaltungshalle mit mir ein:
»Lauter!«, rief er aus der hintersten Reihe. »Ich muss dich auch hier hinten verstehen!«
»Ich habe aber nicht solch eine Donner-Stimme wie sie!«, rief ich beleidigt zurück.
Da sprang Mr. Duke Tsering erbost von seinem Stuhl auf: »Jeder hat eine Stimme! Du musst dir nur vorstellen, dass du jedes Wort in deine Hand nimmst und wie einen Tennisball mit aller Kraft gegen die Wand wirfst! Also, los! Zeig, was du in deinen Lungen hast!«
»Eines Abends ging ich mit meinem Vater spazieren. Da kam ein verrückter Yak angerannt. Die Leute stoben in alle Richtungen auseinander. Nur mein Papa blieb stehen. Er ließ den Yak auf sich zukommen, griff ihn mit einer Hand an den Hörnern, wirbelte ihn über seinem Kopf herum und warf ihn in den Atlantik. Das ist es, warum mein Papa der stärkste Mann dieser Welt ist!«
Mein Monolog wurde ein großer Erfolg. Das Publikum hatte den üblichen Shakespeare-Monolog erwartet und jubelte nun über die Flunkereien einer sechsjährigen Aufschneiderin. Vor allem die Kinder, die aus Tibet kamen,

erkannten sich in meiner Figur wieder. Wir alle erzählten doch gern die tollsten Geschichten von unseren Vätern, die in Wahrheit oft arbeitslos waren, Trinker oder Spieler.

Ich wurde zur »Königin der Bühne« ernannt. Auch in den darauf folgenden Jahren. Wie sehr wünschte ich mir, meine Mutter könnte mich im Scheinwerferlicht sehen! Meine Mutter... oder Maria?

Im Land der hohen Pässe ☀
McLeod Ganj und Ladakh, Sommer 2005

Für tibetische Kinder ist Losar, das tibetische Neujahr, von ähnlicher Bedeutung wie Weihnachten für die Kinder in unserem Kulturkreis. Die Dächer der Tempel, die Häuser und selbst die hohen Himalaya-Pässe werden mit Gebetsfahnen geschmückt. Die Frauen backen süßes Neujahrsgebäck. Die Kinder bekommen Geschenke und neue Kleider. Schulden und Streitigkeiten werden beglichen, um das »lo«, das Jahr auch wirklich »sar« – also »neu zu beginnen«. Losar ist auch das Fest der Familienbesuche. Auf den Tischen werden Süßigkeiten, luftgetrocknetes Yakfleisch und andere Leckereien aufgetürmt, um seinen Gästen etwas anbieten zu können.

Jedes Jahr zu Losar warteten Chime, Dolkar, Dhondup und Pema vergeblich auf den versprochenen Besuch ihrer Mütter und Tamding auf den seines Vaters. Nur Lakhpa wartete nicht. Ihr Vater war bereits zu alt für eine Reise nach Indien.

Warum geben Eltern ihren Kindern ein Versprechen mit auf den Weg, das sie nicht einhalten können?

»Um den Abschied überhaupt möglich zu machen«, erklärte mir Dhondup nüchtern. Fünf Jahre waren nun seit ihrer Flucht vergangen. Aus Kindern waren Jugendliche geworden. Mit seinen dreizehn Jahren hatte Dhondup bereits einen klaren Blick auf die Dinge:

Ein illegaler Marsch über den Himalaya wäre für ihre Eltern

gefährlich und teuer. Und nach dem Besuch in Indien dann noch der Rückweg! Legale Ausreisepapiere zu bekommen war theoretisch zwar möglich, aber ein kostspieliger und äußerst langwieriger Prozess. Außerdem mussten ihre Mütter in Tibet noch andere Familienmitglieder betreuen.

2002 hatte uns die Mutter von Chime und Dolkar telefonisch erklärt, dass sie sich nun um einen Reisepass bemühen würde. Eine Bekannte von mir brachte ihr 800 Euro nach Lhasa, um den Prozess zu »beschleunigen«. Drei Jahre zogen ins Land. Die Mutter kam aber nicht.

Am Anfang des Jahres 2005 erklärte sie plötzlich, sie stünde kurz vor dem Erhalt ihrer Papiere und würde zu Losar anreisen. Die Nachricht versetzte uns alle in helle Aufregung. Besonders die beiden Mädchen. Doch dann hörten wir plötzlich nichts mehr von ihr. Ihr Versuch zu kommen war fehlgeschlagen.

Zum vierten Mal seit ihrer Flucht feierten die sechs Kinder also das Neujahrsfest ohne die sehnsüchtig erwarteten Eltern. In Dharamsala schüttete es an den drei Losar-Feiertagen wie aus Eimern. Die Inder im Elektrizitätswerk machten sich einen Spaß daraus, den Tibetern den Strom abzudrehen, damit sie es nicht wirklich krachen lassen konnten. Wir saßen in der feuchten Bude des »Soldiers« im Dunkeln. Vergeblich kletterten Jan und ich mit einem Verlängerungskabel über die Dächer von McLeod Ganj, auf der Suche nach Strom. Schließlich gaben wir unser Bemühen um Licht auf und fielen vor unseren vollen Tellern in eine kollektive Depression.

Nur Dhondup versuchte uns mit seinen Witzen aufzuheitern. Er hatte gut lachen! Für ihn war wenigstens ein Päckchen mit luftgetrocknetem Yakfleisch aus Tibet gekommen. Seine Mutter hatte es einem Flüchtling aus Kham mitgegeben. Der junge Khampa muss ein Heiliger gewesen sein. Denn das fest verschnürte Päckchen mit dem Yakfleisch hatte den langen Marsch über die Grenze ungeöffnet überlebt. Bis es schließlich bei Dhondup in Home 19 ankam.

Die Geschichte mit dem Yakfleisch aus Tibet brachte mich auf eine Idee: Wenn es den Eltern offenbar nicht gelang, nach Indien zu kommen, dann könnten doch wenigstens wir eine Reise an die Grenze unternehmen? Eine halbe Zeitreise zurück ins alte Tibet...

Gedacht, getan. Ein halbes Jahr später flogen wir alle gemeinsam nach Ladakh.

Das Land der hohen Pässe liegt im äußersten Norden Indiens und wird auch »Klein-Tibet« genannt. Denn hinter den hohen Gebirgsketten des Himalaya und des Karakorum hat sich die Kultur des tibetischen Buddhismus bis heute erhalten. Anders als in Tibet blieben auch die alten buddhistischen Klöster dieses ehemaligen Königreiches unversehrt stehen. Nach dem blutig niedergeschlagen Volksaufstand von 1959 kamen tausende Flüchtlinge aus Tibet über die Changtang-Ebene direkt nach Ladakh. Viele haben sich damals mit ihren Yaks als Nomaden im Grenzland niedergelassen.

»Wir reisen in ein Land, in dem es genauso aussieht wie in Tibet!« Gut – vielleicht hätte ich meinen Kindern sagen sollen, dass es in Ladakh nicht nur so aussieht wie in Tibet, sondern auch genauso kalt ist! Die inzwischen herangewachsene Chime war in Shorts und einem rückenfreien Top aus dem 40 Grad heißen Dheradun angereist. Und Dolma gesellte sich in Stöckelschuhen zu unserer Truppe. Dolma war die neue Frau des »Soldiers«. Nach einigen weiteren Feldversuchen mit Westlerinnen hatte er sich auf meinen Rat hin für eine schöne Tibeterin entschieden. Um ihren Mann bei Stange zu halten, rieb sich Dolma jeden Tag Hautaufheller ins Gesicht.

Als wir nach einem abenteuerlichen Flug über das wunderschöne Massiv des Himalaya mit ausgiebig benutzten Papiertüten unserer Vordersitze in dem 3500 Meter hoch gelegenen Ladakh ankamen, hatte es dort moderate minus vier Grad. Ich hatte den Kindern eine Zeitreise ins »alte Tibet« versprochen und machte meine Drohung auch wahr. Das fing schon bei unserer Unterbringung an. Statt der ersehnten Zimmer mit Fernseher und Kabelanschluss wurden die Herrschaften bei einer sehr traditionsbewussten ladhakischen Familie einquartiert. Das Haus lag in einem idyllischen Garten, dem ganzen Stolz der tibetischen Großmutter. Diese war als junge Frau aus Tibet geflohen und hatte im Exil einen wohlhabenden Ladakhi geheiratet. Nun bereitete sie sich fleißig auf ihre nächste Reinkarnation vor und repetierte den ganzen Tag mit ihrer alten Gebetsmühle Mantras. Zwischen den liebevoll gepflegten Beeten, durch die nun sechs wild gewordene Jugendliche tobten.

»Ihr dürft nicht so herumrennen! Ihr dürft nicht so fröhlich sein! Ihr seid Tibeter!«, rief sie ihnen so verzweifelt wie vergebens hinterher.

Jeden Morgen vor dem Frühstück bestellte sie die sechs Kinder zu sich, um mit ihnen das Tsenmay-Yonten-Mantra zu beten. Es ist ein sehr trauriges Gebet, das der Dalai Lama verfasste, als er Tibet verließ. Er soll sehr geweint haben beim Schreiben der Worte »Tsenmay Yonten Gyatso Palnya Shen. Nyamchonk Dubla Bhuje Dagom pai...«

Die Kids assoziierten Morgengebete mit dem täglichen Ritual vor dem Unterricht. Insofern hielt sich ihre Freude über die spirituelle Übung in Grenzen. Sie wollten möglichst schnell fertig werden. Dhondup versuchte mit seiner starken Stimme die Beterei zu beschleunigen, was an der Seite der schwerhörigen Amala aber völlig misslang. Sie sang das Mantra Wort für Wort und dehnte es unerträglich aus. Und als sie ENDLICH fertig geworden war, woraufhin den Kindern tiefe Seufzer der Erleichterung entfleuchten, wollte die alte Amala das Mantra noch einmal von vorn durchbeten. Ich glaube, die Alte machte sich ihren Spaß mit den sechs »schlimmen« Kindern.

Am zweiten Tag rannten Dhondup und Tamding mitten im Gebet einfach davon. Es reichte ihnen. Am dritten Tag setzten sich auch Dolkar und Chime irgendwann unter Angabe obskurer Gründe ab. Pema und Lakhpa hielten immerhin vier Tage durch. Doch dann hatten auch sie stets etwas Unaufschiebbares zu erledigen, sobald die alte Amala mit ihrer Gebetsmühle zwischen den Beeten auftauchte.

Hinter dem verwunschenen Garten lag ein großes Rhabarberfeld. Lakhpa als Kind der Natur hatte es sofort ins Visier genommen. Sie wusste, wie schmackhaft die Stiele zusammen mit Zucker sind. Wie ich im Rahmen der Verhöre am kommenden Tag recherchieren konnte, wurden Dhondup und Tamding von den vier Mädchen in der Nacht immer wieder ins Feld rausgeschickt, um noch mehr Rhabarber zu holen. Zu allem Überfluss klauten meine Buben auch noch heimlich den Zuckertopf aus der alten, traditionellen Küche. Der Topf ging im Laufe der Nacht natürlich zu Bruch.

Am nächsten Morgen war den sechsen so schlecht, dass ich sie nicht mal zum Frühstück aus den Betten bekam. Dafür präsentierte unser erboster Gastgeber bereits im Morgengrauen dem »Soldier« und mir das zertrampelte Rhabarberfeld und drohte uns mit dem sofortigen Abbruch unseres authentischen Kulturbesuches in ihrer Familie. Ich habe den »Soldier« selten so wütend erlebt. Dreimal hatte er in Dharamsala bereits umziehen müssen, weil diese sechs Monster bei seinen Vermietern mit ihrer ungezügelten Energie verbrannte Erde hinterlassen hatten. Er wusch ihnen also gehörig den Kopf.

The Six versprachen uns hoch und heilig, von nun an nur noch außerhalb des ehrwürdigen und schon reichlich ramponierten Gartens zu spielen. Mit dem Erfolg, dass unser Ruf im restlichen Leh zwei Tage später kaum noch zu unterbieten war. Sogar meiner braven Lakhpa brannten in Ladakh die sonst so stabilen Sicherungen durch. Sie fühlte sich hier nach langer Zeit mal wieder zu Hause. Nur Chime war vom schönen Ladakh etwas enttäuscht: Sie fühlte sich ganz und gar nicht an »ihr« Tibet erinnert. Sie kennt von ihrer Heimat ja nur das urbane Lhasa. Und auf ihrer Flucht über das tibetische Hochland waren die Kinder nur im Dunkeln gewandert.

Um weitere Probleme zu vermeiden, beschlossen der »Soldier« und ich, mit den Kindern zu den Nomaden in die Changtang-Ebene zu fahren. Dort ist extrem viel Platz zum Toben und Schreien. Die Nomaden besitzen erfahrungsgemäß auch keine Blumengärten und Felder, die durch unseren Besuch ernsthaft gefährdet sein würden. Mit zwei Jeeps, Zelten und Proviant brachen wir in Richtung der tibetischen Grenze auf.

Im Land der Nomaden kehrten wir bei einer Familie ein. Sie lebten bescheiden, aber nicht arm. Auf dem Hausaltar hatten sie ein Radio stehen und neben dem Zelt eine kleine Solaranlage. Sie freuten sich sehr über die Adidas-Socken, die wir als Gastgeschenk brachten. Die zahnlose Mutter stampfte sogar Buttertee für uns.

Sie waren außerordentlich, um nicht zu sagen auffällig freundlich. Irgendwann rückten sie mit ihrem Anliegen raus: Ich sollte auch ihre Kinder ins Tibetische Kinderdorf mitnehmen. Gottseidank verstand ich kein Wort ihrer Sprache. Und meine cleveren Kinder übersetzten sie mir auch nicht. Dhondup gab vor, die Nomaden nicht zu verstehen, und antwortete in einer Fantasiesprache auf ihre Bitten. Ich begriff gar nicht mehr, was hier vorging.

Erst später klärte der »Soldier« mich auf, wie trickreich mich die sechs Kinder aus dieser Situation herausmanövriert hatten. Denn als sie alle anfingen, unverständliches Zeug zu reden, gaben die Nomaden ihr Anliegen irgendwann auf. So konnten wir das Zelt ohne weiteren Anhang im Schlepptau verlassen und wurden nur noch mit einer anständigen Rechnung für den Buttertee bedacht. Die Technik der Fantasiesprache wandten *The Six* übrigens noch öfter an, wenn mir jemand mal wieder seine Kinder andrehen wollte.

»Ich werde dieses Land erst verlassen, wenn ich euch ein Orakel gezeigt habe«, leitete ich an unserem vorletzten Abend den finalen Höhepunkt unserer Kulturreise ein.

»Morgen werden wir alle um fünf Uhr früh aufstehen, um Ayu Lhamo zu besuchen.«

Ayu Lhamo ist eine bekannte Orakelheilerin in Ladakh. Da sie nur im nüchternen Zustand als Medium tibetischer Gottheiten wirken kann, mussten wir uns schon zeitig auf den Weg zu ihrem Haus machen. Es liegt etwa eine halbe Stunde von Leh entfernt. Als wir ankamen, hatte sich Ayu Lhamo bereits mit Mantren und Weihrauch in Trance versetzt. Sie trug ein rotes Tuch um den Mund und eine fünfblättrige Krone auf dem Kopf. Vor ihr lagen mehrere Ritualgegenstände, darunter auch ein Schwert. Ich hatte den Kindern aufgetragen, ihre wichtigste Frage zum Orakel mitzunehmen.

Als würde der Blitz von der Decke herabfahren, schoss eine wilde Gottheit in Ayu Lhamos ausgemergelten Körper. Sie begann, wild zu gestikulieren. Ihre Stimme überschlug sich. Es wirkte in höchstem Maße beunruhigend.

Eine junger Bursche, der vor dem Orakel kniend seine Frage stellte, bekam mit dem fürchterlichen Schwert einen Schlag auf den Rücken. Aus dem Bauch einer alten Frau saugte die Geistheilerin eine Krankheit heraus. Danach hielt sie ihr Schwert in die Glut eines Feuers und löschte es an ihrer eigenen Zunge. Das war entschieden zu viel für Chime. Sie sprang auf, um aus dem von Weihrauch getränkten Raum zu fliehen. Ich fing sie ab und schob sie zu Füßen der Ayu Lhamo zurück.

»Stell deine Frage!«, flüsterte ich. Und Chime nahm all ihren Mut zusammen: »Wird unsere Mutter in Tibet jemals nach Indien zu Besuch kommen?«

»Ja, das wird sie«, antwortete das Orakel: »Aber es gibt noch sehr viele Hindernisse zu überwinden.«

Die Tibeter und das Orakelwesen

Die Tibeter sind ein außergewöhnlich spirituelles Volk. Das hängt zweifellos mit der geografischen Lage Tibets zusammen. In einem Land der Extreme, in dem jeder Besuch im benachbarten Tal über eine Passhöhe führt und ein unkalkulierbares Risiko birgt, wird die Gunst der Götter besonders beschworen. Rituale und Gebete sind selbstverständlicher Teil des Alltags. Ebenso war seit Menschengedenken das Bedürfnis vorhanden, einen Blick in die Zukunft zu werfen und damit Sicherheit für geplante Unternehmungen zu erlangen.

Nicht nur die vorbuddhistische Bön-Religion, sondern auch der ihr vorangegangene Schamanismus verfügte über zahlreiche Orakel-Praktiken, die diesem Bedürfnis der Gläubigen Rechnung trugen.

Die frühen buddhistischen Lehrer, die im 7. und 8. Jahrhundert aus Indien nach Tibet kamen, erkannten rasch, dass die Orakel-Praxis in der Bevölkerung so tief verwurzelt ist, dass die neue Lehre niemals akzeptiert werden würde, wenn sie selbige ablehnte. Also integrierten sie das Orakel in den neuen Glauben, obwohl es mit der eigentlichen buddhistischen Lehre nichts zu tun hat. Besonders erfolgreich gelang dies Padmasambhava (von den Tibetern Guru Rinpoche genannt), ein aus Kaschmir stammender Lehrer, der das erste buddhistische Kloster Samye gegründet hat und als Vater des tibetischen Buddhismus gilt.

Auf ihn führen die Tibeter sogar ihr Staatsorakel zurück, die Schutzgottheit Pekar, die ihren Stammsitz im Kloster Nechung hatte und auch als »Nechung-Orakel« bezeichnet wird. Pekar soll von Padmasambhava zunächst als Schutzgottheit für Samye inthronisiert worden sein. Unter dem 5. Dalai Lama wurde im 17. Jahrhundert Pekar zu Ehren das Kloster Nechung gebaut, in unmittelbarer Nachbarschaft von Drepung, dem größten Kloster Tibets.

Seit jener Zeit ist es Tradition, dass der jeweils inkarnierte

Dalai Lama bei allen wichtigen religiösen und politischen Entscheidungen das Nechung-Orakel konsultiert.

Die Befragung eines Orakels beruht auf der Vorstellung, dass eine Gottheit von einem menschlichen Medium Besitz ergreift und durch dieses hindurch spricht.

Vor seiner Flucht aus Tibet soll der Dalai Lama das Nechung-Orakel befragt haben. Die Lage war damals äußerst dramatisch. Der Sommerpalast, in welchem sich der Dalai Lama zum Zeitpunkt des tibetischen Volksaufstandes aufhielt, stand kurz vor dem Beschuss durch die Volksbefreiungsarmee.

Das Nechung-Orakel riet dem Dalai Lama zum sofortigen Aufbruch. Am 17. März 1959 verließ der Dalai Lama Lhasa. Auch das Nechung-Orakel flüchtete mit ihm ins Exil.

Das Orakel wird durch einen hohen Lama verkörpert, auch Tulku genannt, in dem sich die Schutzgottheit Pekar inkarniert. Bei seinen Vorhersagen fällt er in eine tiefe Trance und äußert sich auf eine Art, die nur seine engsten Mitarbeiter verstehen. Diese Trance-Orakel sind extrem kräftezehrend. Wie andere Tulkus wird er nach dem Tod seines Vorgängers als Inkarnation wiedergeboren und gefunden. Das derzeitige Orakel Thubten Ngodup ist seit 1987 im Amt.

Neben dem offiziellen Staatsorakel gibt es noch zahlreiche Männer und Frauen, die als Orakel »fürs Volk« fungieren. Sie werden bei Fragen zu Alltagsangelegenheiten ebenso konsultiert wie zur beruflichen Zukunft, zu Heirat, Kindern, geplanten Pilgerreisen und anderem. Neben Trance sind auch weniger spektakuläre Methoden wie Handlesen verbreitet.

Da China nach der Besetzung Tibets die Orakel-Praxis – wie alles Tibetische – brutal unterdrückt hat, konnte diese Tradition insbesondere in den tibetischen Randgebieten wie Ladakh oder Spiti bewahrt werden, die nicht unter die chinesische Herrschaft gefallen sind. Dort gehören Orakel nach wie vor zum Alltag der Gläubigen.

Dhondups Mutter
Kinderdorf Upper TCV, 2007

Eines Morgens stand eine Frau auf dem Spielplatz im Kinderdorf von Dharamsala. Sie sah aus, als hätte sie sich aus einer anderen Zeit hierher verirrt. Sie trug eine Chuba, die schon sehr abgewetzt aussah. Ihr langes, zu Zöpfen geflochtenes Haar war mit traditionellen blauen Bändern durchwoben, die sie als Haarkranz trug. Sie rief ein paar kleinere Kinder zu sich, die schon früh auf dem Spielplatz herumtobten, und sagte: »Holt Dhondup Tsering. Sagt ihm, seine Mutter aus Tibet ist da.«

Dhondup war gerade auf dem Weg in den Waschraum, als ihn die unglaubliche Nachricht erreichte. Er ließ alles stehen und liegen und rannte unfrisiert zum Spielplatz hinauf. Da stand sie tatsächlich! Seine geliebte Mutter! Wie klein ihm ihre vertraute Gestalt erschien! Er lief auf sie zu. Er wollte in ihre Arme fallen. Doch die Mutter sah ihn an wie einen Fremden. Betroffen blieb Dhondup stehen: »Amala?«

Er war acht Jahre alt gewesen, als sie ihn fortgeschickt hatte. Von diesem Moment des Abschieds an war der geliebte Sohn in ihrer Vorstellung und in ihren Träumen immer derselbe geblieben. Sie hatte über all die Jahre kein einziges Foto von ihm bekommen. Nun war er fünfzehn – und überragte sie um zwei Kopfeslängen.

»Wie ist dein Name?«, fragte sie den jungen Mann misstrauisch und suchte in seinem Gesicht nach ihrem kleinen Jungen, den sie einst zum Dalai Lama geschickt hatte.

»Dhondup«, antwortete er leise. Und hatte seine starke Stimme verloren.

»Und wie ist der Name deines Vaters?«

»Palden Tawo«, sagte Dhondup noch leiser.

»Und der Name deiner Mutter?«

Da begann Dhondup zu weinen: »Amala, ich bin es. Dein Sohn.«

In der Zwischenzeit waren auch Tamding, Lakhpa, Pema und Dolkar dazugekommen. Nur ich war nicht dabei, als auch Dhondups Mutter weinend zu Boden sank. Sie hatte ihren eigenen Sohn nicht wiedererkannt.

Noch am selben Tag erhielt ich einen Anruf von Dolkar: »Chime-la! Dhondups Mutter ist aus Tibet gekommen! Sie hat Nachricht von unserer Mutter! Stell dir vor! Sie wird auch kommen! Zu Losar! Sie hat jetzt bald ihre Papiere!«

Ich schrie vor Freunde laut auf. Nun war es endlich, endlich auch für uns so weit! Nach sieben Jahren! Ich weinte, ich lachte, ich führte mit dem Handy in der Hand einen Freudentanz auf: unsere Mutter! Endlich würde unsere Mutter zu Besuch kommen! Ich rief es meinen Mitschülerinnen entgegen, die neugierig nähergekommen waren: »Meine Mutter aus Tibet kommt zu Besuch!«

Ein letzter Moment des Zweifels regte sich dann aber doch: »Wo ist Dhondups Mutter? Kann ich sie sprechen?«

»Sie sind nicht mehr im Kinderdorf«, erklärte mir Dolkar. »Sie hat Dhondup abgeholt und reist mit ihm und seiner Schwester nach Südindien. Dhondups ältester Bruder lebt dort als Mönch im Sera-Kloster.«

»Von welcher Schwester sprichst du?«

»Dhondups Mutter hat auch noch eine Tochter ins Exil geschickt. Sie lebt in der Suja-School.«

»Dhondup hat uns nie von einer Schwester erzählt!«

»Er wusste es nicht, stell dir vor! Sie kam nach ihm aus Tibet. Er wusste selbst nicht, dass sie auch im Exil lebt!«

»Weiß Maria über Dhondups Mutter Bescheid?«

»Lakhpa hat sie verständigt. Sie ist schon auf dem Weg nach Indien.«

Wenige Tage später lernten Maria und Dhondups Mutter sich im südindischen Bylakuppe kennen. Die Begegnung muss für alle sehr bewegend gewesen sein. Shushu Pilzkopf war dabei, um zwischen den Frauen zu übersetzen. Er erzählte später, dass beide viel geweint haben.

Liebe, die sich im Loslassen zeigt ☼
Bylakuppe, 2007

Ich habe Dhondups Mutter die Bilder von der Flucht ihres Sohnes gezeigt. Über den Bildschirm meines Laptops begegnete sie noch einmal ihrem achtjährigen Sohn. So, wie er mir damals entgegengekommen war. An der tibetischen Grenze. Im Nebel. Sie sah ihr Kind in jenen Kleidern, die sie ihm für seine Reise zum Dalai Lama besorgt hatte. Sie sah seine von der Höhenluft verschorften Lippen und nahm schmerzlich Anteil an seinen Tränen. Immer wieder begann auch sie bitterlich zu weinen. Sie hatte nicht gewusst, wie schwierig der Weg für ihr Kind über die Berge sein würde.

»Weine nicht, Mutter«, flehte Dhondup sie an. »Der Film ist doch noch gar nicht zu Ende!«

Dhondups Mutter war legal aus Tibet gekommen. Viele Jahre lang hatte sie sich um einen chinesischen Reisepass bemüht. Nie hatte diese einfache Frau ihre Hoffnung aufgegeben, Dhondup wiederzusehen. Und auch ihre anderen beiden Kinder, die sie ins Exil geschickt hatte. Dafür hatte sie gelebt, gespart und hart gearbeitet. Die großen Selbstzweifel über ihre Entscheidung und ihre Schuldgefühle hatten sie angetrieben, ihre Kinder wiederzusehen zu wollen.

Immer wieder versuchte sie mir während unserer Begegnung zu erklären, warum sie drei ihrer insgesamt fünf Kinder fortgeschickt hatte. Ein kranker Mann, wirtschaftliche Probleme, Ausbildung für ihre Kinder. Aus Dhondup sollte etwas werden. Sie suchte verzweifelt die Absolution durch mich, die Inji-Frau aus dem Westen. Die Frau, die ihr Kind aus dem Schnee geholt hatte. Es in ihren Augen gerettet hatte.

Ich versuchte ihr das Gefühl zu vermitteln, richtig gehandelt zu haben. In meinen Augen war diese Frau sehr mutig gewesen, als sie Dhondup dem Fluchthelfer Nyima anvertraut hatte. Und selbstlos. Ich begriff ihr Handeln als einen Akt der Liebe. Nicht, weil sie ihre Kinder ins Exil geschickt hat, sondern wie sie diesen schwierigen Moment vollzogen hatte. Sie war auch nach dem dramatischen Abschied in jeder Sekunde im inneren Kontakt zu ihren Kindern geblieben.

Deswegen ist Dhondup der Stärkste unter den sechs Kindern. Weil seine Mutter immer hinter ihm stand. Selbst wenn sie körperlich nicht präsent war. Sie begann die Tage mit einem Gebet für ihre drei Kinder. Und ist jeden Abend mit einem Gebet für ihre Exilkinder zu Bett gegangen. Sie hat auf das größte Glück einer Mutter verzichtet: die Gegenwart ihrer Kinder zu erleben. Sie hat es in Kauf genommen, Tag für Tag ihre Kinder unter großen seelischen Schmerzen zu vermissen. Sie hat darauf verzichtet, Dhondup aufwachsen zu sehen, weil sie sich für ihn wünschte, in einer besseren Welt, in einem besseren Leben anzukommen.

»Schau sie dir an, deine Kinder«, sagte ich zu Dhondups Mutter. »Schau doch, wie wunderbar sie geworden sind!«

Und endlich, nach langen Gesprächen, konnte sie ihre Kinder ohne den Tränenschleier vor ihren Augen sehen. Ohne die nagenden Schuldgefühle und Zweifel im Herzen. Und sie sah, wie gut sich alle ihre drei Kinder im Exil entwickelt hatten. Diese Kinder waren ihr Werk! Und das ihres Karmas. Das Schicksal eines Kindes liegt nicht nur in der Hand seiner Eltern, sondern auch in der Hand jenes Schöpfers, den man in unserem Kulturkreis als »Gott« definiert und bisweilen auch wahrnimmt. So empfinde ich es zumindest. Und ich erlaube mir, meine individuelle Erfahrung hier niederzuschreiben. Liebe drückt sich auch im Loslassen aus.

Am Ende unseres kleinen Dokumentarfilmes sagt der damals achtjährige Dhondup: »Der größte Wunsch in meinem Leben ist, die Güte meiner Eltern zurückzuzahlen.«

Dieser Moment löste auch in mir, die ich ursprünglich nur als Journalistin in diese Geschichte geraten war, etwas sehr Essenzielles aus. Ich konnte meiner eigenen Mutter verzeihen.

Von Schuldgefühlen gedrückt war Dhondups Mutter aus dem Schneeland gekommen. Als stolze und glückliche Frau kehrte sie nach Tibet zu ihrer Familie zurück.

Zum Abschied vertraute sie mir noch einmal ganz bewusst

ihren Sohn an: »Du bist jetzt seine Mutter«, sagte sie. »Er gehört dir.«

»Nein«, sagte ich ihr, »du bist seine Mutter. Du hast ihn geboren. Ich bin ihm nur zufällig in den Bergen begegnet. Ich bin die Notfallmutter. Seine wahre Mutter bist du.«

In ihrem Rucksack hat Dhondups Mutter viele Bilder nach Tibet mitgenommen. All die Fotos, die ich über die Jahre von den Kindern gesammelt habe. Um sie den anderen Müttern und Vätern zu bringen. Damit diese ihre Kinder wenigstens auf Bildern heranwachsen sehen können – und sie auf den ersten Blick wiedererkennen werden, wenn irgendwann auch für sie der Tag des Wiedersehens gekommen ist.

Als ich aufhörte, zu hoffen ☾
Nepal, 2007

Wir reisten meiner Mutter nach Nepal entgegen. Es war Marias Idee gewesen: »Ihr habt Ferien, und Kathmandu ist eine spannende Stadt. Lasst uns dort auf sie warten!«

Dhondup blieb bei seiner Mutter und seinen Geschwistern in Südindien zurück. Der Rest unserer Familie reiste nach Nepal. Im Boudhanat, dem tibetischen Viertel der nepalesischen Hauptstadt, bezogen wir ein kleines Hotel mit Blick auf den weißen Stupa. Jeder Tibeter, der aus dem Schneeland kommt, umrundet dieses Heiligtum. Es ist das Zentrum des tibetischen Geschehens in Nepal.

Im Geiste sahen wir bereits unsere Mutter. Wie sie Gebetsmühle für Gebetsmühle um den Stupa herumging. Mit einem Dankesgebet auf ihren Lippen: dass nun endlich wahr wurde, wonach wir uns alle seit so vielen Jahren sehnten. Dass es die Götter endlich möglich gemacht hatten. Doch unsere größte Hoffnung zerschlug sich. Unser Traum vom Besuch unserer Mutter zerplatzte.

Bevor wir aus Indien aufgebrochen waren, hatte ich noch

mit ihr telefoniert. Sie bestätigte mir, was Dhondups Mutter uns ausgerichtet hatte: Sie würde noch vor dem Losarfest in Kathmandu ankommen!

Wir warten und warteten und blickten tagelang aus dem Fenster unseres Hotels, in der Hoffnung, zwischen den Pilgern aus Tibet unsere Mutter zu entdecken. Doch sie kam nicht. Natürlich hätten wir sie noch einmal anrufen können, doch wir wagten es nicht. Wir hatten Angst vor der Wahrheit. Seit Dhondups Mutter in Indien aufgetaucht war, hatten wir uns offenbar in einem Wunschtraum verloren. Wir wollten wenigstens noch eine Weile darin verweilen.

»Wir müssen sie anrufen«, sagte Maria schließlich nach einer Woche vergeblichen Wartens. Und ich nickte. Ja. Wir mussten noch einmal unsere Mutter anrufen.

Unser Gang zum Telefonladen war ein Trauermarsch. Längst wussten wir in unseren Inneren Bescheid. Trotzdem trug ich in mir noch immer den letzten Rest Hoffnung, sie würde den Hörer in Lhasa nicht abheben, weil sie auf dem Weg nach Kathmandu war. Bestimmt saß sie gerade im Bus nach Nepal! Zweieinhalb Tage dauert die Fahrt. Vielleicht war sie heute Morgen aufgebrochen?

Ich wählte die Nummer. Nach drei Freizeichen hob meine Mutter ab. Sie freute sich, meine Stimme zu hören. Sie erkundigte sich nach Dolkar und erzählte von unserem kleinen, schlimmen Bruder. Sie erzählte von ihren Freundinnen am Markt und von Choedak, aus dem angeblich nichts geworden war.

Über ihren versprochenen Besuch verlor sie kein Wort. Es war meine Aufgabe, Klarheit zu schaffen: »Du hast versprochen, noch vor Losar nach Nepal zu kommen.«

Meine Stimme klang fest. Am anderen Ende der Leitung wurde es still.

»Dolkar und ich warten seit einer Woche in Kathmandu. Wir sind dir entgegengereist.«

Sie stieß einen tiefen Seufzer aus.
»Ich möchte jetzt wissen, ob du noch kommst.«
Eine Weile hörte ich nicht einmal mehr ihren Atem. Schließlich sagte sie leise: »Es wird in diesem Jahr nicht gehen. Aber vielleicht im nächsten...«
»Nein, Mutter!«, brach es aus meinem Innersten hervor.

Es ist sehr unhöflich für ein tibetisches Kind, seine Mutter im Gespräch zu unterbrechen. Aber in diesem Fall musste ich es tun. Um mich zu schützen. Und meine Schwester.

»Lass uns das mit deinem Besuch endlich begraben.«
Meine Mutter wollte noch protestieren. Doch ich sprach einfach weiter: »Dolkar und ich sind müde, Jahr für Jahr auf dich zu warten. Immer wieder versprichst du zu kommen, und tust es dann doch nicht. Andere Mütter verlieren kein Wort darüber, aber sie kommen.«
Meine Mutter verteidigte sich. Sie wies jede Schuld von sich. Sie beklagte sich über die Behörden in Lhasa. Zum ersten Mal im Leben stritten wir uns. Am Telefon.
Am Ende des Gespräches sagte ich ihr, dass ich die Hoffnung auf ihren Besuch hiermit für immer begrabe.
Unsere Mutter weinte. Ich glaube, meine Worte trafen sie hart. Doch ich musste endlich einen Schlussstrich unter die Sache ziehen. Ich musste das immerwährende Warten, Hoffen und die dann folgende Enttäuschung beenden.
Am Ende überreichte ich meiner Schwester den Hörer und ging davon. Bestimmt würde Dolkar unsere Mutter jetzt trösten. Aber da wollte ich nicht mehr dabei sein. Mein Part war getan.

Wenn Eltern sterben, bevor wir sie wiedersehen können ☀
Deutschland, Tibet und Indien, 2008

Im Sommer 2008 bekam ich eine E-Mail von Lakhpa. Sie besuchte im Kinderdorf von Bylakuppe den naturwissenschaftlichen Zweig des Gymnasiums und war zu dieser Zeit getrennt von den anderen sechs Kindern. Sie war ganz allein.

»Heute ist ein sehr trauriger Tag«, schrieb sie. »Ich habe erfahren, dass mein Vater in Tibet verstorben ist. Er ist schon seit einigen Monaten tot. Er ist zu Losar gestorben.«

Mehr schrieb sie nicht. Lakhpa ist ein sehr schweigsames Mädchen. Doch auch wenn sie kein großes Aufsehen um ihre Trauer machte, wusste ich, wie ihr zumute sein musste. Denn mit ihrem Vater war auch die Hoffnung, ihn irgendwann im Leben wiederzusehen, für immer gestorben.

Da der Verlust eines Elternteils etwas sehr Persönliches ist, bat ich Lakhpa, diese traurige Begebenheit für unser Buch selbst niederzuschreiben ...

Es war der 15. des Monats im Februar. Ich hatte Sehnsucht, mit meiner Familie zu telefonieren. Doch ich erreichte nur meinen mittleren Bruder. Jenen, der mich als Kind über die Grenze gebracht hatte. Ich bat ihn, mit meinem Vater sprechen zu dürfen. Doch er sagte: »Unser Vater ist im Tempel, die Gebetsfahnen aufhängen.«
Seine Stimme klang dabei sehr ernst. Er fragte mich nach unserem ältesten Bruder. Er ließ ihm Grüße bestellen und ausrichten, er möge doch dringend zu Hause anrufen. In diesem Moment hatte ich ein sehr schlechtes Gefühl. Ich bangte um meinen Vater. Doch ich sprach meine Sorgen gegenüber dem Bruder nicht aus.
Einige Monate später kam die Frau eines Cousins zu Besuch nach Indien. Sie war es, die mir schließlich vom Tod meines Vaters erzählte.

Er war schon länger krank gewesen und genau am Tag meines Anrufes gestorben. Am 15. des Monats im Februar. Es war der Tag, an dem in Tibet auf den Tempeln neue Gebetsfahnen aufgehängt werden.
Ich weinte sehr um meinen Vater. Seit er an jenem ersten Morgen meiner Flucht mit seinem alten Pferdewagen davongefahren war, hatte ich jeden Tag gehofft, ihn irgendwann wiederzusehen. Nun war es zu spät. Ich fand nirgendwo Trost. Ich konnte nicht mehr aufhören zu weinen. Ich hatte so große Sehnsucht nach meiner Familie in Tibet.

(Lakhpa, im März 2011)

Zwei Kontinente wachsen zusammen ☀
Kathmandu, Silvester 2008/2009

Im Frühjahr 2008 hatte unser Verein *Shelter108* in Kathmandu ein Kinder- und Jugendhostel für ethnisch-tibetische Jugendliche aus der nepalesischen Dolpo-Region eröffnet. Als unser Vorstandsvorsitzender war Jörg nun gezwungen, endlich mal wieder in einen Flieger zu steigen, um das neue Projekt zu besichtigen. Und an der Seite seines geliebten Papas war sogar Simon bereit, sich aus Köln heraus in den großen, weiten außereuropäischen Luftraum zu wagen.

Ich jubelte vor Freude! Mein Glück war komplett! Das war die große Chance für mich, meine beiden inneren Kontinente endlich zusammenzubringen. Der große Moment einer Familienzusammenführung war greifbar geworden! Ich organisierte sofort eine Silvesterparty in Nepal. Mit allen. Sogar Michael würde mit seinen vier Patenkindern aus Dharamsala anreisen. Auch Jan stand mit auf dem Plan. Alle kamen!

Bis auf Chime, die wieder einmal in der Selakui-School zurückbleiben musste. Zum Lernen.

»Du wirst Simon eines Tages bestimmt noch kennenlernen,

Chime-la!«, versuchte ich unsere traurige Musterschülerin zu trösten. »Ich verspreche es dir!«

Als Jörg, Simon, Jan und ich in Kathmandu landeten, erwarteten uns bereits Lakhpa, Dhondup, Tamding, Dolkar und Pema am Flughafen. Diesen Moment der ersten Begegnung zwischen »meinen« tibetischen Kindern und unserem mittlerweile sechsjährigen Simon werde ich mein Leben lang nicht vergessen. Ich sah Simon gerade noch auf die fünf zurennen, und von da an war mein kleines Männlein in ihrem Kreis verschwunden. Absorbiert. Verschluckt. Ich habe ihn in den nächsten Tagen kaum noch zu Gesicht bekommen.

Während Jörg, Michael, Jan, unser Hostel-Leiter Karma und ich mit den Abrechnungen für unser neues *Shelter108*-Projekt beschäftigt waren, streunte Simon mit seinen neuen obercoolen Brüdern und Schwestern durch Kathmandu. Ich will ehrlich gesagt gar nicht wissen, was sie da alles angestellt haben. Besser, ich werde auch nie erfahren, was Simon den ganzen Tag so gegessen hat. Denn er lehnt alles, was unbekannt schmeckt, kategorisch ab. Meine Angst, er würde auf den strapaziösen Streifzügen durch die nepalesische Hauptstadt verhungern, war durchaus begründet.

Auch nachts bekam ich unser Kind nicht zu mehr zu Gesicht, weil er sich mit Tamding und Dhondup im Jungs-Zimmer verbarrikadierte. Zum Fernsehen. Was sonst?

Nach drei Tagen hatte Simon tiefe, dunkle Ringe unter den Augen.

»Du schläfst heute mal bei Mama und Papa«, sagte ich ihm.

Doch Simons Antwort fiel prompt und aus seiner Sicht durchaus logisch aus: »Ich gehorche euch beiden nicht mehr. Weil ich euch jetzt nicht mehr brauche.«

Und damit rannte er wieder davon. Zu seinen großen Beschützern. Ich ließ Simon in seinem Glück. Der leere Raum, den ich durch meine häufige Abwesenheit in seinem Herzen hinterlassen hatte, wurde mit der Liebe seiner tibetischen Geschwister gefüllt.

Lakhpa hatte den Tod ihres Vaters zum Glück gut überwunden. Ganz allein. Doch das traurige Ereignis aktivierte auch das Heimweh der anderen sechs Kinder wieder in erhöhtem Maße. Vor allem Dhondup lebt seither in ständiger Panik, seinen Vater nicht mehr rechtzeitig wiederzusehen.

Die Angst, zu spät im Leben zu sein ...

Ich kenne dieses Gefühl nur zu gut. Ich war achtzehn Jahre alt, als ich in der Kronenzeitung bei »Adabei« vom Tod meiner Mutter erfuhr. In diesem Augenblick hatte ich das vernichtende Gefühl, etwas ganz Wesentliches in meinem Leben versäumt zu haben. Die Chance auf ein Wiedersehen war verloren. Für immer. Zumindest in diesem Leben.

Und wieder war es Zeit, Abschied zu nehmen. Simon weinte so sehr, wie ich ihn noch nie zuvor hatte weinen sehen. Beim Rückflug packte er dann aus seinem kleinen Rucksack den Proviant aus, den ihm Dolkar und Pema eingepackt hatten: Wai-Wai-Nudeln mit Chili.

Er knabberte sie mit großem Genuss. Roh. Was sonst?

Das Surren in meinem Ohr
Dheradun, Januar 2009

In den letzten Tagen des Jahres 2008 träumte ich, mir würden die Zähne ausfallen. Wir Tibeter sind der festen Überzeugung, dass Träume dieser Art auf ein großes Unheil hindeuten. Auf etwas so Schlimmes wie den Tod eines nahen Familienmitgliedes. Ich war also sehr beunruhigt. Sofort rief ich meine Mutter in Lhasa an. Doch zu Hause waren alle gesund. Ich versuchte, nicht mehr an meinen Traum zu denken. Doch er kehrte wieder.

In meiner Not wandte ich mich an einen Lama. Er trug mir auf, dreimal täglich das Mantra der Grünen Tara zu beten, um das drohende Unheil von meiner Familie abzuwenden. Ich bin kein besonders religiöser Mensch. Ich interessiere mich mehr für Romane und Filme als für buddhistische Schriften. Doch in dieser Situation murmelte ich wie eine alte Frau jeden Morgen und jeden Abend brav die vorgeschriebenen Mantren.

Kurz darauf erfuhr ich von meiner Schwester Dolkar, dass Maria im Februar für eine Kinodokumentation ein letztes Mal auf den Nangpa La hochsteigen wollte.

»Das ist es«, dachte ich in diesem Moment voller Entsetzen. »Maria wird in den Bergen sterben!«

Am nächsten Tag erhielt ich die Nachricht, dass auch Dhondup zum Grenzpass hoch sollte. Mit Maria. Und meine Angst zog noch weitere Kreise. Vielleicht war es Dhondup, den diese schreckliche Vorahnung meinte!

Wieder zwei Tage später wurde mir mitgeteilt, dass Pema darauf bestand, auch mit in den Himalaya zu gehen. Tamding, Dolkar und Lakhpa sahen es ähnlich: Sie waren alle gemeinsam aus Tibet gekommen und wollten nun auch alle mit Maria gemeinsam zurück an die Grenze, um diesen Film zu drehen. Sogar Rabgy, mein Verehrer, meldete seine Teilnahme zu diesem gefährlichen Familienausflug an! Wahrscheinlich dachte er, ich würde auch kommen.

Ich war fix und fertig. Meine immer wiederkehrenden Träume kündigten ein Unheil in naher Zukunft an und meine gesamte geliebte Familie plante einen Aufstieg auf einen scharf bewachten Grenzpass!

So viele Menschen waren in dieser gefährlichen Grenzregion bereits gestorben! Wer würde der nächste sein? Maria? Dhondup? Pema? Dol... Nein. Weiter wollte ich gar nicht mehr denken. Ich musste Maria warnen. Und meine Geschwister. Aber wie? Sollte ich vielleicht anrufen und sagen: »Ihr dürft jetzt nicht in die Berge! Ich habe geträumt, mir fallen die Zähne aus!«

Sie würden denken, aus mir spräche die Eifersucht, weil ich als Einzige nicht mitkonnte! Und so hielt ich es für vernünftiger, erst mal zu schweigen. Und zu beten. So wie es mir der Lama verordnet hatte.

Ich dachte an die schneebedeckten Berge des Himalaya. Ich sah die Gipfel und Pässe, die Gletscher und Eisfelder deutlich vor mir. Ich konzentrierte mich darauf, durch meine wieder und wieder gemurmelten Mantren alle Gefahren für Maria und meine Geschwister zu bannen.

Doch dann braute sich das Unheil an einem ganz anderen Ort zusammen.

Es geschah wenige Tage, nachdem Maria, Yak, Jan und Simon von Nepal nach Deutschland zurückgekehrt waren. Noch waren Ferien. Tamding und Dhondup reisten zurück nach Dharamsala, um an einem Ökologie-Kurs im TCV teilzunehmen. Lakhpa nutzte die Zeit, um Verwandte zu besuchen. Pema und Dolkar wollten ein paar aufregende Tage in Delhi erleben:

Eine Tante von Pema besaß dort ein Zimmer in Majnu Ka Tilla, dem tibetischen Viertel von Delhi. Doch da war es zu eng, um beide Mädchen zu beherbergen. Und so wich Dolkar zum Haus eines Freundes aus. Eines Mannes, den wir alle gut kannten und dem wir alle vertrauten. Maria hatte ihm und seiner Frau über viele Jahre hinweg immer wieder geholfen. Es war keine Frage, dass Dolkar dort bestens untergebracht wäre. Ja. So dachten wir alle. Also klopfte Dolkar an die Tür dieses Freundes, um dort zu übernachten.

Seine Frau war an dem Tag verreist.

TCV-Schüler dürfen keine Mobiltelefone besitzen. Ich kann die Argumente unserer Schulleitung für dieses Verbot sehr gut verstehen. Wir Exilkinder sind Charity-Schüler. Unsere Ausbildung wird von Paten aus aller Welt finanziert. Ein Mobiltelefon ist ein Luxusgegenstand. Es hat in der Hand eines TCV-Schülers nichts verloren. Und doch wäre ein eigenes Mobiltelefon manchmal sehr nützlich. Vor allem für Mädchen.

An jenem Tag, als die Welt für mich aus den Fugen geriet, rief Little Pema bei meiner Hausmutter in der Selakui-School an: »Geh sofort in den Telefonladen und ruf mich unter der Nummer am Display zurück. Dolkar braucht dich.«

»Geht es nicht später? Ich habe gerade Studierzeit!«

»Es ist dringend«, sagte Pema mit Nachdruck. »Du musst uns zurückrufen. Jetzt.«

Ihre Stimme ließ keine Widerrede mehr zu. Also holte ich etwas Geld aus meinem Zimmer und lief zum kleinen DSD-Telefonladen am Tor unserer Schule. Es war etwa fünf Uhr nachmittags. Die Sonne stand bereits tief.

Ich wählte die Nummer von Pema. Dolkar hob ab. Aber sie sagte nichts. Ich hörte sie bloß weinen.

»Was ist geschehen?«, fragte ich beunruhigt. Wieder dachte ich als Erstes an unsere Mutter in Lhasa. War ihr vielleicht etwas zugestoßen?

»Dolkar, was ist los?«

Meine Schwester weinte und weinte. Sie brachte kein einziges Wort heraus.

»Ich habe nicht viel Zeit, Dolkar! Ich muss gleich wieder zum Lernen zurück!«

Unter größter Kraftanstrengung begann sie zu sprechen, doch ich konnte sie kaum verstehen.

»Deutlicher! Dolkar, du musst deutlicher sprechen!«

Langsam wurde ich wütend. Ich stand kurz vor meinem CBSE-Examen! Ich konnte meine Zeit nicht mit dummen Spielchen vertrödeln!

»Wenn du nicht sprichst, Dolkar, dann lege ich auf.«

Daraufhin kam von Dolkar der erste anständige Satz: »Ich kann nicht mehr im Haus unseres Freundes bleiben.«

»Warum? Was ist los?«

Wieder begann sie zu schluchzen. Ich hörte Pema, die offenbar hinter Dolkar am Telefon stand: »Komm, sag es ihr schon. Sprich, Dolkar, sprich!«

Allmählich geriet ich in Panik: »Was ist denn mit dir, Dolkar!? Sag doch endlich!!!«

Aber sie schwieg.

»Wenn du nicht redest, dann gib Pema den Hörer! Dann wird sie es mir sagen!«

Pema versuchte, Dolkar das Telefon abzunehmen. Doch Dolkar hielt sich schluchzend am Hörer fest.

»Dolkar! Dolkar!«, riefen wir beide, um sie endlich zum Reden zu bringen.

Da platzte es mit einem Male aus meiner Schwester heraus: »Unser Freund hat etwas ganz Schlimmes getan!«

Mehr brauchte sie gar nicht zu sagen. Dieser Satz fuhr in mich wie ein gewaltiger Blitz. Ich verstand sofort, was meine Schwester damit meinte. Der Boden unter meinen Füßen löste sich auf. Es fühlte sich an, als würde ich schweben. Dolkar sagte noch irgendetwas, aber ich hörte es nicht mehr. Ich hörte nur noch einen seltsamen Ton in meinem Ohr. Ein gleichmäßiges Surren und Pfeifen. Ich wusste nicht mehr, ist der Hörer überhaupt noch in meiner Hand? Ich wusste nicht mehr, wo ich überhaupt war. Ich konnte an nichts mehr denken. In mir war nur noch totale Leere. Ich hatte mich vollständig in Luft aufgelöst. Ich fühlte mich plötzlich ganz leicht.

Der Mann vom STD-Telefonladen berührte mich sanft. Er war Inder und fragte in Hindi: »Was ist mit dir? Stimmt was nicht?«

In diesem Moment wachte ich wieder auf. Ich musste mehrere Minuten völlig paralysiert dagestanden haben.

»Dolkar?«, fragte ich in den Hörer.

Doch meine Schwester hatte das Gespräch längst beendet.

Kein Pfad führt zurück ☼
Köln und Nepal, 2009

---

*Was ich allen Menschen sagen möchte ist,
dass wir hier alle noch Kinder sind. Und dass es
sehr schwierig für mich ist, ohne die Liebe meiner Eltern
leben zu müssen. Ich habe dieses Jahr viele schlechte Dinge
erlebt. Ich versuche, all das zu vergessen und mich
auf die Schule zu konzentrieren. Aber ich schaffe es nicht.
Zurzeit muss ich wegen jeder Kleinigkeit weinen.
Ich glaube, ich habe meine Gefühle nicht im Griff.
Liebe ist etwas sehr Wichtiges.*

(Chime bei einem Interview im Februar 2009)

Viele meiner Leser und Zuschauer haben über Jahre hinweg großen Anteil am Schicksal »meiner« sechs Kinder genommen. Heute noch bekomme ich Leserbriefe und E-Mails, in denen gefragt wird, was eigentlich aus den sechs Kindern vom Nangpa La geworden ist. Und so bekam ich den Auftrag, ein filmisches Porträt von ihnen zu machen. Zehn Jahre nach ihrer Flucht. Die Idee meiner wunderbaren ZDF/ARTE-Redakteurin war es, dass ich mit einem »meiner« sechs Kinder als Protagonist dieses Filmes an die Grenze Tibets zurückkehren sollte. Dort, wo wir einander begegnet waren und unsere Geschichte vor vielen Jahren begonnen hatte.

Ich fragte Dhondup, ob er mich begleiten wollte. Er ist körperlich der Kräftigste der sechs Kinder und würde den anstrengenden Aufstieg von der nepalesischen Seite des Himalaya am ehesten meistern. Er war prädestiniert für den Job. Doch ich hatte die Rechnung ohne den Rest der Sechs gemacht, die meine Pläne wieder einmal kräftig durchkreuzten: Natürlich wollten sie ALLE mit.

»Alle sechs!?!« Meine Redakteurin war von der Vorstellung hellauf begeistert.

»Nur fünf«, korrigierte ich sie. »Meine Patentochter Chime muss lernen. Dafür kommt der potenzielle Schwiegersohn mit.«

Nun hatte ich einige logistische Probleme zu lösen. Zum Beispiel die Frage der Ausrüstung. Für ihre Rückkehr zur Grenze sollten die Kinder etwas professioneller ausgestattet sein als bei ihrer Flucht aus Tibet. Ich plante, am 25. Februar, dem ersten Tag des Losarfestes 2009, auf dem Grenzpass zu sein. Die chinesischen Grenzpolizisten würden sich an diesem Tag vermutlich eher die Kante geben, statt ein paar verrückte Grenzgänger mit Kamera und »Sendeantenne« zu jagen. In diesen frühen Tagen des Jahres konnte es allerdings auf fast 6000 Metern Höhe noch ziemlich frisch sein.

Der Outdoorladen *Globetrotter Köln* erklärte sich bereit, dafür zu sorgen, dass wir bei unserem Grenzgang zumindest eines nicht würden: erfrieren. Spontan und sehr großzügig wurde ich im größten Bergsteigertempel des Rheinlandes beschenkt: Schneejacken und Hosen, Schlafsäcke, Rucksäcke, Bergschuhe, Socken und Sonnenbrillen für alle fünf Kinder. Sogar der »Schwiegersohn« bekam von *Globetrotter* warme Schuhe spendiert. Der Berg an Ausrüstung, den ich überglücklich aus dem Laden hinaustragen durfte, war drei Meter hoch. Der Berg, den wir nun besteigen würden, immer noch unveränderte 5710 Meter.

Auf meinem Rückweg nach Kathmandu machte ich noch einen kleinen Abstecher zu Chime. Auch sie sollte in unserem Filmportrait der sechs Kinder dabei sein: die tibetische Eliteschülerin mit Ausblick auf eine glänzende Zukunft! Das Flüchtlingsmädchen aus Tibet, das nun davon träumte, Astronomie zu studieren, in die Embryonen-Forschung zu gehen oder die erste tibetische Filmemacherin zu werden! Der Platz für die Erfolgsstory meines Filmes war für »Chime, die Unsterbliche« schon fest reserviert.

Doch als ich Anfang Februar 2009 in der Selakui-School von Dheradun ankam, stand ich einem fremden Wesen gegenüber. Chime war kaum mehr wiederzuerkennen. Sie befand sich in einem katastrophalen psychischen Zustand. Sie war nur noch körperlich anwesend. Ihr unvergleichliches Lachen war aus dem Gesicht verschwunden. Ihre Augen waren müde und leer. Sie sprach nicht mehr. Sie aß nichts mehr. Sie schien am äußeren Leben nicht mehr teilhaben zu wollen. Ihre schillernde Persönlichkeit war in sich zusammengebrochen. Ich war erschüttert. Was war geschehen?!

Ich konnte es nicht aus ihr herausbringen. Sie war nicht bereit, darüber zu reden, was vorgefallen war. Aber irgendetwas musste passiert sein! Eine Depression dieses Ausmaßes kommt doch nicht ohne Auslöser ums Eck!

Ich bat um ein Gespräch mit der Patenschaftssekretärin Mingmar Bhuti. Auch sie stand vor einem Rätsel. Von einem Tag auf den anderen hatte Chime sich zurückgezogen. Sie war für niemanden mehr erreichbar. Die Lehrer bangten um ihre schulischen Leistungen. Das große CBSE-Examen stand vor der Tür.

Ich hatte keine Zeit, den Dingen weiter auf den Grund zu gehen. In Nepal warteten meine anderen fünf Kinder. Wir mussten mit unserem Aufstieg zur Grenze beginnen.

Ich sagte Chime zum Abschied, dass niemand Höchstleistungen von ihr erwarte. Und dass wir sie alle genauso lieben würden, wenn sie nicht die beste tibetische Schülerin aller Zeiten sei. Ich weiß nicht, ob meine Worte sie noch erreichten. Ich konnte ihr nur noch versprechen, bald wiederzukommen.

Unser Aufstieg zur Grenze war eine berührende Reise zurück in die Vergangenheit. Wir trafen all jene Menschen, die uns im April 2000 auf der Flucht der sechs Kinder geholfen haben. Das alte Sherpa-Pärchen, in deren Hütte wir Lakhpa gefunden hatten, und den mittlerweile beleibteren Mönch, der den Kindern nachts die Türe zu seinem Kloster geöffnet hatte.

Im strahlenden Sonnenschein wanderten wir durch die Sherpadörfer, durch die wir damals im Schutze der Nacht gehuscht waren.

Je näher wir an die tibetische Grenze kamen, desto lebendiger wurde die Erinnerung in »meinen« Kindern, desto mehr Gefühle erwachten in ihnen. Nicht nur Heimweh und Trauer, sondern auch unermessliche Freude an der fantastischen Landschaft dieser entlegenen Grenzregion, die vom Licht der Sonne und den Wolken geformt wurde. Die Luft roch bereits nach Schnee. Der Wind griff nach unseren Haaren. Wir beobachteten den Flug der Adler. Und Lakhpa ahmte den Pfiff der Murmeltiere nach. Wir waren Tibet so nah!

Lakhpa war mit der großen Hoffnung aufgestiegen, ihren mittleren Bruder wiederzusehen. Jenen, der sie über den Grenzpass gebracht hatte. Sie hatte ihn vor unserem Aufbruch in die Berge über unser Kommen verständigt. Das Haus ihrer Familie in Tibet lag nur zwei Tagesmärsche vom Grenzpass entfernt. Die Wiederbegegnung mit ihrem Bruder lag für unser Sonnenkind zum Greifen nah.

Doch seit den Aufständen in Tibet im März 2008 war es sogar den Handelsnomaden verboten worden, ihre chinesische Ware in die nepalesischen Sherpadörfer zu bringen. Die Grenze war absolut dicht. Und die Berge so leer wie noch nie. Wir begegneten bei diesem Aufstieg nur einem einzigen Grenzgänger. Einem alten, drahtigen Tibeter, der vor vielen Jahren aus Tibet geflüchtet war. Illegal wanderte er über die Berge ins Schneeland zurück, um seine kranke Tochter zu besuchen. Wir gaben diesem wunderbaren Menschen, der so viel riskierte, um sein erwachsenes Kind zu sehen, unsere besten Wünsche mit.

In Anbetracht der angespannten Grenzsituation beschloss ich, nur eines der Kinder bis ganz hoch zum Nangpa La mitzunehmen. Als Repräsentant der anderen. Sie selbst sollten entscheiden, wer den Weg an meiner Seite zu Ende machen würde. Die Wahl fiel auf Dhondup.

Ich habe Tamding damals unglaublich bewundert. Bestimmt hat er in diesem Moment tiefe Eifersucht verspürt. Er, der Boss of *The Six*, musste hinnehmen, dass Dhondup die

Rolle des Helden in diesem Spiel übernahm. Er, der Älteste, musste bei den Mädchen zurückbleiben.

»Es gibt Helden der Tat und Helden des Herzens«, sagte ich ihm. »Und dein Karma ist es heute, ein Held des Herzens zu sein.«

Mit Tränen in den Augen sah er mich an und sagte:

»Es macht für mich keinen Unterschied, wer von uns die tibetische Nationalfahne auf dem Nangpa La hisst. Ich betrachte Dhondup als meinen Bruder. Und ich habe viel Respekt vor ihm. Ich bat ihn, gut auf sich aufzupassen. Und ich werde nun für ihn beten.«

Demut ist eine ganz besondere Form des Mutes. Es braucht viel Vertrauen ins Leben, um einen so großen Sprung über seinen Schatten zu wagen. Tamding wurde nicht nur in unserem Film zum Helden des Herzens. Jeder, der ihm begegnet, spürt seine besondere Wärme.

Die Einzigartigkeit jedes »meiner« sechs Kinder hat mich über die Jahre so sehr beglückt. Jedes von ihnen hat seine ganz eigenen Qualitäten entwickelt. Jedes hat seinen besonderen Platz in unserem Gefüge. Lakhpa ist die Sonne in unserer Mitte. Dolkar die Mitfühlende, die aus der Stille heraus wirkt. Pemas große Seele wurde durch die Brüche in ihrem Leben so sichtbar. Chime, die Gloriose, ist unsere im Augenblick abgetauchte Überfliegerin. Und Dhondup ist tief und unergründlich wie ein Tiroler Gebirgssee.

Schweigend stiegen er und ich Seite an Seite den Berg hinauf und bewegten uns gleichzeitig Schritt für Schritt zurück in unsere Vergangenheit. Als wir ein großes Eisfeld erreichten, holte Dhondup ein T-Shirt aus seinem Rucksack. Er riss es in zwei Teile und wickelte diese um seine Schuhe. Dann nahm er mich an die Hand und führte mich wie ein kleines Kind über den glatten, rutschigen Boden.

Vor elf Jahren war er als Kind an meiner Hand den Berg hinuntergegangen. Nun war Dhondup mein großer Begleiter zur Grenze.

Kurz vor dem Pass machte ich ein letztes Interview mit ihm. Ich wollte wissen, wie es sich anfühlt, so kurz vor der Heimat zu stehen. Und trotzdem nicht nach Hause gehen zu können.

»Mein Vater ist alt geworden«, begann Dhondup, »und ich würde ihn so gern wiedersehen. Doch als Flüchtling darf man nicht ohne Weiteres nach Tibet zurück. Ich konnte bis heute nur meine Mutter sehen. Meinen Vater jedoch nicht.«

Und plötzlich überrollte ihn eine Welle an Gefühlen, die von ungewöhnlicher Heftigkeit war. Mit bloßen Händen prügelte Dhondup in die Steine hinein. Er weinte und schrie. Er geriet außer sich. Seine Hände begannen zu bluten. Er war nicht mehr im Hier und Jetzt. Vor mir tobte der achtjährige Dhondup, der damals nicht wusste, wie ihm geschah, als er seiner Mutter im Dunkel der Nacht auf einer tibetischen Landstraße auf Wiedersehen sagen musste.

Auch er hatte damals fest an Onkel Nyimas Geschichte vom weißen Schneeberg geglaubt. War Schritt für Schritt weitergegangen im festen Vertrauen, dass ihn hinter dem weißen Berg, dessen Schneefelder nachts im silbernen Licht des Mondes schimmerten, die Mutter in Indien erwarten würde. Onkel Nyima hatte alles tun müssen, um seine kleinen Schützlinge von ihrem großen Schmerz abzulenken. Damit sie nicht auf der Flucht weinten. Sich selbst nicht aufgaben. Damit sie nicht zurückblieben im Schnee, sondern weitergingen. Immer weiter. Wo aber waren all die ungeweinten Tränen geblieben? Die Verzweiflung und Angst? Die kindlichen Wutausbrüche?

Zwei Stunden weinte Dhondup zwischen den Steinen. Bis in die Nacht hinein war er nicht mehr zu beruhigen. Die dünne Höhenluft verstärkt unsere Gefühle. Was, wenn er nicht mehr aus seinem Erleben zurückkehrte? Hatte ich ihm zu viel zugemutet? War ich zu weit gegangen? Hatte er in seiner Psyche eine gefährliche Grenze überschritten? Für einen Moment hatte ich wirklich Angst um ihn. Denn ich konnte ihn nicht aus seinem Zustand herausholen. Ich war machtlos. Ich konnte nur darum beten, dass Dhondup selbst wieder den Weg aus seinem Schmerz heraus finden würde.

Und so geschah es. Am nächsten Morgen war das Unwetter vorbei. Sein Geist und sein Herz waren klarer als je zuvor. Heiteren Herzens gingen wir weiter zur Grenze.

In seinem Rucksack hatte Dhondup fünf weiße Glücksschleifen, die er auf dem Grenzpass zwischen all den bunten Gebetsfahnen aufhängte. Für jeden Einzelnen seiner fünf Geschwister, die er dort im Niemandsland zwischen alter und neuer Heimat gefunden hatte.

Ich habe auf meine Glücksschleife einen Gruß an alle Tibeter in Tibet geschrieben: »Habt keine Angst! Wir Tibeter im Exil sind mit unseren Gedanken bei Euch. Habt keine Angst.«

(Little Pema, im Februar 2009)

Einander Spiegel ☀
Ein Feldweg in Deutschland, 24. Juni 2011

»Warum schreibst du dieses Buch ausgerechnet mit mir? Warum nicht mit Dhondup oder mit Pema? Sie hätten bestimmt viel mehr zu erzählen als ich.«

»Weil du mein Spiegel bist, Chime.«

»Dein Spiegel?«

»Wir sind einander sehr ähnlich. Ich erkenne mich in dir wieder. In all deinen Höhen und Tiefen.«

»Du hast die anderen Kinder lieber als mich. Zu keinem bist du so gemein wie zu mir.«

»Ich bin zu dir am härtesten, weil wir einander am ähnlichsten sind.«

Jetzt wendet sie sich ab von mir. Wahrscheinlich stehen Tränen in ihren Augen.

Es ist Nacht. Wir stehen auf einem Feldweg in der Eifel. Der Himmel ist klar. Millionen Sterne blicken auf uns herunter.

»Hast du gehört, was ich eben zu dir gesagt habe, Chime? Ist es angekommen? Wo Nähe ist, entsteht auch Reibung.«

»Aber warum ist das so? Warum ausgerechnet zwischen uns beiden?«

»Es war so vom ersten Moment unserer Begegnung an. Du hast nach Orientierung gesucht. Nach Halt. Und hast dich mir ganz anvertraut. Du hast dich mir ganz gegeben. Das erste Wort, was du bei unserer Begegnung gedacht hast, war ›Amala‹. Seither schlagen wir uns miteinander herum.«

Sie blickt zum Horizont. Dort, wo sich die Nacht und die schwarze Erde berühren: »Genauso sah der Himmel auf unserer Flucht aus. Wie ein riesiger Regenschirm. Nur die Sterne waren viel näher«, sagt Chime. Und ich spüre, wie sie langsam wieder emportaucht aus der Tiefe des Schmerzes, in dem sie zwei Jahre gefangen war.

»Gib mir deine Hand, Chime. Dann kannst du mit geschlossenen Augen gehen. An meiner Seite. Ich führe dich.«

Mein Mädchen gibt mir die Hand und folgt mir blind über den matschigen deutschen Feldweg ...

Nachdem ich aus Indien abgereist war und Tenpa meine Betthälfte im OM bezogen hatte, dauerte es noch weitere drei Wochen, bis Chime im FRO endlich ihren Exit Permit erhielt. Noch einmal musste der Gott mit dem Stempel sein verkapptes Ego raushängen lassen.

Am 26. Mai saß Chime dann endlich in der Boeing 770 der Emirates nach München. Viermal hatte ich ihren Flug umbuchen müssen. Und schließlich wäre sie fast noch am Flughafen Delhi hängen geblieben, weil die Beamten an der Passabfertigung noch nie eine tibetische Identitätskarte gesehen hatten. Nur durch Intervention eines Freundes von Jan, der für die Lufthansa arbeitet und zufällig am International Airport von Delhi war, ließ man meine Tochter endlich die Boeing 770 der Emirates nach München besteigen ...

Eine ganze Weile geht Chime schweigend an meiner Hand über den Feldweg. Dann beginnt sie endlich zu sprechen und erzählt mir, was im Januar 2009 geschehen war, als ihre Welt aus den Fugen geriet ...

»Dolkar hat die ganze Nacht mit ihm gekämpft.«

»Mit wem hat Dolkar gekämpft?«

Sie nennt den Namen eines sehr guten Freundes. Und eigentlich bräuchte sie nicht mehr weiterzureden. Schlagartig weiß ich Bescheid. Für einen Augenblick steht die Welt still. Zu meinen Füßen tut sich ein tiefer Abgrund auf. Ich würde am liebsten hineinspringen. Vor Wut. Vor Schmerz. Und vor Scham. Aber ich tue es nicht. Ich höre Chimes Worte wie aus weiter Ferne. Allmählich kommen sie näher. Langsam beginne ich, sie zu begreifen ...

Während ich im Januar 2009 für mehrere Tage in Deutschland war, um meine Kinodokumentation vorzubereiten und Bergklamotten für unseren Aufstieg zu besorgen, hat es *The Six* für eine Nacht auseinandergerissen. Und Dolkar klopfte an die Tür eines Freundes. Allein. Ohne die anderen fünf. Auch der vertraute Freund, der ihr öffnete, war allein.

Und er war betrunken.

Tibeter vertragen Alkohol nicht. Immer wieder sage ich es ihnen: Lasst es doch bleiben! Jeder Mensch trägt eine helle und eine dunkle Seite in sich. Der Alkohol bringt bei den tibetischen Männern die dunkle Seite zu Tage.

Dolkar kämpfte die ganze Nacht. Gegen die dunkle Seite eines Tibeters. Sie konnte nicht einfach davonlaufen. In einer Großstadt wie Delhi, in der ein Menschenleben nichts zählt, wäre sie nur in die Arme anderer hungriger Wölfe gerannt.

Sie hätte sich zu Pema flüchten können. Doch sie schämte sich vor Pemas Tante. Diese war Krankenschwester und verließ jeden Morgen um fünf Uhr ihr Haus. So lange wartete Dolkar. So lange kämpfte sie gegen den hungrigen Tiger, in den sich der Freund in dieser Nacht verwandelt hatte. Sie hat ihn besiegt. Er hat es nicht geschafft, unsere Dolkar als Jagdtrophäe einzunehmen.

Schluchzend vor Angst, vor Erschöpfung und vor Enttäuschung klopfte sie um fünf Uhr morgens an die Tür von Pemas Tante. Als Pema ihr öffnete, fand sie ihre aufgelöste Exilschwester davor. Es dauerte mehrere Stunden, bis Dolkar sich so weit beruhigt hatte, um die Nummer ihrer großen Schwester in der Selakui-School zu wählen…

»Warum hast du mich nicht sofort angerufen?!«, frage ich Chime. »Du hättest mich sofort anrufen müssen!«

Ich bin verzweifelt. Ich schäme mich. Ich war auf vieles vorbereitet gewesen, nur darauf nicht. Es trifft mich völlig unvorhergesehen und verletzt mich bis ins innerste Mark.

Warum konnte ich meine Mädchen vor so etwas nicht beschützen?

»Ich wollte dich anrufen«, sagt Chime. »Aber Dolkar hat es verboten. Sie wollte dich nicht belasten. Sie wollte deine Freundschaft zu diesem Mann nicht zerstören.«

»Er war schon lange nicht mehr mein Freund«, sage ich müde. »Ich wollte nur eine begonnene Hilfsaktion auch zu Ende bringen.«

Dolkar hat zwei Jahre geschwiegen, um mich nicht zu belasten. Das ist der schmerzlichste Pfeil in diesem Moment.

»So ist Dolkar«, sagt Chime. »Sie ist eine Heilige. Ganz im Gegensatz zu mir. Ich habe versagt. Ich hätte nie nach Dheradun auf diese Schule gehen dürfen.«

»Hast du deshalb die Selakui-School geschmissen?«

»Ich konnte mich nicht mehr aufs Lernen konzentrieren. Ich habe mein CBSE-Examen total verhauen. Ich habe überlegt, aus dem TCV davonzulaufen, weil ich bei Dolkar sein wollte. Alles wieder gutmachen wollte. Aber es wäre das erste Mal in der Geschichte gewesen, dass eine Schülerin aus dem TCV davonläuft. Und so habe ich beschlossen, ins TCV in Gopalpur zu wechseln. Die »Loser« der TCVs wählen den humanistischen Zweig. Deswegen ist Gopalpur auch so überfüllt. Tenpa ist auch so ein Versager.«

»Du hast nicht versagt, Chime.«

»Ich hätte Dolkar nie allein lassen dürfen!«

Ich atme tief durch: »Kennt Tenpa deine Geschichte?«

»Ja. Ich habe ihm alles erzählt. Vom ersten Tag an, als wir einander in Gopalpur kennen gelernt haben, war Tenpa an meiner Seite. Ich bin ihm unendlich dankbar dafür.«

»Wissen denn die anderen Kinder davon? Lakhpa? Tamding? Was ist mit Jan!?«

»Nur Dolkar, Pema und ich wissen Bescheid.«

Das Rätsel ist gelöst. Der Tiger hat Dolkar angegriffen. Und dabei nicht sie, sondern die ältere Schwester tödlich verletzt. Chime ist an diesem Ereignis zerbrochen. Weil sie ihr Versprechen an die Mutter in diesem entscheidenden Augenblick nicht einlösen konnte: auf Dolkar gut aufzupassen.

»Was machen wir jetzt bloß mit alledem?«, frage ich Chime.

Sie schaut hinauf in den Himmel: »Lass uns nach einer Sternschnuppe Ausschau halten.«

The never ending story ☀
Köln, 24. Juni 2011

Wer sich langweilt und mal richtig Tumult haben will in seinem Leben, der sollte sich einfach sechs tibetische Patenkinder zulegen und ihnen das Schwimmen beibringen. Am besten zur Regenzeit in einem indischen Wasserloch, von den Hotelbesitzern offiziell als »Pool« ausgewiesen. Diesen Selbstversuch habe ich vor neun Jahren gemeinsam mit Jan unternommen. Damals waren *The Six* gottseidank noch klein und entzückend.

Little Pema bekam prompt eine heftige Panikattacke, klammerte sich mit ungeahnten Kräften an meinen Hals und zog mich in die Untiefen des naturtrüben Monsunwassers hinab. Jan sprang hinterher, um uns beide zu retten. Ich klammerte mich wiederum an seinen Hals, und so ging der halbe Clan unter. Wir konnten uns zwar gerade noch vor dem Ertrinken retten, schluckten aber Unmengen von Amöbenwasser. Typhus-, Ruhr-, diverse Salmonelleninfektionen und die gefürchtete Legionärskrankheit standen also an diesem Tag auf dem Programm. Um die Viren prophylaktisch zu killen, kippten Jan und ich an der »Pool«-Bar sofort drei doppelte Whiskeys. Als Ergebnis des Schwimmunterichtes sah man zwei sturztrunkene Injis mit sechs tibetischen Kindern durch McLeod Ganj torkeln. Ich soll an diesem Tag noch unglaublich viel geredet haben. Seitdem gibt es so ziemlich nichts, was Jan nicht von mir weiß. Er ist spätestens in diesem Moment mein engster Vertrauter geworden. Und er ist sicher der beste Freund der sechs Kinder. *The Six* werden also von zwei deutschen Brüdern flankiert: Auf der einen Seite steht Brother Simon, auf der anderen steht Brother Jan.

Vor allem zu Dolkar hatte Brother Jan von Anfang an ein sehr inniges Verhältnis. Während der letzten Winterferien ließ sich unser »Fashion Girl« in einem pubertären Anfall von Gedankenlosigkeit bei einem schmierigen Straßenhändler in Delhi einen Nasenring setzen. Und das, obwohl Piercings und Tätowierungen strengstens verboten sind im Tibetischen Kinderdorf! Jan hätte diese unnötige Nasen-Verunstaltung nie zugelassen, war aber zurzeit des Eingriffs bei einem Kongress in Vietnam. Als er nach Delhi zurückkam, hatte sich Dolkar in einen beringten Zombie verwandelt und war völlig verzweifelt. Die Wunde war stark entzündet, und der Ring ließ sich nicht mehr aus dem dick geschwollenen Nasenflügel entfernen. Am nächsten Morgen ging ihr Zug nach Bylakuppe, um sie in ihre neue Schule zu bringen. Was würden die Lehrer und Mitschüler nun von ihr denken?

Die ganze Nacht irrte der vom Kongress noch erschöpfte Jan mit Dolkar durch Delhi auf der Suche nach einem Arzt, um den Nasenring noch vor der frühmorgendlichen Abreise herauszuoperieren.

Jan tut wirklich alles für Dolkar. Warum sie ihm nie von dieser traumatischen Nacht im Januar 2009 erzählt hat, verstehe ich bis heute nicht. Wahrscheinlich schämte sie sich vor dem jungen Mann. Sie hat es auch Tamding und Dhondup verschwiegen.

Als Jan schließlich durch mich von Dolkars Martyrium erfuhr, fiel ihm vor lauter Schreck der Hörer aus der Hand. Danach buchte er sofort vier Tickets nach Bylakuppe, für sich, für Dhondup, Pema und Tamding. Ohne zu zögern hatten sie beschlossen, Dolkar spontan zu besuchen, um ihr etwas ganz Essenzielles zu signalisieren: Wir stehen zu dir. Egal, was passiert ist und was auch immer die Zukunft uns bringt, wir stehen immer zusammen. Wir sind *The Six*. Nichts kann uns trennen.

Um fünfzehn Uhr wollen wir heute skypen. Alle miteinander. Chime und ich in Deutschland mit dem Rest unseres Clans in Indien. Eine Familiensitzung im Netz. Ich will versuchen, Dolkars schmale Schultern von ihren Schuldgefühlen zu befreien. Ich werde die dunklen Wolken, die nun zwei Jahre lang den Himmel über unserer Familie getrübt haben, vertreiben. Es wird Zeit, wieder kraftvoll nach vorn zu schauen. Die Verbindung nach Indien funktioniert heute auf Anhieb.

»Tashi Delek!«, rufen Dolkar, Pema, Dhondup, Tamding und Jan.

»Guten Abend!«, rufen Chime und ich zurück. In Indien ist es bereits achtzehn Uhr dreißig.

Dolkar sieht gut aus. Die kleine Not-Operation an ihrer Nase hat keine Narben hinterlassen. Und die Erlebnisse der dramatischen Nacht vor zwei Jahren, so hoffe ich jedenfalls, auch nicht. Aufrecht und unbeschadet ist Dolkar bisher immer schnurgerade aus jedem Chaos herausmarschiert.

»Dich trifft keine Schuld«, sage ich ihr. »Du hast dich tapfer und großartig verhalten. Wir sind alle wahnsinnig stolz auf dich!«

Meine tibetische Familie pflichtet mir bei. Vor allem die Jungs, die am Anfang unseres Gespräches noch etwas unsensibel äußerten, der Typ »sei halt betrunken gewesen«.

»Bullshit«, habe ich ihnen gesagt. »dem Opfer ist es egal, ob sein Peiniger betrunken, bekifft oder geistig nicht zurechnungsfähig ist. Und eines kann ich euch heute verraten: Wenn einer von euch auch nur mit dem Gedanken spielt, jemals zu einer Schnapsflasche zu greifen, wird er von mir eigenhändig vermöbelt. Auch wenn die Prügelstrafe in Indien abgeschafft ist und ich für meine gut gemeinten Ohrfeigen in den Knast wandern werde.«

»Ich habe eure Freundschaft zu diesem Mann zerstört«, meint Dolkar noch etwas zerknirscht.

»Wer so etwas tut, war nie ein Freund und wird es auch nie wieder sein«, konstatiert Pema mit der unschlagbaren Logik einer zukünftigen Anwältin.

Jan stimmt ihr zu: »Wir sollten seine Adresse aus unseren Notizbüchern streichen.«

»Ich habe ihn bereits aus meinem Facebook-Account geschmissen«, berichtet Dhondup in seiner lässigen Art.

»Er ist nicht länger Mitglied unserer Familie«, beschließt unser Boss Tamding final.

»Dann muss ich ihn also nie wieder sehen?«, fragt Dolkar erleichtert.

»Nein«, versichere ich ihr, »du wirst auch nie mehr einen Gedanken an ihn verschwenden. Dein Leben geht weiter. Sein Schicksal hat sich in einem Netz aus Schuld und Lüge verfangen. Wir lassen es da, wo es ist. Oder sollen wir ihn doch vor Gericht bringen?«

Little Pema rät dringend von so einem Schritt ab: »Zu aufwendig. Zu kompliziert. Sein Karma wird diesen Fall lösen.«

Dolkar ist erleichtert und glücklich: »Jetzt bin ich froh, dass Chime dir alles erzählt hat.«

»Ja. Deine Schwester hat das Richtige getan. Sie hat gute Arbeit geleistet.«

Aber das bekommt unsere Chime schon gar nicht mehr mit. Sie hat vor fünf Minuten mal wieder einen Anruf von ihrem »Schulfreund« bekommen.

Kurz bevor wir unsere kleine Internetkonferenz zwischen Köln und Bylakuppe beenden, kommt mir noch eine Idee.

»Sag mal Dolkar?«
»Ja?«
»Was hältst du davon, Miss Tibet zu werden?«
»Ich?!?!«
»Ja, du, wer sonst?«
»Aber dafür muss man doch schön sein!«
»Ich habe Lobsang Wangyal, dem Missen-Macher von McLeod Ganj, deine Fotos gezeigt. Er ist begeistert. Er rechnet mit dir für die Wahl 2013. Dolkar, er baut auf dich!«
»Wow! Ja, klar!«, rufen die anderen. »Unsere Dolkar wird Miss Tibet 2013!«
»Man wird mich auspfeifen, wenn ich den Laufsteg betrete!«, protestiert Dolkar.
»Wir werden das vorher trainieren, Sweety. In Goa am Beach. Ich habe fast alle Folgen von ›Germany's Next Topmodel‹ aufgenommen. Da schauen wir uns ganz genau an, wie man einen coolen Catwalk hinlegt.«
»Man braucht aber ›Tsangma‹ – Ihr wisst schon: das gewisse Etwas.«
»Das hast du!«, ruft Tamding. »Niemand kann so gut singen und tanzen wie du!«
»Ich traue mich nicht! Ganz ehrlich, ich schaffe das nicht!«
»Du bist als kleines Mädchen über das höchste Gebirge der Welt geflüchtet«, halte ich voller Überzeugung dagegen. »Und hast zehn Jahre später in einer langen dunklen Nacht einen hungrigen Tiger besiegt. Dolkar. Du schaffst alles, wenn du es willst!!«
Das sitzt. Immerhin beginnt sie ernsthaft über meine blöde Idee nachzudenken.
»Kann ich Chime mal sprechen?«, fragt Dolkar schließlich. »Ich möchte wissen, was sie dazu sagt.«
»Die telefoniert gerade auf der anderen Leitung.«
»Sie telefoniert auf der anderen Leitung? Mit wem denn?«
»Na mit wem schon! Mit diesem ... grrrrr ... Tenpa.«

ENDE

Chime und ich hatten unseren gemeinsamen Pfad in die Zukunft beschritten. Am Tag der Fertigstellung unseres Buches wurden wir durch eine Meldung daran erinnert, dass es noch ein weiter Weg sein wird.

15. August 2011: Tibetischer Mönch verbrennt sich selbst
++
Dramatischer Schritt eines buddhistischen Mönchs: Aus Protest gegen Pekings Herrschaft über die Tibeter hat er sich im Südwesten Chinas selbst angezündet. Menschenrechtsaktivisten fürchten nun ein hartes Vorgehen der Sicherheitskräfte in der Region.
Der 29-jährige Tsewang Norbu habe sich in Dawu in der tibetischen Präfektur Garze angezündet, berichtete die Organisation Free Tibet in einer von London aus verbreiteten Mitteilung. Er habe »Benzin getrunken, sich mit Benzin besprizt und seine Kleidung in Brand gesetzt«. Außerdem habe er Protestparolen gerufen wie »Wir sind das tibetische Volk, wir wollen Freiheit« und «Lang lebe der Dalai Lama«. Er starb noch vor Ort.[10]

THUGS RJE CHE ... Danke ☾
Delhi, 7. August 2011

Ich danke meiner Mutter für ihre Liebe.
Und für ihren Mut, Dolkar und mich ins Exil zu schicken.
Amala, du hast die richtige Entscheidung für uns getroffen.
Auch wenn es manchmal sehr schwer ist,
so fern der Heimat ohne dich zu leben.

Ich danke der Einrichtung der Tibetischen Kinderdörfer für meine schöne Kindheit unter ihrer Obhut. Besonders danke ich Jetsun Pema, die diesen Schutzraum für uns Exilkinder aufgebaut hat. Und Ihrem Nachfolger Tsewang Yeshi, unserem beliebten Kinderdorfpräsidenten.

Ich danke all meinen Lehrern. Allen voran meinem großen Mentor Duke Tsering. Ich hoffe, er kann nun verstehen, warum ich die Selakui-School verlassen habe. Auch ich bin gestrauchelt. Und richte mich nun wieder auf ...

Ich danke meinen Sponsor-Sekretärinnen Mrs. Tenzin Choeden und Mrs. Mingmar Bhuti für ihre große Herzlichkeit und Bereitschaft, immer für mich und meine Schwester da zu sein.

Ich danke meinen vier Hausmüttern. Vor allem Nyima Lhamo und ihrem Mann, unserem Hausvater Kalden. Er war manchmal sehr streng zu uns, wenn es um unsere schulischen Leistungen ging, aber er hat die Größe bewiesen, sich bei Little Pema für die Schläge mit den Brennnesseln zu entschuldigen, als sie sein Haus verließ, um nach Gopalpur zu gehen.

Ich danke Jörg, der nun seit elf Jahren mein Sponsor ist und so vieles im Stillen für mich regelte. Jörg, ich habe dich immer als einen zweiten Vater betrachtet.

Ich danke Maria, die bereit war, unsere Notfall-Mutter zu sein. Viele Menschen kamen in unser Leben und gingen auch wieder. Du bist immer geblieben. Auch über Kontinente und Meere hinweg warst du immer bei uns.

Ich danke Brother Jan für seine Fürsorge und Hilfe über all die Jahre.

Ich danke Tenpa für seine große Zuwendung und dafür, dass er immer ein offenes Ohr hatte für meine Probleme. Du hast mir sehr geholfen in meiner schwersten Zeit.

Ich danke meinen Geschwistern Dolkar, Dhondup, Pema, Tamding und Lakhpa für ihre Liebe. Ich möchte euch nie wieder verlieren! Auch wenn ihr manchmal fürchterlich seid. Schrecklich, furchtbar und absolut nervend! Aber was soll's. Ihr seid nun mal meine Familie. Ihr seid das Wichtigste, was ich habe in diesem Leben.

DANKE ☼

Tja, mit wem beginnt man und mit wem hört man auf?

O.k. Ich danke meiner Mutter, dass sie mein Tor in dieses Leben war. Ich finde es zwar meistens sehr anstrengend, aber in seinen hellen Momenten auch äußerst beglückend.

Ich danke meinem über alles geliebten Simon dafür, dass er mich trotz meiner oftmaligen Abwesenheit immer noch »seine Mami« nennt. Gott schütze dich.

Ich danke Jörg für seine Verbundenheit, Freundschaft und Unterstützung über all die Jahre. Das Boot zu den Abenteuern meines Lebens war gezimmert mit deiner zuverlässigen Präsenz im Leben unseres Kindes.

Ich danke Opa Herbert und Oma Erika, dass sie ihrem Enkel all die Stabilität schenken, die er bei seiner vagabundierenden Mutter vielleicht manchmal vermisst.

Ich danke meinem Klaus, dass er ein Jahr lang auf mich gewartet hat, um der Mann an meiner Seite zu werden. Das Flussbett meines ausufernden Lebens, Geliebter, Berater (bisweilen auch Psychiater) und Co-Autor. Durch deinen unverwechselbaren Humor ist es manchmal auch lustig geworden, das Buch und mein Leben.

Ich danke dem Team meiner Agentur Daydream, allen voran meiner unverwüstlichen Lilly Häußler!

Ich danke dem Südwest Verlag/Random House.

Allen voran Silke Kirsch, die vom ersten Moment an dieses Projekt glaubte; Stefanie Heim für ihre Präsenz und Zuverlässigkeit; Karin Gritzmann für ihre Power und Professionalität; ich danke Claudia Limmer, Katrin Hausbacher und allen, die sich nun bemühen, dieses Werk an den Leser zu bringen.

Ich danke meinem Freund und Assistenten Jan Schlenk. Dem stillen Engel meines Lebens.

Ich danke auch seinem Bruder Caspar Schlenk. Er hat mir bei der Recherche vor Ort geholfen, in Indien Interviews geführt und Informationen gesammelt.

Ich danke meinem *Shelter108*-Mitarbeiter Michael Landwehr, der sein Leben ganz den tibetischen Kindern widmet. Ich bin stolz, einen so selbstlosen Menschen wie ihn in meiner Nähe zu wissen.

Ich danke »meinen« sechs Kindern. Für euer Vertrauen und eure Liebe. Für eure Lebendigkeit, eure Tiefe, euren Witz, euer Chaos und euer Streben. Gott schütze euch.

Danke Chime-la, dass du mir deine Geschichte erzählt hast. Es war bestimmt nicht leicht mit mir, meiner Hyperaktivität und meinen miesen Launen. Aber du bist schließlich über viele Hürden gesprungen und mutig aus einer schweren Krise wieder aufgetaucht. Du hast wieder begonnen zu leuchten. Dies war der tiefere Sinn dieser Arbeit.

Ich danke der Psychotherapeutin Helga Haisch für ihre wertvolle Mitarbeit an diesem Projekt. Immer wieder stieß ich bei diesem Buch an meine Grenzen. Mit Chime, mit mir und meiner Geschichte. Doch so wie unser Fluchthelfer Onkel Nyima jeden Pfad im Himalaya kennt, so sind Sie mit dem unüberschaubaren Gelände unserer menschlichen Psyche vertraut. An Ihrer Hand konnte ich über meine innere Grenze gehen.

Ich danke Alois Annabith aus Tirol, der mich über viele Jahre als mein bester Freund, mein Tourmanager und Berater in vielerlei Hinsicht über Wasser gehalten hat.

Ich danke meinem Bergsteigerfreund Christian Gatniejewski, der mich bei meinen Grenzgängen 2007 und 2009 als Bergsteiger, Fotograf und Rettungsassistent begleitet hat.
Ohne dich wäre ich nicht auf den Nangpa La gekommen. Und herunter schon gar nicht.

Ich danke meinem tibetischen Freund Yonten Gompamitsang für unsere schönen Gespräche und seine Ratschläge.

Ich danke meinem verstorbenen Freund Jürgen. Ohne deinen Glauben an mich und ohne deinen Nachlass wäre dieser ganze deutsch-tibetische Wahnsinn finanziell für mich nicht durchzuhalten gewesen.

Ich danke dem Outdoorladen *Globetrotter Köln*.
Ohne eure gesponserten Bergklamotten über all die Jahre hätte ich dieses Buch nicht mit meinen eigenen Fingern geschrieben, weil sie mit ziemlicher Wahrscheinlichkeit bei einem meiner Grenzgänge im Himalaya erfroren wären.

EPILOG

SHELTER 108 e. V. ☀

Als ich als kleines Mädchen im Fernsehen hungernde Kinder in Afrika sah, habe ich ihnen weinend in den Bildschirm hinein versprochen, ganz viel zu essen in die Wüste zu bringen, sobald ich groß und erwachsen bin. Später als Jugendliche wollte ich Entwicklungshelferin werden. Doch unser Gemeindepfarrer riet mir dringend davon ab: Du bist weder mental noch körperlich stark genug für diesen Job!

Also wurde ich Schauspielerin.

Doch zwischen Goldoni, Goethe und Shakespeare klopfte immer wieder ein und derselbe Wunsch an die Türe meines Bewusstseins: die Erde zu einem lebenswerten Ort für alle zu machen. Oder zumindest ein bisschen dazu beizutragen.

Während eines Engagements am Stadttheater einer der regenreichsten Städte Deutschlands, nämlich Osnabrück, organisierte ich für die Kinderrechtsorganisation *terre des hommes* einen Benefizabend zugunsten von Straßenkindern in Kolumbien. Angespornt von diesem Erfolgserlebnis flehte ich Andreas Rister, den Kampagnenleiter von *terre des hommes*, an, mich doch bitte als Projektleiterin nach Afrika zu schicken. Dort würde es bestimmt weniger regnen, und ich könnte endlich Kinder vor dem Verhungern retten. Doch er sah meine vorwiegend künstlerischen Talente im afrikanischen Busch nicht sinnvoll eingesetzt und gab mir den Rat, mich anders vor dem Regen in Sicherheit zu bringen, mich in meine vier Wände zu verkriechen, um über die benachteiligten Kinder in dieser Welt schreiben. Also habe ich meiner Haushaltskasse meinen ersten Apple-Computer abgerungen.

Seither habe ich meine Talente und Macken in diese Vision investiert, alle Aspekte in meiner Arbeit zu vereinen: Meine Schreibsucht, meine Lust an künstlerischer Arbeit und meinen Drang, Kinder zu retten. Mein Versprechen an die hungernden Kinder Afrikas habe ich bis heute nicht eingelöst. Das Schicksal führte mich bisher vorwiegend in die Kälte.

Der Himalaya wurde mein »innerer Schwarzer Kontinent«, mein Arbeitsrevier – erweitert um Russland, wo es entgegen der öffentlichen Wahrnehmung viel mehr vergessene Straßenkinder als Milliardäre gibt.

Um Bücher und Filme in die Welt zu setzen und trotzdem etwas Konkretes für diese Erde zu leisten, benötigt man Unterstützung. Insbesondere von Menschen, die logistisch kompetenter sind als eine hoffnungslose Chaotin wie ich.

2007 gründete ich mit Jörg, Jan, Michael, Christian und noch weiteren Freunden *Shelter108 e.V.*

Shelter ist das englische Wort für Obdach.

108 ist die heilige Glückszahl im Buddhismus.

In 108 Schriftrollen soll der Buddhismus über den Himalaya nach Tibet gelangt sein.

Shelter108 schafft also Räume, in denen Glück stattfinden soll. Wie geht das?

Indem wir Kinderhäuser und Schulen bauen, schaffen wir Räume aus Mörtel und Stein.

Mit der Vermittlung von Patenschaften versuchen wir Glück und Sicherheit in diese Häuser zu bringen. Auf unseren Patenschaftsreisen führen wir tibetische Kinder und ihre Paten zusammen, um auch unsere treuen Paten glücklich zu machen.

Und für jene Exilkinder, die sehr unglücklich sind, weil sie aufgrund ihrer traumatischen Geschichte intensivere Zuwendung brauchen als andere, veranstalten wir Ferienreisen nach Ladakh, dem Land der hohen Pässe.

Meine etwas missglückte »Kulturreise« mit den sechs Kindern im Jahre 2005 brachte mich auf die Idee, auch anderen Exilkindern, die gar niemanden haben, die Welt außerhalb ihres Kinderdorfes zu öffnen.

Die geografische und kulturelle Nähe von Ladakh zu Tibet ist sehr heilsam für Kinder, die unter Heimweh leiden. Die mit den anderen ihre Warum-Fragen teilen: Warum kommen Papa und Mama nicht zu Besuch? Die nie einen Raum hatten, ihre Gefühle zu zeigen, und hier erfahren, dass es anderen auch nicht viel besser geht.

Auf diesen Reisen finden keine Therapiesitzungen statt. Es reicht eine fröhliche Gemeinschaft auf einer großen Picknickdecke am Ufer eines schillernden Sees, um Wunden zu heilen. Diese Kinder sind glücklich, wenn sie ihren Platz in einer Gruppe, in einer »new family« gefunden haben. Auf Picknickdecken wuchs auch unsere deutsch-tibetische Familie zusammen.

Shelter108 schafft Verbindungen. Seelenfamilien. Brücken zwischen unterschiedlichen Kulturen. Wir betrachten bedürftige Kinder langfristig als Partner, die irgendwann in der Lage sein werden, weiterzutragen, was ihnen zuteil wurde, auf welche Weise auch immer.

Seit diesem Jahr bemüht sich die chinesische Regierung, junge Exiltibeter in ihre Heimat zurückzuholen. In der chinesischen Botschaft von Delhi kann jeder Tibeter unter Vorlage eines Einladungsschreibens aus Tibet ein Visum beantragen.

Nur wenige junge Tibeter, die in einem TCV aufgewachsen sind, machen davon Gebrauch. Aus Angst vor der Ungewissheit, was dann mit ihnen geschieht. Aus Sorge, ihre Familien mit einem Besuch in Schwierigkeiten zu bringen. Das »Tibetische Zentrum für Menschenrechte und Demokratie (TCHRD)« in Dharamsala hat Chime von einer Rückreise nach Lhasa zum jetzigen Zeitpunkt noch abgeraten. Ein tibetischer Freund hingegen hat die Einladung der chinesischen Regierung angenommen in China Chinesisch zu studieren. Er reiste vor wenigen Tagen nach Peking ab.

Ich habe größten Respekt vor diesem Schritt. Die Sprache ist die Seele eines Volkes. Und um mit den Chinesen in einen Dialog zu treten, ist es hilfreich, sie zu verstehen. Auf allen Ebenen.

Auch aus Sicht von *Shelter108* kann auf Dauer nur ein Dialog zwischen der chinesischen Regierung und den Repräsentanten des Dalai Lama zu einer für alle akzeptablen Lösung des Tibetproblems führen.

Ich schreibe das alles aus einem sehr konkreten Grund. Ich hoffe jetzt natürlich, Sie neugierig auf unsere Projekte gemacht zu haben. Ich stelle mir vor, wie Sie jetzt sofort ins Internet gehen und sich über uns schlaumachen. Ich wünsche mir so sehr, dass Sie jetzt bei uns anrufen, uns besuchen oder uns einen Patenschaftsantrag, besser noch eine Fördermitgliedschaft schicken (man wird ja wohl am Ende eines Buches mal träumen dürfen).

Shelter108 ist ein großer, warmer Raum, in dem noch Platz ist für nette Menschen, gute Seelen, für Getriebene und unverbesserliche Weltverbesserer, für Neugierige und für jene, die trotz des ganzen Wahnsinns dieser Zeit noch die Fähigkeit besitzen, sich bewegen zu lassen. Es ist ein Raum für Christen, Buddhisten, Moslems, Juden, Hinduisten und Atheisten. Für Dicke und Dünne. Für Asketen und jene Genießer, die es gerne auch mal krachen lassen im Leben. Sie sind alle herzlich willkommen!

Dort, wo die meiste Freude ist,
ist auch die meiste Wahrheit.
Eine Ildefonso-Weisheit von Paul Claudel

**Lust bekommen? Sich zu informieren? Zu helfen?
Mitzumachen? In Kontakt zu treten?
So finden Sie uns ...**

SHELTER 108   Shelter108 e.V.
Bismarckstraße 35, 50672 Köln
Tel.: 0049-(0)221-170 67 120, E-Mail: info@shelter108.de
Homepage: www.shelter108.de, facebook: shelter108

Über meine künstlerische Arbeit, meine bisherigen Filme und
Bücher zum Thema und über meine multimedialen Lesetouren
erfahren Sie unter: www.maria-von-blumencron.de

Fragen zum Buch sowie Presse- und Lesungsanfragen, Leser-
und Liebesbriefe für Chime und mich, empörte Beschwerden,
Heiratsanträge und Essenspakete schicken Sie bitte an:

Daydream Media GmbH
Menzingerstr. 70, 80992 München
Tel.: 0049-(0)89-41 200 381, E-Mail: post@daydream.de
www.daydream.de

Hier noch eine weitere Auswahl an Adressen von Vereinen und
Organisationen zum Thema Tibet ...

Für Deutschland
Humanitäre Hilfe und Patenschaften

Deutsche Tibethilfe
Tegetthoffstr. 10, 20259 Hamburg
www.deutschetibethilfe.de

SOS-Kinderdörfer
Ridlerstr. 55, 80339 München
www.sos-kinderdoerfer.de

Politische Unterstützergruppen:

Tibet Initiative Deutschland
Greifswalder Str. 4, 10405 Berlin
www.tibet-initiative.de

International Campaign for Tibet
Schönhauser Allee 163, 10435 Berlin
www.savetibet.org

Internationale Gesellschaft für Menschenrechte/
Arbeitsgruppe München
Packenreiterstr. 18, 81247 München
www.igfm-muenchen.de/tibet/tibetstart.html

Gesellschaft für bedrohte Völker
Postfach 2024
37010 Göttingen
www.gfbv.de

Buddhismus, Kultur, Begegnung,

Verein der Tibeter in Deutschland
Friedrichstr. 9, 71638 Ludwigsburg
www.tibetgermany.com

Deutsch-Tibetische Kulturgesellschaft
Auf dem Uhlberg 7, 53127 Bonn
www.tibet-kultur.de

Tibetisches Zentrum
Hermann-Balj-Str. 106, 22147 Hamburg
www.tibet.de

Tibethaus Deutschland
Kaufunger Str. 4, 60486 Frankfurt
www.tibethaus.com

Kamalashila Institut
Kirchstr. 22a, 56729 Langenfeld/Eifel
www.kamalashila.de

Für Österreich

Save Tibet
Lobenhauerngasse 5, A-1170 Wien
www.tibet.at

Tibetergemeinschaft Österreich
www.tibeter.at

Für die Schweiz

Office of Tibet/Offizielle Vertretung S.H. des Dalai Lama
für Zentral- und Ost-Europa
Place de la Navigation 10, CH-1201 Genf
www.tibetoffice.ch

Tibetische Frauenorganisation
Postfach 1466, CH-8021 Zürich
www.tfos.ch

Tibetergemeinschaft in der Schweiz und Liechtenstein
Binzstr. 15, CH-8045 Zürich
www.tibetswiss.ch

Gesellschaft Schweizerisch-Tibetische Freundschaft
Binzstr. 15, CH-8045 Zürich
www.tibetfocus.com

Tibet Institut
CH-8486 Rikon
http://tibet-institut.ch

Kulturzentrum Songtsen House
Albisriederstrasse 379, CH-8047 Zürich
www.songtsenhouse.ch

Quellen

[1] (S. 29): IGFM / Internationale Gesellschaft für Menschenrechte / Gruppe München, www.igfm-muenchen.de/tibet/TCHRD/2011/Kirti-Blockade_11.4.html (Stand 16.8.11)

[2] (S. 34): Gesellschaft Schweizerisch-Tibetische Freundschaft, http://tibetfocus.com/2011/04/14/tibet-information-der-gstf-vom-13-april-2011/ (Stand 2.8.11)

[3] (S. 55): Radio Free Asia, www.rfa.org/english/news/tibet/restraint-04152011161425.html?searchterm=None (Stand 2.8.11)

[4] (S. 66): The Tibet Post International, www.thetibetpost.com/en/news/tibet/1614-chinas-crackdown-intensifies-in-kirti-monastery-of-tibet-updates (Stand 2.8.11)

[5] (S. 109): IGF / Internationale Gesellschaft für Menschenrechte / Gruppe München, www.igfm-muenchen.de/tibet/ctc/2011/800KaderKirti_19.4.html (Stand 16.8.11)

[6] (S. 120/121): IGFM / Internationale Gesellschaft für Menschenrechte / Gruppe München, www.igfm-muenchen.de/tibet/Phayul/2011/Ngaba-Video_21.4.html (Stand 16.8.11)

[7] (S. 140): IGFM / Internationale Gesellschaft für Menschenrechte / Gruppe München, www.igfm-muenchen.de/tibet/Phayul/2011/300MoencheKirti_23.4.html (Stand 16.8.11)

[8] (S. 199): IGFM / Internationale Gesellschaft für Menschenrechte / Gruppe München, www.igfm-muenchen.de/tibet/ctc/2011/SchmierkampagneKIrti_24.4.pdf (Stand 16.8.11)

[9] (S. 244): Welt Online, www.welt.de/politik/ausland/article13278430/Harvard-Jurist-wird-neuer-Fuehrer-der-Tibeter.html, sowie n-TV, www.n-tv.de/politik/Ich-schulde-einer-Kuh-eine-Menge-article3999226.html (Stand 16.8.11)

[10] (S. 289): SPIEGELonline, www.spiegel.de/politik/ausland/0,1518,780369,00.html (Stand 17.8.11)

Bildnachweis

Jörg Arnold: 16 links, 16 rechts, 148 unten, 149 oben, 149 unten, 150 oben, 153 unten, 158 unten, 159 oben; Maria Blumencron: 13–15 jeweils links, 149 Mitte, 151 unten links, 155 unten; Charudut Chitrak: 12–17 jeweils rechts, 159 unten, 160; Christian Gatniejewski: 146, 147 oben, 148 oben, 148 Mitte, 154 oben, 154 Mitte, 155 Mitte, 156, 157; Peter Grewer: 12 links, 17 links, 150 unten; Maria »Nudi« Lamberg: 158 oben; Michael Landwehr: 153 oben, 153 Mitte; Tao Maleta: 12–15 sowie 17 jeweils Mitte, 145, 151 oben, 151 Mitte, 152 unten, 154 unten, 155 oben; Antje Urban: 147 unten, 152 oben, 152 Mitte; Roland Wagner: 151 unten rechts